de-Jahrbuch 2026 · Elektromaschinen und Antriebe

de-Jahrbuch 2026

Elektromaschinen und Antriebe

Herausgegeben von Peter Behrends, Jörn Hollje

Hüthig · München/Heidelberg

Maßgebend für das Anwenden der Normen sind deren Fassungen mit dem neuesten Ausgabedatum, die bei der VDE Verlag GmbH, Bismarckstraße 33, 10625 Berlin, www.vde-verlag.de, und der DIN Media GmbH, 10772 Berlin erhältlich sind.

Für eine bessere Lesbarkeit wird in der Regel auf eine genderspezifische Schreibweise sowie eine Mehrfachbezeichnung verzichtet. Gegebenenfalls wird ausschließlich die männliche Form verwendet. Alle personenbezogenen Bezeichnungen sind geschlechts-neutral zu verstehen.

Bibliografische Information der Deutschen Nationalbibliothek
Die Deutsche Nationalbibliothek verzeichnet diese Publikation in der Deutschen Nationalbibliografie; detaillierte bibliografische Daten sind im Internet über https://portal.dnb.de/ abrufbar.

> Möchten Sie Ihre Meinung zu diesem Buch abgeben?
> Dann schicken Sie eine E-Mail an das Lektorat
> im Hüthig Verlag:
> **buchservice@huethig.de**
> Autor und Verlag freuen sich über Ihre Rückmeldung.

ISBN 978-3-8101-0664-3

Printed in Germany
Layout, Satz, Zeichnungen: schwesinger, galeo:design
Titelfoto: Kadmy – stock.adobe.com
Druck: Westermann Druck Zwickau GmbH

Das Beste kommt zum Schluss

„Wenn wir alles täten, wozu wir imstande sind, würden wir uns wahrlich in Erstaunen versetzen.“

Thomas A. Edison

Es beginnt oft mit einer Messung im Feld – unscheinbar, präzise, unter Bedingungen, die so nah wie möglich am realen Betrieb liegen. Ein Strom, eine Spannung, ein Wert und doch steckt dahinter mehr: die Kenntnis, wie sich eine kleine Abweichung unter veränderter Anregung auswirken kann, und das Wissen, welche Schritte zur sicheren Beurteilung notwendig sind. Auf diesem Weg begegnen wir nicht nur Zahlen, sondern ganzen Systemen, die miteinander kommunizieren müssen, um ein gemeinsames Bild zu ergeben. Wir betrachten sie aus verschiedenen Blickwinkeln – elektrisch, mechanisch, regelungstechnisch – und erkennen, dass jede Wicklung, jede Synchronisation, jede Optimierung des Wirkungsgrads ein Teil des Ganzen ist. Zwischen Normen, Richtlinien und den aktuellen Anforderungen an Sicherheit und Effizienz entsteht ein komplexes Geflecht, das nur durch Erfahrung und methodisches Vorgehen durchschaubar wird. Am Ende steht mehr als ein Haken in einer Prüfliste: Die exakte Diagnose und Abnahme eines Transformators, die Bewertung der Messergebnisse im Lichte physikalischer und mathematischer Zusammenhänge, die Sicherstellung einer fehlerfreien Kommunikation zwischen allen beteiligten Systemen. Es ist das bewusste Zusammenspiel von messtechnischer Präzision, konstruktivem Verständnis und regulatorischer Sicherheit, das ein Projekt erfolgreich abrundet. Gerade hier zeigt sich die unverzichtbare Rolle von Facharbeitern, Meistern, Technikern und Ingenieuren: Sie verbinden Theorie mit Praxis, behalten den Überblick über unterschiedlichste technische Systeme und sichern mit ihrer Erfahrung die zuverlässige Funktion komplexer Anlagen. Ihre Arbeit ist es, die aus einzelnen Messwerten belastbare Entscheidungen macht – und damit den Grundstein für Sicherheit, Effizienz und Fortschritt legt.

Wie in den letzten Jahren soll Ihnen und Ihren Mitarbeitern auch das letzte Jahrbuch Elektromaschinen und Antriebe neue Perspektiven und Anregungen für die alltäglichen und zukünftigen Aufgaben geben. Es lag uns am Herzen ein klein wenig zu Ihrer Qualifizierung beizutragen.

Wir wünschen allen Lesern viel Erfolg im beruflichen und privaten Umfeld. Viel Spaß beim Lesen und bleiben Sie gesund.

Peter Behrends, Jörn Hollje

Herausgeber

Dipl.-Ing. Peter Behrends hat das Handwerk des Elektromaschinenbauers von der Pike auf gelernt. Nach dem Studium der Elektrotechnik/Energietechnik startete er seine Berufstätigkeit zunächst bei der AEG. Heute arbeitet er als Dozent am Bundestechnologiezentrum für Elektro- und Informationstechnik e.V. in Oldenburg in Präsenz und seit 2000 auch online als Tele-Coach. Zu seinen Aufgaben gehört die Wissensvermittlung rund um die elektrische Maschine.

Des Weiteren wirkt er an mehreren Fachbüchern für die Meisterausbildung und Ausbildungsmedien für die Erst- und Aufstiegsfortbildung mit.

Jörn Hollje, M. Eng., hat sich am Bundestechnologiezentrum für Elektro- und Informationstechnik e.V. Oldenburg (BFE) auf die Meisterprüfung vorbereitet und anschließend an der Jade Hochschule in Wilhelmshaven Elektrotechnik studiert. Während seiner Bachelor-Studienzeit war er in der Prozessautomation im Hardware Engineering tätig, wo er u.a. elektrische Anlagen plante und Schaltschränke konstruierte und diese in Betrieb nahm. Im Masterstudium widmete er sich der Energie- und Hochspannungstechnik und sammelte während dieser Zeit Erfahrungen im Dienstleistungssektor der Energietechnik. Daraus ergab sich seine Tätigkeit als Messingenieur zur Prüfung- und Zustandsdiagnose von Transformatoren. Aktuell ist *Jörn Hollje* beim BFE hauptberuflich als Dozent tätig und bildet Elektrotechnikermeister im Bereich Planung elektrischer Anlagen aus und deckt zudem verschiedene Grundlagenthemen ab.

Inhaltsverzeichnis

Inhaltsübersicht de-Jahrbuch 2026
Elektrotechnik für Handwerk und Industrie 9

Kalender 2026 10

Kalender 2027 11

1 Wichtige Vorschriften, Regeln, Normen und Gesetze 13

Überblick über wesentliche, geänderte bzw. neu erschienene Regelwerke des Arbeitsschutzes und der Betriebssicherheit 14

Wirkungsgrad-Klassifizierung von netzgespeisten Drehstrommotoren 15

2 Rotierende Elektrische Maschinen 27

Synchronmaschine 28

Drehstromwicklungen 50

3 Antriebstechnik 87

Anwendungsbeispiele verschiedener Feldbustechnologien wie AS-Interface, Profinet und I/O-Link 88

SPS-Aufgabe: Bohranlage 94

4 Schaltanlagen und Verteiler 143

Prüfungen an Leistungstransformatoren 144

Wechselspannungsprüfungen am Transformator 165

5 Steuerungs- und Automatisierungstechnik 177

Systemübergreifende Gerätekommunikation – wann ist ein Smart Home eigentlich smart? 178

6 Prüf- und Messpraxis 197

Umgang mit komplexen Zahlen – Interpretation und Darstellung 198

7 Formeln und Gleichungen 229

Formeln und Einheiten in der Antriebstechnik 230

SI-Basiseinheiten ... 230

Dezimale Vielfache und Teile von Einheiten ... 231

Winkelfunktionen ... 231

Formelzeichen und SI-Einheiten ... 232

Weitere Formelzeichen für elektrische Maschinen ... 233

8 Schaltzeichen ... 235

Schaltzeichen für Schutz- und Sicherungseinrichtungen nach DIN EN 60617 ... 236

Schaltzeichen für elektrische Maschinen und Anlasser nach DIN EN 60617 ... 237

Betriebsmittelkennzeichen ... 240

9 Service ... 243

Geschäftsstellen des Zentralverbandes der Deutschen Elektro- und Informationstechnischen Handwerke (ZVEH) und der Landesfach- und Innungsverbände der elektro- und informationstechnischen Handwerke ... 244

Schulungsstätten des ZVEH und der Landesverbände ... 248

Stichwortverzeichnis ... 250

Inhaltsübersicht de-Jahrbuch 2026
Elektrotechnik für Handwerk und Industrie

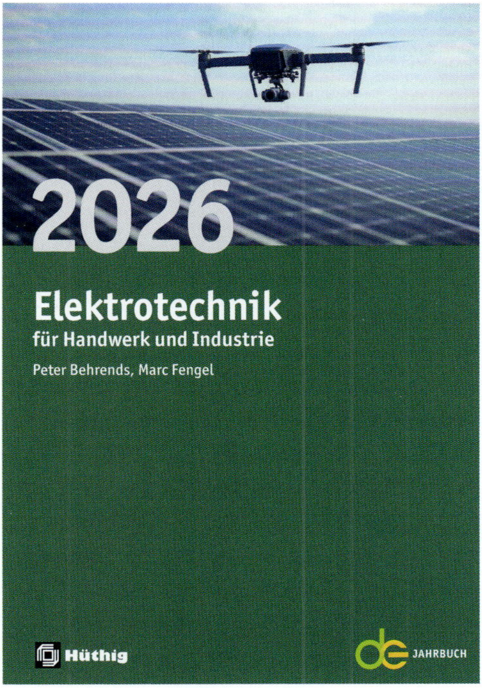

- Wichtige Vorschriften, Regeln, Normen und Gesetze
- Elektrotechnik
- Prüftechnik
- Gebäudetechnik
- Industrietechnik
- Stromversorgungssysteme
- Informationstechnik
- Formeln, Tabellen und
- Schaltzeichen

Mehr Infos unter https://shop.huethig.de/

Herausgegeben von *Peter Behrends* und *Marc Fengel*.
2025 (52. Jahrgang).
244 Seiten.
EUR 35,80, Abopreis EUR 29,80 (D).
ISBN Printausgabe 978-3-8101-0662-9
ISBN E-Book 978-3-8101-0663-6

Januar

Mo		5	12	19	26
Di		6	13	20	27
Mi		7	14	21	28
Do	1	8	15	22	29
Fr	2	9	16	23	30
Sa	3	10	17	24	31
So	**4**	**11**	**18**	**25**	

Februar

Mo		2	9	16	23
Di		3	10	17	24
Mi		4	11	18	25
Do		5	12	19	26
Fr		6	13	20	27
Sa		7	14	21	28
So	**1**	**8**	**15**	**22**	

März

Mo		2	9	16	23	30
Di		3	10	17	24	31
Mi		4	11	18	25	
Do		5	12	19	26	
Fr		6	13	20	27	
Sa		7	14	21	28	
So	**1**	**8**	**15**	**22**	**29**	

April

Mo		6	13	20	27
Di		7	14	21	28
Mi	1	8	15	22	29
Do	2	9	16	23	30
Fr	3	10	17	24	
Sa	4	11	18	25	
So	**5**	**12**	**19**	**26**	

Mai

Mo		4	11	18	25
Di		5	12	19	26
Mi		6	13	20	27
Do		7	14	21	28
Fr	1	8	15	22	29
Sa	2	9	16	23	30
So	**3**	**10**	**17**	**24**	**31**

Juni

Mo	1	8	15	22	29
Di	2	9	16	23	30
Mi	3	10	17	24	
Do	4	11	18	25	
Fr	5	12	19	26	
Sa	6	13	20	27	
So	**7**	**14**	**21**	**28**	

Juli

Mo		6	13	20	27
Di		7	14	21	28
Mi	1	8	15	22	29
Do	2	9	16	23	30
Fr	3	10	17	24	31
Sa	4	11	18	25	
So	**5**	**12**	**19**	**26**	

August

Mo		3	10	17	24	31
Di		4	11	18	25	
Mi		5	12	19	26	
Do		6	13	20	27	
Fr		7	14	21	28	
Sa	1	8	15	22	29	
So	**2**	**9**	**16**	**23**	**30**	

September

Mo		7	14	21	28
Di	1	8	15	22	29
Mi	2	9	16	23	30
Do	3	10	17	24	
Fr	4	11	18	25	
Sa	5	12	19	26	
So	**6**	**13**	**20**	**27**	

Oktober

Mo		5	12	19	26
Di		6	13	20	27
Mi		7	14	21	28
Do	1	8	15	22	29
Fr	2	9	16	23	30
Sa	3	10	17	24	31
So	**4**	**11**	**18**	**25**	

November

Mo		2	9	16	23	30
Di		3	10	17	24	
Mi		4	11	18	25	
Do		5	12	19	26	
Fr		6	13	20	27	
Sa		7	14	21	28	
So	**1**	**8**	**15**	**22**	**29**	

Dezember

Mo		7	14	21	28
Di	1	8	15	22	29
Mi	2	9	16	23	30
Do	3	10	17	24	31
Fr	4	11	18	25	
Sa	5	12	19	26	
So	**6**	**13**	**20**	**27**	

Karfreitag 3. April · Ostern 5./6. April · Maifeiertag 1. Mai
Christi Himmelfahrt 14. Mai · Pfingsten 24./25. Mai
Fronleichnam 4. Juni · Tag der Deutschen Einheit 3. Oktober

Januar

Mo		4	11	18	25
Di		5	12	19	26
Mi		6	13	20	27
Do		7	14	21	28
Fr	1	8	15	22	29
Sa	2	9	16	23	30
So	**3**	**10**	**17**	**24**	**31**

Februar

Mo	1	8	15	22
Di	2	9	16	23
Mi	3	10	17	24
Do	4	11	18	25
Fr	5	12	19	26
Sa	6	13	20	27
So	**7**	**14**	**21**	**28**

März

Mo	1	8	15	22	29
Di	2	9	16	23	30
Mi	3	10	17	24	31
Do	4	11	18	25	
Fr	5	12	19	26	
Sa	6	13	20	27	
So	**7**	**14**	**21**	**28**	

April

Mo		5	12	19	26
Di		6	13	20	27
Mi		7	14	21	28
Do	1	8	15	22	29
Fr	2	9	16	23	30
Sa	3	10	17	24	
So	**4**	**11**	**18**	**25**	

Mai

Mo		3	10	17	24	31
Di		4	11	18	25	
Mi		5	12	19	26	
Do		6	13	20	27	
Fr		7	14	21	28	
Sa	1	8	15	22	29	
So	**2**	**9**	**16**	**23**	**30**	

Juni

Mo		7	14	21	28
Di	1	8	15	22	29
Mi	2	9	16	23	30
Do	3	10	17	24	
Fr	4	11	18	25	
Sa	5	12	19	26	
So	**6**	**13**	**20**	**27**	

Juli

Mo		5	12	19	26
Di		6	13	20	27
Mi		7	14	21	28
Do	1	8	15	22	29
Fr	2	9	16	23	30
Sa	3	10	17	24	31
So	**4**	**11**	**18**	**25**	

August

Mo		2	9	16	23	30
Di		3	10	17	24	31
Mi		4	11	18	25	
Do		5	12	19	26	
Fr		6	13	20	27	
Sa		7	14	21	28	
So	**1**	**8**	**15**	**22**	**29**	

September

Mo		6	13	20	27
Di		7	14	21	28
Mi	1	8	15	22	29
Do	2	9	16	23	30
Fr	3	10	17	24	
Sa	4	11	18	25	
So	**5**	**12**	**19**	**26**	

Oktober

Mo		4	11	18	25
Di		5	12	19	26
Mi		6	13	20	27
Do		7	14	21	28
Fr	1	8	15	22	29
Sa	2	9	16	23	30
So	**3**	**10**	**17**	**24**	**31**

November

Mo	1	8	15	22	29
Di	2	9	16	23	30
Mi	3	10	17	24	
Do	4	11	18	25	
Fr	5	12	19	26	
Sa	6	13	20	27	
So	**7**	**14**	**21**	**28**	

Dezember

Mo		6	13	20	27
Di		7	14	21	28
Mi	1	8	15	22	29
Do	2	9	16	23	30
Fr	3	10	17	24	31
Sa	4	11	18	25	
So	**5**	**12**	**19**	**26**	

Karfreitag 26. März · Ostern 28./29. März · Maifeiertag 1. Mai
Christi Himmelfahrt 6. Mai · Pfingsten 16./17. Mai
Fronleichnam 27. Mai · Tag der Deutschen Einheit 3. Oktober

© galeo

Überblick über wesentliche, geänderte bzw. neu erschienene Regelwerke des Arbeitsschutzes und der Betriebssicherheit 14

Wirkungsgrad-Klassifizierung von netzgespeisten Drehstrommotoren 15

Überblick über wesentliche, geänderte bzw. neu erschienene Regelwerke des Arbeitsschutzes und der Betriebssicherheit

Bezeichnung	Titel	Kurzinformation	Ausgabe-datum	Ersatz für
ASR A2.3 Änd	Fluchtwege und Notausgänge. Technische Regel für Arbeitsstätten	Diese ASR A2.3 konkretisiert im Rahmen ihres Anwendungsbereichs Anforderungen der Verordnung über Arbeitsstätten. Bei Einhaltung dieser Technischen Regel kann der Arbeitgeber davon ausgehen, dass die entsprechenden Anforderungen der Verordnung erfüllt sind. Wählt der Arbeitgeber eine andere Lösung, muss er damit mindestens die gleiche Sicherheit und den gleichen Schutz der Gesundheit für die Beschäftigten erreichen.	2024-10	/
TRBS 1111 Teil 1 Änd 2024	Technische Regeln für Betriebssicherheit – Gefährdungsbeurteilung	Diese TRBS 1111 konkretisiert im Rahmen ihres Anwendungsbereichs Anforderungen der Betriebssicherheitsverordnung. Bei Einhaltung dieser Technischen Regel kann der Arbeitgeber davon ausgehen, dass die entsprechenden Anforderungen der Verordnung erfüllt sind. Wählt der Arbeitgeber eine andere Lösung, muss er damit mindestens die gleiche Sicherheit und den gleichen Gesundheitsschutz für die Beschäftigten erreichen.	2024-09	/
DGUV Information 208-061 BGR 234	Lagereinrichtungen und Ladungsträger	Die DGUV Information 208-061 enthält Festlegungen und Empfehlungen, um den sicheren Betrieb von Lagereinrichtungen und Ladungsträgern zu ermöglichen.	2024-07	/

Wirkungsgrad-Klassifizierung von netzgespeisten Drehstrommotoren

EN 60034-30-1:2014 (VDE 0530-30-1)

Obering. H. Greiner
überarbeitet von *Peter Behrends*

Auszüge aus der Einleitung zur Norm

Die EN 60034-30 soll Wirkungsgradklassen für elektrische Motoren weltweit harmonisieren. Sie gilt für alle Arten elektrischer Motoren, die für einen Direktanlauf am Netz oder auch für das Anfahren bei niedriger Spannung (z. B. Stern-Dreieck), bemessen sind. Sie schließt unabhängig von ihrer Bemessungsspannung und -frequenz alle Wechselstrom- und Drehstrom-Induktionsmotoren niedriger Spannung sowie permanentmagneterregte Motoren mit Direktanlauf ein.

Im Gegensatz zur ersten Ausgabe der IEC 60034-30 gilt die aktuelle Norm für einen Leistungsbereich von 0,12 kW bis 1.000 kW. Sie umfasst sämtliche Bauarten elektrischer Motoren mit Direktanlauf und nicht nur Drehstrom-Induktionsmotoren mit Käfigläufer.

Neu aufgenommen in dieser Norm ist die Wirkungsgradklasse IE4. Damit ist die informative Definition von IE4 überholt, die bisher in IEC/TS 60034-31:2010 enthalten war. Die neue Wirkungsgradklasse IE5 ist noch nicht final festgelegt und für die nächste Ausgabe dieser Norm vorgesehen.

Da die elektromagnetische Ausnutzung und die mechanischen Abmessungen der Motoren vom Drehmoment und nicht von der Leistung bestimmt werden, ist es einfacher, einen hohen Wirkungsgrad zu erreichen, wenn ein Motor für den Direktanlauf mit 60 Hz statt mit 50 Hz Netzfrequenz ausgelegt wird. Mit der Änderung der Frequenz von 50 Hz auf 60 Hz steigt auch die theoretische Leistung um 20 %.

Die signifikanten Verluste von kleinen und mittleren Induktionsmotoren sind Stromwärmeverluste in der Wicklung. Ist das Drehmoment konstant, ändern sie sich nicht. Die, von der Frequenz abhängigen, Ventilations-, Reibungs- und Eisenverluste steigen zwar an, spielen bei vier- und mehrpoligen Motoren aber kaum eine Rolle. Da die Gesamtverluste bei der Frequenzänderung von 50 Hz auf 60 Hz weniger stark ansteigen als die um 20 % erhöhte Leistung, ergibt sich unter dem Strich ein besserer Wirkungsgrad, der aber mit der Anzahl der Pole und der Motorgröße variiert. Generell ist der Wirkungsgrad von Drehstromasynchronmotoren mit Kurzschlussläufern im Leistungsbereich von 0,75 kW bis 375 kW bei 60 Hz zwischen 2,5 %-Punkten und weniger als 0,5 %-Punkten größer, verglichen mit 50 Hz. Lediglich große 2-polige Motoren können bei 60 Hz aufgrund des hohen Anteils von Eisen-, Lüftungs- und Reibungsverlusten einen niedrigeren Wirkungsgrad aufweisen.

Es wird nicht davon ausgegangen, dass alle Hersteller Motoren für alle Wirkungsgradklassen oder für alle Bemessungsleistungen einer Klasse produzieren. Die Anwender sollten die Wirkungsgradklasse anhand der Anforderungen der Anwendung in Abhängigkeit von der tatsächlichen Betriebsstundenzahl auswählen. Aufgrund der erhöhten Trägheit und der Verluste beim Anfahren ist es möglicherweise nicht energieeffizient, für Aussetz- oder Kurzzeitbetrieb Motoren mit hohem Wirkungsgrad zu wählen.

Die Wirkungsgradklassen für Motoren bei 60 Hz wurden in Übereinstimmung mit den in den USA gültigen gesetzlichen Bestimmungen zugeordnet.

Ein zweiter Teil zu dieser Normenreihe (IEC 60034-30-2) ist in Vorbereitung. Dieser gilt für Motoren, die für eine Versorgung mit variabler Spannung und Frequenz, wie z. B. Synchronmotoren, bemessen sind.

Änderungen

Gegenüber der DIN EN 60034-30 (VDE 0530-30):2009-08 wurden folgende Änderungen vorgenommen:

a) Aufteilung in zwei Teile,
b) Teil 1 gilt für alle Bauarten netzgespeister Drehstrommotoren,
c) Erweiterung des Anwendungsbereiches um Motoren mit Bemessungsleistungen von 0,12 kW bis 1.000 kW,
d) Erweiterung auf 8-polige Maschinen,
e) Aufnahme von Anforderungen für Wirkungsgradklasse IE4,
f) Erweiterung der Umgebungstemperatur von −20 °C bis +60 °C,
g) Erweiterung um Motoren, die trotz anderer Betriebsart als S1 bei Bemessungsleistung im Dauerbetrieb betrieben werden können.

Anwendungsbereich

Diese internationale Norm spezifiziert Wirkungsgradklassen für elektrische Motoren mit einer Drehzahl, die nach IEC 60034-1 oder IEC 60079-0 bemessen sind, mit Sinusspannung betrieben werden können und welche:

- eine Bemessungsleistung P_N von 0,12 kW bis 1.000 kW haben,
- eine Bemessungsspannung U_N von über 50 V bis zu 1 kV haben,
- mit einer Polzahl von 2, 4, 6 oder 8 ausgelegt sind,
- für eine Bemessungsleistung für Dauerbetrieb (S1) bei einem Erwärmungsanstieg innerhalb der bemessenen Temperaturklasse geeignet sind. Motoren, die für andere Betriebsarten ausgelegt sind, aber dennoch bei Bemessungsleistung im Dauerbetrieb betrieben werden können, fallen ebenfalls unter diese Norm,

- für eine Umgebungstemperatur von –20 °C bis +60 °C bemessen sind. Der Bemessungswirkungsgrad und die Wirkungsgradklassen sind nach IEC 60034-2-1 für einen Betrieb bei einer Umgebungstemperatur von 25 °C angegeben. Motoren, die für Temperaturen außerhalb des Bereichs von –20 °C bis +60 °C bemessen sind, fallen unter Spezialkonstruktionen und sind daher von dieser Norm ausgenommen. Brandgasmotoren mit einer Temperaturklasse bis 400 °C sind eingeschlossen,
- für eine Höhe von bis zu 4.000 m über dem Meeresspiegel gekennzeichnet sind. Der Bemessungswirkungsgrad und die Wirkungsgradklasse beziehen sich auf eine Bemessung für Höhen bis zu 1.000 m über dem Meeresspiegel.

Ausgeschlossen sind:

- Motoren für eine Drehzahl mit 10 oder mehr Polen sowie Motoren, die für mehrere Drehzahlen ausgelegt sind,
- Motoren mit mechanischen Kommutatoren (wie Gleichstrommotoren),
- Motoren, die vollständig in eine Maschine integriert sind (z. B. Pumpen, Lüfter und Kompressoren) und praktisch nicht eigenständig geprüft werden können,
- TEAO-Motoren (Totally Enclosed Air Over, mit Kühlung durch Umgebungsluft IC 418), d. h. geschlossene Motoren, die durch Kühlmittel von außerhalb der Maschine gekühlt werden, sind in dieser Norm ebenfalls enthalten. Die Prüfung des Wirkungsgrads derartiger Motoren hat bei ausgebautem Lüfter zu erfolgen. Für die Kühlung ist ein Fremdlüfter mit einem vergleichbaren Luftdurchsatz wie der ursprüngliche Lüfter zu verwenden,
- Motoren mit integrierten Frequenzumrichtern (Kompaktantriebe) wenn der Motor nicht getrennt vom Umrichter geprüft werden kann. Die Wirkungsgrad-Klassifizierung muss bei Kompaktantrieben basierend auf dem kompletten Antriebssystem (en: PDS: Power Drive System) erfolgen und wird daher in einer separaten Norm definiert. Können Motor und Frequenzumrichter unabhängig voneinander geprüft werden, kann diese Norm angewendet werden,
- Bremsmotoren, wenn die Bremse integraler Bestandteil der inneren Motorkonstruktion ist und weder entfernt noch während der Prüfung des Motorwirkungsgrads separat betrieben werden kann. Bremsmotoren mit im Motorflansch integrierter Bremsspule werden von dieser Norm abgedeckt, sofern der Motorwirkungsgrad ohne die Verluste der Bremse geprüft werden kann (z. B. durch Ausbau der Bremse oder durch Versorgung der Bremsspule durch eine getrennte Spannungsquelle). Bietet der Hersteller einen Motor mit gleicher Auslegung sowohl mit und ohne Bremse an, so ist der Motorwirkungs-

grad für den Motor ohne Bremse zu prüfen. Der so bestimmte Wirkungsgrad ist dann sowohl für den Motor mit und ohne Bremse anzuwenden, bei z. B. Unterwassermotoren, die speziell dafür ausgelegt sind, dass sie komplett in Flüssigkeiten eingetaucht betrieben werden können, oder bei z. B. Brandgasmotoren mit einer Temperaturklasse über 400 °C.

Hilfseinrichtungen

Einige elektrische Motoren im Anwendungsbereich dieser Norm können mit Hilfseinrichtungen, wie z. B. Wellendichtringen, Fremdlüftern, mechanischen Bremsen, Rücklaufsperren und unidirektionalen Lagern, Drehgebern, Tachogeneratoren in unterschiedlichen Kombinationen, ausgerüstet sein.

Solange diese Hilfseinrichtungen kein integraler Bestandteil der grundlegenden Motorauslegung sind, ist es praktisch nicht möglich, den Wirkungsgrad in allen möglichen Kombinationen zu bestimmen. Die Prüfung des Wirkungsgrades von solchen modifizierten Standardmotoren muss daher am Basismotor mit Original-kühlung ohne installierte Hilfseinrichtungen vorgenommen werden.

Die Verluste eines Fremdlüfters müssen bei der Bestimmung des Wirkungsgrads mitberücksichtigt werden, sofern der Fremdlüfter ein integraler Bestandteil der Motorkonstruktion ist. Ist der Fremdlüfter eine optionale Zusatzeinrichtung eines serienmäßig hergestellten Motors, der üblicherweise mit Eigenlüfter ausgestattet ist, können die Verluste des Basismotors (mit Eigenlüfter) herangezogen werden.

Schräglager (Axiallager) vertikal eingebauter Motoren können bei Bestimmung des Wirkungsgrads durch Standardlager ersetzt werden. Motoren dieser Art können horizontal geprüft werden.

Einige Arten von Motoren (wie zum Beispiel Getriebemotoren und Pumpenmotoren) sind mit Wellendichtringen ausgerüstet, um den Eintritt von Öl oder Wasser in den Motor zu verhindern. Externe Dichtungen sind bei der Prüfung des Wirkungsgrads zu entfernen. Dies gilt allerdings nur für Dichtungen, die von außen ohne Ausbau des Motors zugänglich sind (Entfernung von Lüfterabdeckung und Lüfter ist gestattet).

Elektromechanische Bremsen müssen vor Bestimmung des Wirkungsgrads entfernt werden. Macht die Motorkonstruktion den Ausbau der Bremse unmöglich, muss die Bremsspule von einer separaten Spannungsquelle gespeist werden. Hierbei ist der Stromverbrauch der Bremsspule bei der Berechnung des Motorwirkungsgrads außer Acht zu lassen.

Möglichkeiten der Energieeinsparung verschiedener Motortechnologien

Hinsichtlich der IE-Klassifizierung (**Tabelle 1**) bedeutet OK, dass Hersteller die Wirkungsgradklasse mit heutiger Technologie erreichen können. Unter Umständen ist dies bei bestimmten Baugrößen unwirtschaftlich. Ein „Nein“ bedeutet, dass die Wirkungsgradklasse nach heutigem Stand der Technik nicht möglich ist. Mit „kritisch“ ist gemeint, dass sich die Wirkungsgradklasse mit moderner Technologie höchstwahrscheinlich, aber nicht für alle Bemessungen erreichen lassen.

Bei der Bestimmung von Mindestwirkungsgraden MEPS (Minimum Energy Efficiency Performance Standards) ist zu berücksichtigen, dass sich nicht alle Motortechnologien in jeder Wirkungsgradklasse wirtschaftlich herstellen oder betreiben lassen.

Motortechnologie		IE1	IE2	IE3	IE4	IE5
Drehstrommotoren mit Käfigläufern	Träufelwicklungen	OK	OK	OK	kritisch	nein
	Formspulen (IP2X)	OK	OK	kritisch	nein	nein
	Formspulen (≥ IP4X)	OK	OK	OK	kritisch	nein
Schleifringläufermotoren		OK	OK	OK	kritisch	nein
Wechselstrommotoren	mit Anlaufkondensator	kritisch	nein	nein	nein	nein
	mit Betriebskondensator	OK	kritisch	nein	nein	nein
	mit Anlauf- und Betriebskondensator	OK	kritisch	nein	nein	nein
	Spaltpolmotor	kritisch	nein	nein	nein	nein
Synchronmotoren	permanentmagneterregte Motoren mit Direktanlauf (Line-start permanent-magnet)	OK	OK	OK	kritisch	nein

Tabelle 1: IE-Klassifizierung

Wirkungsgradklassen und Bezeichnung

Die Bezeichnung der Wirkungsgradklasse besteht aus den Buchstaben IE (Kurzform für „International Energyefficiency Class“), unmittelbar gefolgt von einer Ziffer zur Bezeichnung der Klasse.

Klassifizierung für den IE-Wirkungsgrad (Tabelle 2)

In früheren Ausgaben dieser Norm wurden zusätzlich zu den Klassen IE1 – IE2 – IE3 – IE4 die Prädikate *Standard – Hoch – Premium – Super Premium* verwendet. Diese werden in der Neufassung nicht mehr benutzt.

Für Motoren mit Bemessungswirkungsgraden unter den in den Tabellen 3 und 4 angegebenen Grenzen besteht keine Kennzeichnungspflicht.

Aus Platzgründen werden in diesem Jahrbuch nur die für 50 Hz geltenden Tabellen aufgenommen.

Frequenz in Hz	IE-Wirkungsgrad				
	IE1	IE2	IE3	IE4	IE5
50	Tabelle 3 der Norm	Tabelle 5 der Norm	Tabelle 7 der Norm	Tabelle 9 der Norm	folgt in der nächsten Ausgabe der Norm
60	Tabelle 4 der Norm	Tabelle 6 der Norm	Tabelle 8 der Norm	Tabelle 10 der Norm	

Tabelle 2: Nummern der Tabellen

Nenngrenzwerte für die Wirkungsgradklasse IE5

Es ist vorgesehen, die Grenzwerte für die Wirkungsgradklasse IE5 in der nächsten Ausgabe dieser Norm mit aufzunehmen. Ziel ist eine Verminderung der Verluste in Klasse IE5 um etwa 20 % bezogen auf Klasse IE4. Motortechnologien der Wirkungsgradklasse IE5 sind bislang nicht ausreichend entwickelt und kommerziell nicht verfügbar.

Der Schwerpunkt künftiger Optimierungen hinsichtlich Energieeffizienz muss auf eine verbesserte Effizienz des Gesamtsystems während des kompletten Betriebszyklus unter Berücksichtigung aller Systemverluste (Umrichter, Filter, Kabel, Motor etc.) abzielen.

Formeln für die Interpolation

Im ersten Entwurf waren die Sollwerte für die Nennwirkungsgrade nur in Tabellen mit leistungsabhängigen Stufen genannt. Diese Stufen waren vor allem bei den aus US-Quellen stammenden Werten (EPACT, NEMA) sehr ausgeprägt und mathematisch nicht nachvollziehbar oder für abweichende Leistungswerte nicht leicht zu interpolieren.

Grundlage aller neuen 50-Hz-Tabellenwerte sind jetzt die für jede Gruppe (Klasse, Frequenz, Polzahl) festgelegten Formeln für Polynome nach folgendem Schema:

$$\eta_N = A \cdot \left[\log_{10}\left(\frac{P_N}{1\,\text{kW}}\right)\right]^3 + B \cdot \left[\log_{10}\left(\frac{P_N}{1\,\text{kW}}\right)\right]^2 + C \cdot \left[\log_{10}\left(\frac{P_N}{1\,\text{kW}}\right)\right] + D$$

Beispiele für die Klassen IE1, IE2, IE3 und IE4 sind in **Tabelle 3** zu finden.

Motoren 4-polig, 50 Hz	A	B	C	D
Klasse IE1	0,5234	– 5,0499	17,4180	74,3171
Klasse IE2	0,0278	– 1,9247	10,4395	80,9761
Klasse IE3	0,0773	– 1,8951	9,2984	83,7025
Klasse IE4	0,2412	– 2,3608	8,4460	86,8321

Tabelle 3: Koeffizienten der Wirkungsgradformel im Leistungsbereich von 750 W bis 200 kW für $z_p = 4$

Die Werte für die Parameter der Polzahlen 2, 6 und 8 sowie die Werte für den Leistungsbereich von 0,12 kW bis 0,74 kW sind der Norm zu entnehmen.

Die Formel und ihre Parameter ergeben die mathematisch beste Annäherung an die genormten und in den Tabellen festgelegten Grenzwerte. Sie haben keinen physikalischen Hintergrund. Das Rechenergebnis (in %) ist auf die erste Nachkommastelle zu runden.

Bei 50 Hz sind die Grenzwerte für die genormten Leistungsstufen den Tabellen 3, 5, 7 und 9 der Norm zu entnehmen (siehe auch Abschnitt „Grenzwerttabellen" in diesem Beitrag). Für abweichende Leistungswerte sind die Grenzwerte des Wirkungsgrades nach der Formel zu berechnen.

Bei **60 Hz** stimmen die Grenzwerte mit den in den USA teilweise gesetzlich festgelegten Stufenwerten (z. B. EPACT) überein. Die US-amerikanischen Normengremien waren zu einer Angleichung an das bei IEC für 50 Hz vereinbarte System nicht bereit. Die Ermittlung eines Grenzwertes für den Wirkungsgrad bei einem von der Norm abweichenden Leistungswert ist in der Norm festgelegt.

Vergleichsdiagramm (Bild 1)

Das Diagramm soll einen visuellen Vergleich für die wichtigste Motorengruppe (4-polig, 50 Hz) erlauben. Es ist daher mit grobem Gitternetz erstellt. Die genauen

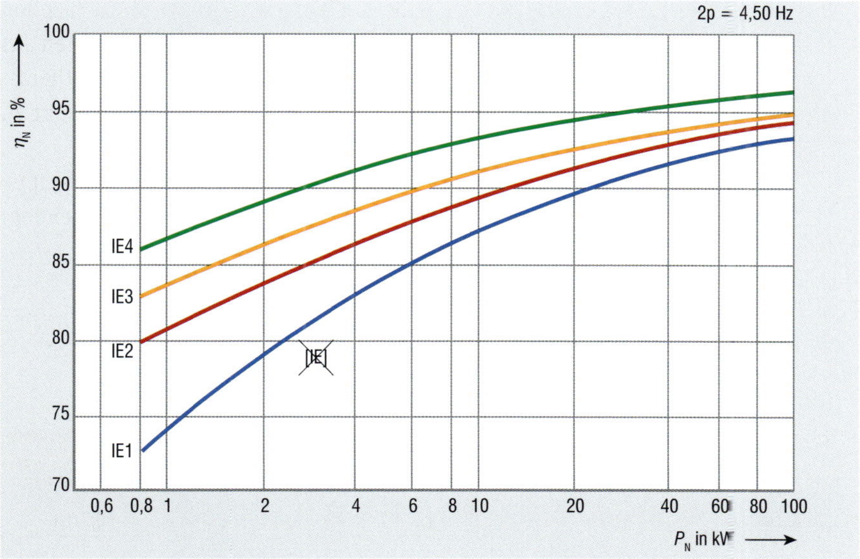

Bild 1: Vergleich der vier Wirkungsgradklassen am Beispiel 4-poliger Motoren für 50 Hz
Bemessungsleistungen P_N = 0,75 kW ... 100 kW
Unter IE1 (ohne Kennzeichnung IE...)

Grenzwerte für die Klassifizierung der Wirkungsgrade sind den nachfolgenden ausführlichen Tabellen und der Norm zu entnehmen.

Nenngrenzwerte für die Bezeichnung mit dem IE-Code

Als Auszug aus der Norm sind in den **Tabellen 4** bis **7** für die wichtigsten Motorengruppen die Grenzwerte gezeigt. Die Tabellen für 60 Hz sind der Norm zu entnehmen. Die Werte in den Tabellen für die Nenngrenzwerte stammen teilweise aus Normentwürfen. Verbindliche Werte sind der Endfassung der Norm DIN EN 60034-30 zu entnehmen.

P_N in kW	Polzahl/Synchrondrehzahl in min^{-1}			
	2/3.000	4/1.500	6/1.000	8/750
0,12	45,0	50,0	38,3	31,0
0,18	52,8	57,0	45,5	38,0
0,20	54,6	58,5	47,6	39,7
0,25	58,2	61,5	52,1	43,4
0,37	63,9	66,0	59,7	49,7
0,40	64,9	66,8	61,1	50,9
0,55	69,0	70,0	65,8	56,1
0,75	72,1	72,1	70,0	61,2
1,1	75,0	75,0	72,9	66,5
1,5	77,2	77,2	75,2	70,2
2,2	79,7	79,7	77,7	74,2
3	81,5	81,5	79,7	77,0
4	83,1	83,1	81,4	79,2
5,5	84,7	84,7	83,1	81,4
7,5	86,0	86,0	84,7	83,1
11	87,6	87,6	86,4	85,0
15	88,7	88,7	87,7	86,2
18,5	89,3	89,3	88,6	86,9
22	89,9	89,9	89,2	87,4
30	90,7	90,7	90,2	88,3
37	91,2	91,2	90,8	88,8
45	91,7	91,7	91,4	89,2
55	92,1	92,1	91,9	89,7
75	92,7	92,7	92,6	90,3
90	93,0	93,0	92,9	90,7
110	93,3	93,3	93,3	91,1
132	93,5	93,5	93,5	91,5
160	93,8	93,8	93,8	91,9
200	94,0	94,0	94,0	92,5
250	94,0	94,0	94,0	92,5
315	94,0	94,0	94,0	92,5
355	94,0	94,0	94,0	92,5
400	94,0	94,0	94,0	92,5
450	94,0	94,0	94,0	92,5
500 … 1.000	94,0	94,0	94,0	92,5

Tabelle 4: (Tabelle 3 der Norm) Nenngrenzwerte in % für Wirkungsgrad IE1 bei 50 Hz

P_N in kW	Polzahl/Synchrondrehzahl in min^{-1}			
	2/3.000	4/1.500	6/1.000	8/750
0,12	53,6	59,1	50,6	39,8
0,18	60,4	64,7	56,6	45,9
0,20	61,9	65,9	58,2	47,4
0,25	64,8	68,5	61,6	50,6
0,37	69,5	72,7	67,6	56,1
0,40	70,4	73,5	68,8	57,2
0,55	74,1	77,1	73,1	61,7
0,75	77,4	79,6	75,9	66,2
1,1	79,6	81,4	78,1	70,8
1,5	81,3	82,8	79,8	74,1
2,2	83,2	84,3	81,8	77,6
3	84,6	85,5	83,3	80,0
4	85,8	86,6	84,6	81,9
5,5	87,0	87,7	86,0	83,8
7,5	88,1	88,7	87,2	85,3
11	89,4	89,8	88,7	86,9
15	90,3	90,6	89,7	88,0
18,5	90,9	91,2	90,4	88,6
22	91,3	91,6	90,9	89,1
30	92,0	92,3	91,7	89,8
37	92,5	92,7	92,2	90,3
45	92,9	93,1	92,7	90,7
55	93,2	93,5	93,1	91,0
75	93,8	94,0	93,7	91,6
90	94,1	94,2	94,0	91,9
110	94,3	94,5	94,3	92,3
132	94,6	94,7	94,6	92,6
160	94,8	94,9	94,8	93,0
200 … 1.000	95,0	95,1	95,0	93,5

Tabelle 5: (Tabelle 5 der Norm) Nenngrenzwerte in % für Wirkungsgrad IE2 bei 50 Hz

P_N in kW	Polzahl/Synchrondrehzahl in min^{-1}			
	2/3.000	4/1.500	6/1.000	8/750
0,12	60,8	64,8	57,7	50,7
0,18	65,9	69,9	63,9	58,7
0,20	67,2	71,1	65,4	60,6
0,25	69,7	73,5	68,6	64,1
0,37	73,8	77,3	73,5	69,3
0,40	74,6	78,0	74,4	70,1
0,55	77,8	80,8	77,2	73,0
0,75	80,7	82,5	78,9	75,0
1,1	82,7	84,1	81,0	77,7
1,5	84,2	85,3	82,5	79,7
2,2	85,9	86,7	84,3	81,9
3	87,1	87,7	85,6	83,5
4	88,1	88,6	86,8	84,8
5,5	89,2	89,6	88,0	86,2
7,5	90,1	90,4	89,1	87,3
11	91,2	91,4	90,3	88,6
15	91,9	92,1	91,2	89,6
18,5	92,4	92,6	91,7	90,1
22	92,7	93,0	92,2	90,6
30	93,3	93,6	92,9	91,3
37	93,7	93,9	93,3	91,8
45	94,0	94,2	93,7	92,2
55	94,3	94,6	94,1	92,5
75	94,7	95,0	94,6	93,1
90	95,0	95,2	94,9	93,4
110	95,2	95,4	95,1	93,7
132	95,4	95,6	95,4	94,0
160	95,6	95,8	95,6	94,3
200 … 1.000	95,8	96,0	95,8	94,6

Tabelle 6: (Tabelle 7 der Norm) Nenngrenzwerte in % für Wirkungsgrad IE3 bei 50 Hz

P_N in kW	Polzahl/Synchrondrehzahl in min^{-1}			
	2/3.000	4/1.500	6/1.000	8/750
0,12	66,5	69,8	64,9	62,3
0,18	70,8	74,7	70,1	67,2
0,20	71,9	75,8	71,4	68,4
0,25	74,3	77,9	74,1	70,8
0,37	78,1	81,1	78,0	74,3
0,40	78,9	81,7	78,7	74,9
0,55	81,5	83,9	80,9	77,0
0,75	83,5	85,7	82,7	78,4
1,1	85,2	87,2	84,5	80,8
1,5	86,5	88,2	85,9	82,6
2,2	88,0	89,5	87,4	84,5
3	89,1	90,4	88,6	85,9
4	90,0	91,1	89,5	87,1
5,5	90,9	91,9	90,5	88,3
7,5	91,7	92,6	91,3	89,3
11	92,6	93,3	92,3	90,4
15	93,3	93,9	92,9	91,2
18,5	93,7	94,2	93,4	91,7
22	94,0	94,5	93,7	92,1
30	94,5	94,9	94,2	92,7
37	94,8	95,2	94,5	93,1
45	95,0	95,4	94,8	93,4
55	95,3	95,7	95,1	93,7
75	95,6	96,0	95,4	94,2
90	95,8	96,1	95,6	94,4
110	96,0	96,3	95,8	94,7
132	96,2	96,4	96,0	94,9
160	93,3	96,6	96,2	95,1
200	96,5	96,7	96,3	95,4
250	96,5	96,7	96,5	95,4
315 … 1.000	96,5	96,7	96,6	95,4

Tabelle 7: (Tabelle 9 der Norm) Nenngrenzwerte in % für Wirkungsgrad IE4 bei 50 Hz

Michal Bednarek/shutterstock.com

Synchronmaschine 28
Drehstromwicklungen 50

Synchronmaschine

Prof. Dr.-Ing. Andreas Baral

Die Entwicklung der Synchronmaschinen begann im Jahr 1887 durch die Ingenieure *Haselwandler* und *Bradley*, die unabhängig voneinander die ersten dreiphasigen Synchrongeneratoren entwickelten. Im Jahr 1901 konstruierte *C. Brown* eine weiterentwickelte Maschine, deren grundlegender Aufbau bis heute Anwendung findet.

Prinzip der Synchronmaschine

Das Funktionsprinzip der Synchronmaschine basiert auf der elektromagnetischen Induktion und dem Synchronlauf zwischen dem Rotor und dem rotierenden Magnetfeld des Stators. Der Stator erzeugt durch ein dreiphasiges Wechselstromsystem ein rotierendes Magnetfeld. Der Rotor trägt ein konstantes Magnetfeld – entweder durch eine Fremderregung oder durch Permanentmagnete – und richtet sich synchron zur Drehfeldgeschwindigkeit des Stators aus. Das bedeutet, dass sich der Rotor exakt mit der Frequenz des Statorfelds dreht, ohne Schlupf. Diese synchrone Drehzahl ist ein wesentliches Merkmal der Maschine und macht sie besonders geeignet für Anwendungen mit konstanter Drehzahl, etwa in Generatoren oder präzisen elektrischen Antrieben.

Bauarten der Synchronmaschine

Synchronmaschinen lassen sich je nach Art der Rotorerregung in unterschiedliche Bauarten unterteilen. Die wichtigsten Varianten sind fremderregte und permanentmagneterregte Synchronmaschinen. Sie unterscheiden sich insbesondere in der Art der Felderzeugung im Rotor und daraus resultierend im Aufbau, in der Regelbarkeit sowie in den bevorzugten Einsatzbereichen.

Fremderregte Synchronmaschinen

Bei fremderregten Synchronmaschinen wird das Magnetfeld im Rotor durch eine separat zugeführte Gleichstrom-Erregerspannung erzeugt. Dies erlaubt eine variable Einstellung der Erregerstromstärke und somit eine gezielte Beeinflussung der Feldstärke. Dadurch kann sowohl die Wirk- als auch die Blindleistung aktiv geregelt werden – ein großer Vorteil im Netzbetrieb, wie er in Kraftwerken erforderlich ist.

Diese Bauart erfordert allerdings einen komplexeren mechanischen Aufbau, in der Regel mit Schleifringen und Bürsten, was zu einem erhöhten Wartungsaufwand führt. Trotz dieser Nachteile werden fremderregte Synchronmaschinen in vielen Bereichen eingesetzt:

- *Großmaschinen* in Kraftwerken zur Erzeugung von Wechsel- und Drehstrom (über 90 % der weltweit erzeugten elektrischen Energie),
- *mittelgroße Maschinen* in Windkraftanlagen (z. B. bei Enercon), um elektrische Energie ins Netz einzuspeisen,
- *kleinere Maschinen* zur Bordnetzeinspeisung in Diesel-Triebfahrzeugen.

Permanenterregte Synchronmaschinen (PSM)

Permanenterregte Synchronmaschinen enthalten im Rotor fest eingebaute Permanentmagnete anstelle einer elektrisch erzeugten Erregung. Dadurch entfällt die Notwendigkeit einer Erregerspannungsquelle sowie mechanisch beanspruchter Bauteile wie Schleifringe oder Bürsten. Der Aufbau wird vereinfacht, der Wartungsaufwand verringert und der Wirkungsgrad erhöht.

Vorteile der PSM:
- kompakter, verschleißarmer Aufbau,
- hohe Leistungsdichte – ideal bei begrenztem Bauraum,
- hohe Effizienz.

Einschränkung:
- Die Magnetfeldstärke der Rotorpermanentmagnete ist nicht regelbar, was die direkte Blindleistungsregelung erschwert. Moderne Leistungselektronik (Wechselrichter und Regelverfahren) gleicht diesen Nachteil in vielen Anwendungen aus.

Einsatzgebiete von PSM:
- *Elektromobilität* (z. B. Fahrmotoren in E-Fahrzeugen),
- *Industrieantriebe*,
- *Haushaltsgeräte*,
- *Hochleistungsantriebe* mit engen Bauraumbedingungen.

Fortschritte in der Magnetwerkstofftechnik, insbesondere durch den Einsatz von Neodym-Eisen-Bor-Magneten, ermöglichen heute den Bau leistungsstarker, temperaturstabiler Maschinen auch für anspruchsvolle Umgebungen. Ein Vergleich der fremderregten und der permanenterregten Synchronmaschine ist in **Tabelle 1** zu finden.

Nach der grundlegenden Einführung in das Funktionsprinzip der Synchronmaschine und einem Überblick über ihre geschichtliche Entwicklung, folgt nun eine vertiefte Betrachtung der beiden wichtigsten Bauformen: der fremderregten und der permanentmagnetisch erregten Synchronmaschine. Beide Varianten basieren auf dem gleichen physikalischen Prinzip des Synchronlaufs, unterscheiden sich jedoch deutlich in ihrer Erregertechnik, im Aufbau sowie in ihren typischen

Einsatzbereichen und technischen Eigenschaften. Im Folgenden werden diese Unterschiede systematisch dargestellt und bewertet.

Kriterium	fremderregte Synchronmaschine	permanenterregte Synchronmaschine (PSM)
Erregerfeld	variabel über Gleichstrom	fest durch Permanentmagnete
Blindleistungsregelung	direkt möglich	eingeschränkt, nur über Umrichtertechnik
Bauaufwand	komplex (Schleifringe, Erregersystem nötig)	einfach (keine Schleifringe, kein Erreger)
Wartung	höher, da verschleißanfällige Komponenten	geringer Wartungsaufwand
typische Anwendungen	Kraftwerke, Windkraft, Bahn, Netzbetrieb	Elektromobilität, Industrie, Haushaltsgeräte
Effizienz/Leistungsdichte	gut	sehr hoch

Tabelle 1: Vergleich – fremderregte vs. permanenterregte Synchronmaschinen

Grundprinzip elektrischer Maschinen

Kraftwirkung auf einen stromdurchflossenen Leiter im Magnetfeld

Das grundlegende Funktionsprinzip elektrischer Maschinen basiert auf der Kraftwirkung, die auf einen stromdurchflossenen Leiter im Magnetfeld wirkt – die sogenannte Lorentzkraft.

Der mathematische Zusammenhang ergibt sich durch das Vektor-Kreuzprodukt:

$$\vec{F} = I \cdot (\vec{l} \cdot \vec{B})$$

$\vec{F}$ auf den Leiter wirkende Kraft
I Strom durch den Leiter
$\vec{l}$ Längenvektor des Leiters
$\vec{B}$ magnetische Flussdichte

Das Kreuzprodukt beschreibt einen Kraftvektor, der senkrecht auf dem Leiter (Längenvektor) und der Flussdichte steht.

Der Betrag der Kraft ergibt sich zu:

$$F = I \cdot l \cdot B \cdot \sin \alpha$$

Stehen der Leiter und das Magnetfeld senkrecht zueinander ($\alpha = 90°$), ist der Sinus maximal ($\sin \alpha = 1$) und die Kraftwirkung am größten.

Die Kraft auf den stromdurchflossenen Leiter (**Bild 1**) hat den Betrag:

$$F = B_{\mathrm{f}} \cdot I_{\mathrm{a}} \cdot l$$

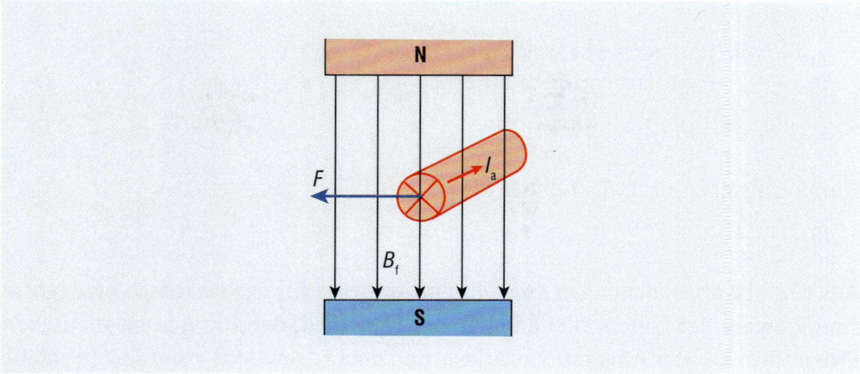

Bild 1: Lorentzkraft

Prinzip der Drehmomententwicklung

Wird eine Leiterschleife drehbar gelagert (**Bild 2**), so wirken die Kräfte auf den gegenüberliegenden Leiterseiten als Paar und erzeugen ein Drehmoment M um die Rotationsachse. Dieses Moment hängt vom Hebelarm (z. B. Radius r) und vom Winkel φ der Leiterschleife zum Magnetfeld ab:

$$M_{el} = F \cdot r \cdot \sin\varphi$$

Der analytische Ausdruck für das Drehmoment bei einer einzelnen Leiterseite lautet:

$$M_{el} = B_f \cdot I_a \cdot l \cdot r \cdot \sin\varphi$$

Für eine komplette Leiterschleife mit zwei Leiterseiten ergibt sich:

$$M_{el} = 2 \cdot B_f \cdot I_a \cdot l \cdot r \cdot \sin\varphi$$

Wird die Schleife als Spule mit N Windungen betrachtet, ergibt sich für den gesamten magnetischen Fluss ψ_f:

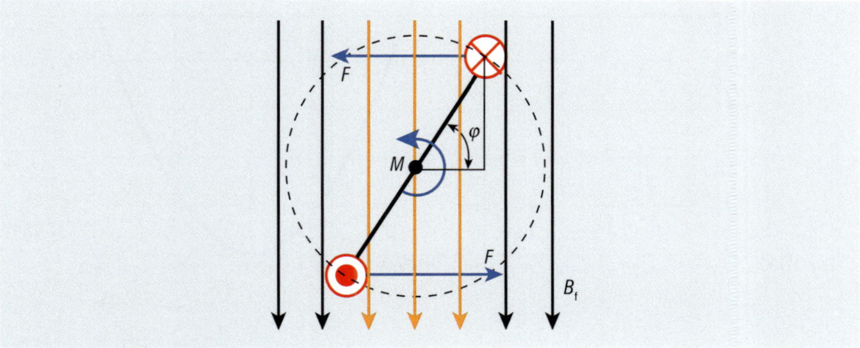

Bild 2: Prinzip der Drehmomententwicklung

$$\psi_f = N \cdot \Phi_f$$

$\psi_f = B_f \cdot A$ Fluss durch eine Windung mit Fläche A
Φ_f sogenannter magnetischer Bündelfluss

$$\psi_f = B_f \cdot A = B_f \cdot 2 \cdot r \cdot l$$

Durch Umstellen nach B_f ergibt sich:

$$B_f = \frac{\psi_f}{2 \cdot r \cdot l}$$

Aus den obigen Gleichungen entsteht ein Ausdruck für das elektrisch erzeugbare Drehmoment der Leiterschleife in einem Magnetfeld, der nur vom magnetischen Erregerfluss ψ_f, der Ankerstromstärke I_a und dem Lagewinkel φ der Leiterschleife abhängt (**Bild 3**):

$$M_{el} = \psi_f \cdot I_a \cdot \sin \varphi$$

Wenn $\varphi = 0°$ ist (waagerechte Schleifenstellung), liegen Kraftvektor und Hebelarm in einer Ebene – es entsteht kein Drehmoment. Bei $\varphi = 90°$ ergibt sich das maximale Drehmoment (**Bild 4**):

$$M_{el} = \psi_f \cdot I_a \text{ für } \sin \varphi = 1$$

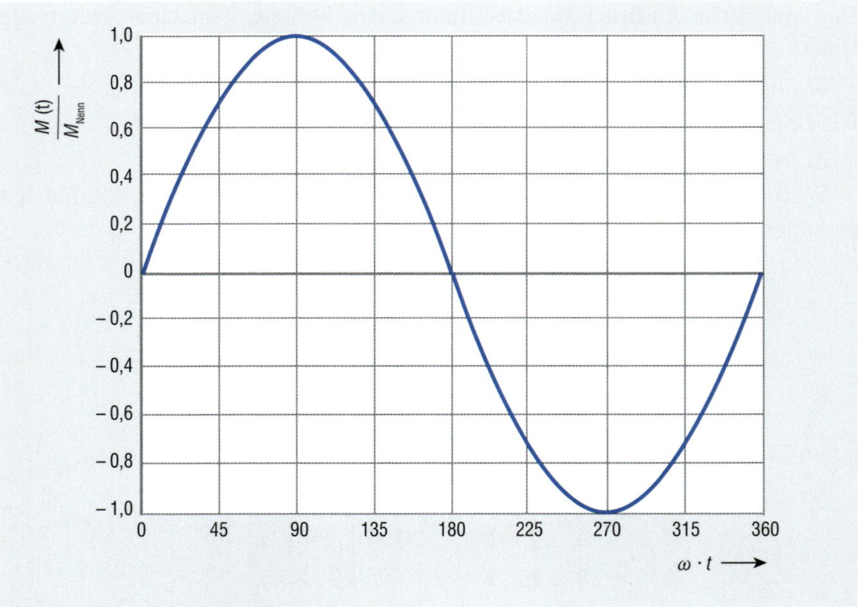

Bild 3: Elektrisch entwickeltes Drehmoment

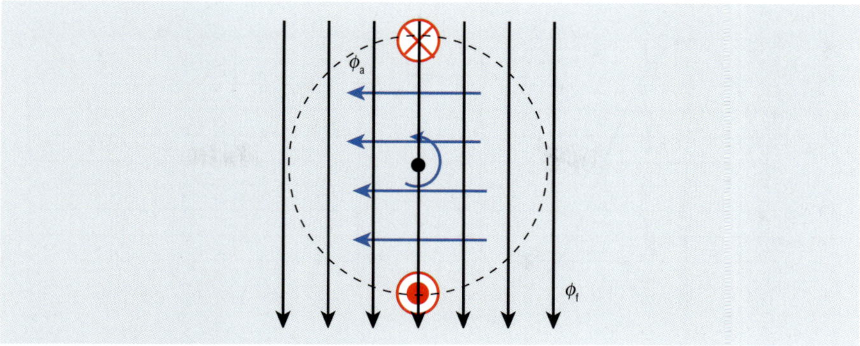

Bild 4: Ankerfeld steht senkrecht auf dem Erregerfeld

In der Praxis wird daher bei der Konstruktion von elektrischen Maschinen die Konstellation der räumlichen Positionen zwischen magnetischem Feld und stromdurchflossener Leiterschleife bzw. Spule angestrebt.

Diese konstruktiven Merkmale sind bei der Gleichstrommaschine anzutreffen. Aber auch die feldorientierte Regelung der Drehfeldmaschinen beruht auf diesem Grundgedanken.

Induzierte Spannung

Neben der Kraftwirkung spielt auch die elektromagnetische Induktion eine zentrale Rolle. Nach dem Induktionsgesetz ergibt sich für die induzierte Spannung einer Leiterschleife:

$$U_i(t) = -\frac{d\Phi(t)}{dt}$$

Der magnetische Fluss $\Phi(t)$ (**Bild 5**) wird durch die magnetische Flussdichte B, die zeitabhängige Durchtrittsfläche A(t) der Leiterschleife und den Cosinus des Zwischenwinkels bestimmt:

$$\Phi(t) = B_f \cdot A(t) = B_f \cdot l \cdot 2 \cdot r \cdot \cos\varphi(t) = B_f \cdot \underbrace{A \cdot \cos(\omega \cdot t)}_{A(t)}$$

Somit ergibt sich für die induzierte Spannung (Bild 5) einer Windung:

$$U_{i_l} = -B_f \cdot A \cdot \frac{d}{dt}[\cos(\omega \cdot t)] = B_f \cdot A \cdot \omega \cdot \sin(\omega \cdot t)$$

Für mehrere Windungen gilt:

$$U_i = N \cdot \underbrace{B_f \cdot A}_{\Phi_E} \cdot \underbrace{2 \cdot \pi \cdot f}_{\omega} \cdot \sin(\omega \cdot t)$$

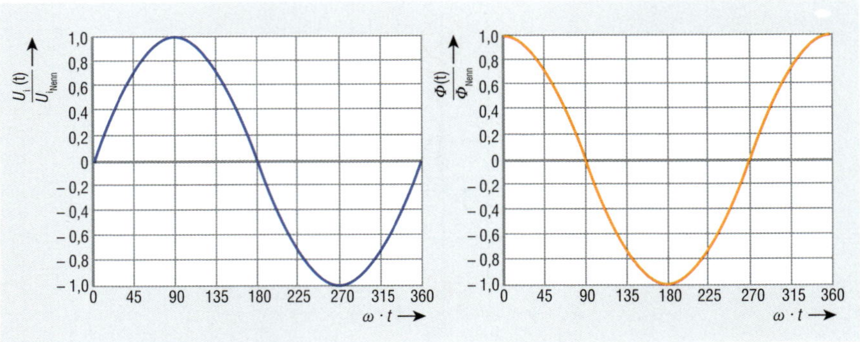

Bild 5: Induzierte Spannung (links) und magnetischer Fluss (rechts)

Aufbau und Wirkungsweise der Synchronmaschine

Stator

Der Stator bildet den feststehenden Teil der Maschine und enthält die Drehstromwicklung, durch die der Drehstrom eingespeist wird. Er übernimmt die zentrale Aufgabe, ein rotierendes Magnetfeld zu erzeugen. Er besteht aus einer geschweißten Tragkonstruktion und einem geschichteten Blechpaket aus isoliertem Dynamoblech. In seinen Nuten befinden sich elektrisch isolierte Leiter, die die Drehstromwicklung bilden.

Der Stator ist im Grundaufbau sowohl bei Synchronmaschinen (fremderregt oder permanentmagneterregt) als auch bei Asynchronmaschinen identisch. Das betrifft den mechanischen Aufbau und auch die elektrische Wicklungsanordnung.

Drehstromwicklung

Die Wicklung besteht aus drei gleichartigen Spulen, die räumlich um 120° versetzt im Stator untergebracht sind (**Bild 6**). Sie werden mit einem um 120° phasenverschobenen Drehstromsystem gespeist (**Bild 7**). Diese Konfiguration erzeugt eine magnetische Durchflutung, die mit der Frequenz f_1 des Drehstroms rotiert.

Entstehung des Drehfelds

Durch die Kombination der räumlich um 120° versetzten Spulen mit den zeitlich phasenverschobenen Drehströmen bildet sich im Stator ein magnetisches Feld, das sich mit konstanter Geschwindigkeit dreht – das sogenannte Drehfeld. Dieses bewegt sich synchron zur Netzfrequenz f_1 und ist das zentrale Wirkprinzip aller Drehfeldmaschinen. **Bild 8** veranschaulicht das Drehfeld einer zweipoligen Maschine zu einem definierten Zeitpunkt.

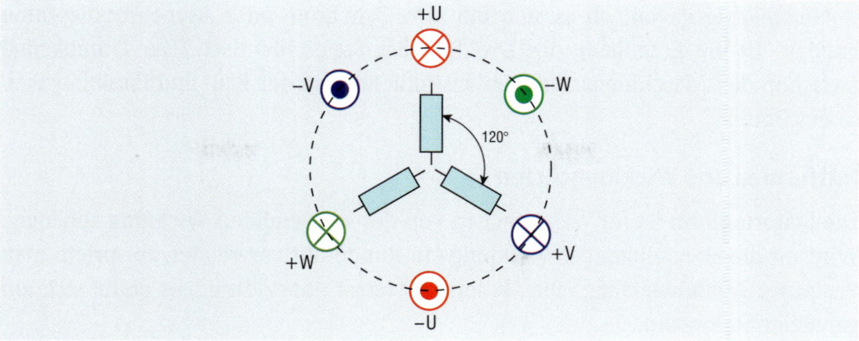

Bild 6: Anordnung der Spulen um 120° versetzt

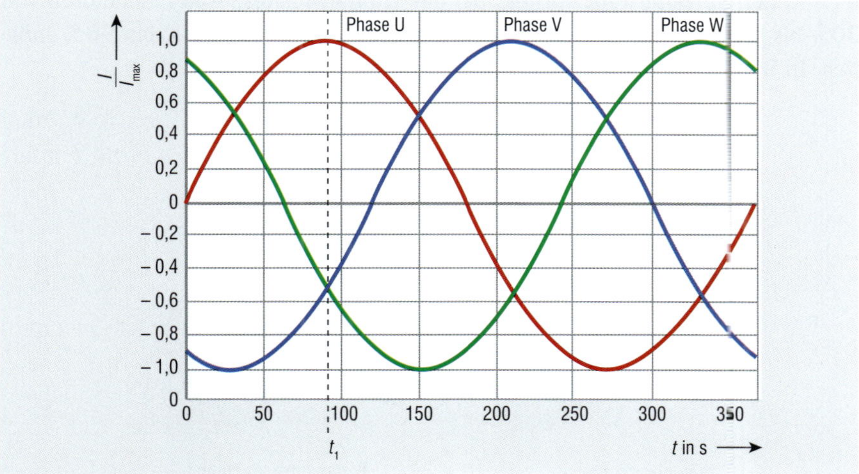

Bild 7: Drehstromsystem

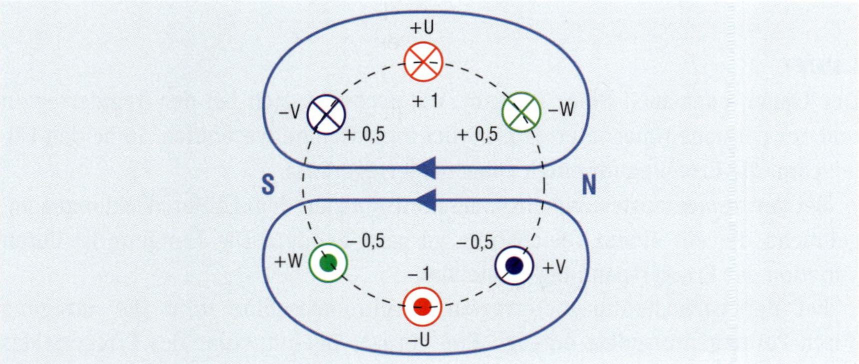

Bild 8: Drehfeld zum Zeitpunkt t_1 (Bild 7)

Unabhängig davon, ob es sich um eine Synchron- oder Asynchronmaschine handelt, ist die Erzeugung des Drehfelds im Stator identisch. Der Unterschied zwischen den Maschinenarten liegt ausschließlich in der Bau- und Funktionsweise des Rotors.

Nutformen und Wicklungsarten

Die Statornutform ist im Wesentlichen von der verwendeten Wicklung abhängig. Wird für die Herstellung der Wicklung ein Runddraht verwendet, so spricht man von einer Träufelwicklung. Die Nutform ist meist trapezförmig, es ergibt sich ein paralleler Statorzahn.

Werden hingegen Rechteckstäbe verwendet, verlaufen die Nutflanken parallel und der Nutzahn trapezförmig. Bei der Träufelwicklung sind Füllfaktoren von 30% bis 50 % erreichbar, bei Formspulenwicklungen sind 80 % bis 90 % möglich. In **Bild 9** sind die unterschiedlichen Nutformen abgebildet.

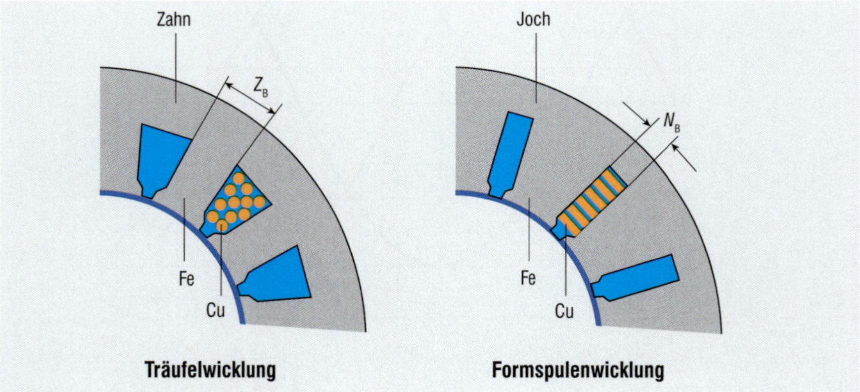

Bild 9: Unterschiedliche Nutformen und Wicklungen

Läufer

Der Läufer, oder auch Rotor genannt, unterscheidet sich bei der fremderregten und der permanentmagneterregten Synchronmaschine wesentlich. In beiden Fällen sorgt die Erregung für einen Gleichfelderregerfluss.

Bei der fremderregten Synchronmaschine sind auf dem Läufer Wicklungen angebracht, die mit einem Gleichstrom gespeist werden. Die Erregung ist durch Variation der Erregerspannung einstellbar.

Bei der permanentmagneterregten Synchronmaschine wird die Erregung durch Permanentmagnete erzeugt. Eine direkte Beeinflussung des Erregerfeldes ist nicht möglich. Um das Erregerfeld der permanentmagneterregten Synchronmaschine beeinflussen zu können, ist die Ständerstromeinspeisung so vorzunehmen, dass das Ständerfeld eine feldschwächende Komponente aufweist, die dem Permanentmagnetfeld entgegenwirkt.

Prinzip des Synchronmaschinenrotors

Der Rotor, auch als Polrad bezeichnet, besteht aus mehreren ausgeprägten Einzelpolen, die jeweils mit konzentrierten Erregerspulen ausgestattet sind. **Bild 10** veranschaulicht das Prinzip eines zweipoligen Polrads. Die Erregerspulen werden mit Gleichstrom versorgt, wodurch sich ein gleichmäßiges Magnetfeld im Rotor bildet.

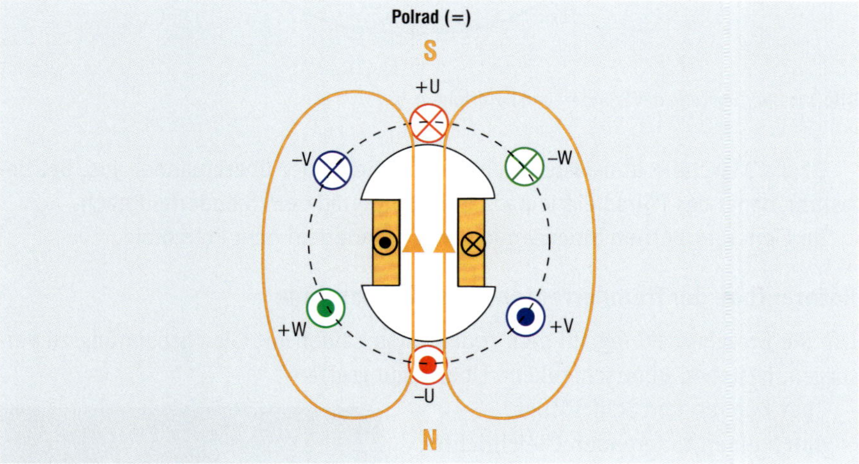

Bild 10: Prinzip Polrad

Überlagerung des Stator- und des Rotorfelds

Werden die beiden Felder – das Statorfeld und das Rotorfeld – überlagert, entsteht ein resultierendes Feld. **Bild 11** zeigt zur Veranschaulichung, wie die Felder ohne gegenseitige Beeinflussung überlagert werden. Zur besseren Orientierung sind dabei der Nord- und Südpol der einzelnen Felder von Stator und Rotor markiert.

Die entgegengesetzten Pole des Stators und des Rotors ziehen sich an. Wenn nun das Ständerdrehfeld rotiert, versucht das Rotor-Gleichfeld, diesem Ständerdrehfeld zu folgen.

Im Motorbetrieb folgt somit der Rotor dem rotierenden Ständerdrehfeld mit der synchronen Drehzahl n_0:

$$n_0 = \frac{f_1}{p}$$

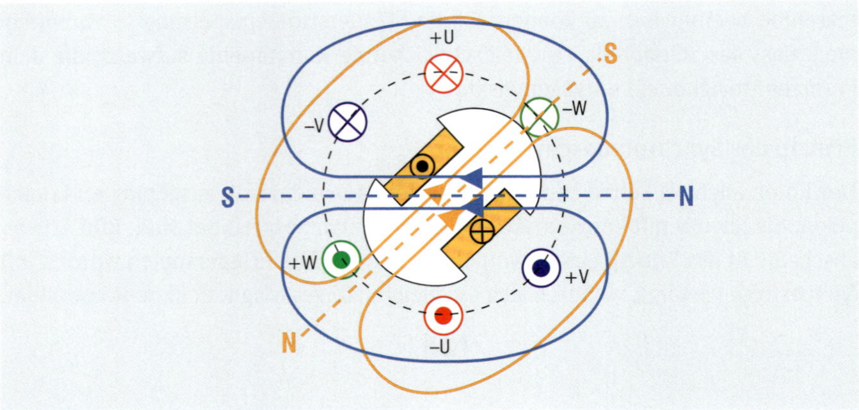

Bild 11: Überlagerung des Ständer- und Rotorfelds

Ist die Maschine unbelastet, richten sich die Felder übereinander aus. Bei Belastung hängt das Polradfeld je nach Belastungsgrad dem Ständerfeld nach.

Im Generatorbetrieb hingegen folgt das Ständerfeld dem Polradfeld.

Rotoraufbau der fremderregten Synchronmaschine

Um die Erregerwicklung auf dem rotierenden Läufer mit Gleichspannung zu versorgen, bestehen unterschiedliche Übertragungsarten:

- über Bürsten und Schleifringe,
- durch einen rotierenden Gleichrichter, der über eine separate Läuferwicklung den auf dem Rotor induzierten Wechselstrom gleichrichtet (**Bild 12**),
- oder eine zusätzliche Erregermaschine, die mechanisch mit der Generatorwelle gekoppelt ist.

Neben der Erregerwicklung kann sich auf den Läufern noch eine Dämpferwicklung befinden, die aus mehreren Kupferstäben und einem Kurzschlussring besteht. Der aus Kupfer aufgebaute Kurzschlusskäfig dient zur Unterdrückung etwaiger Pendelmomente. Er ermöglicht darüber hinaus auch einen asynchronen Selbstanlauf der Maschine.

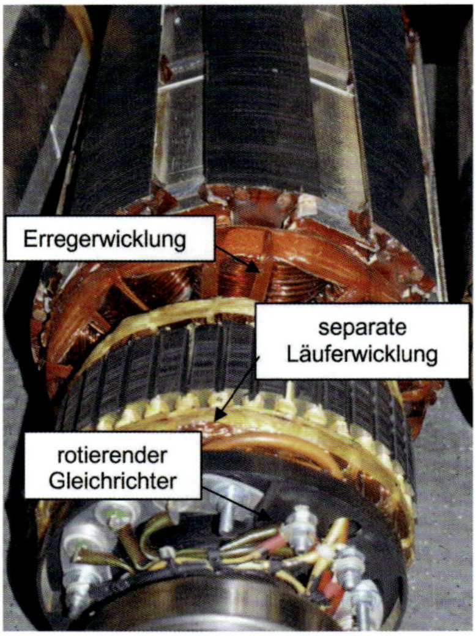

Bild 12: Kleiner Synchrongenerator mit rotierendem Gleichrichter

Konstruktiv wird zwischen zwei Maschinentypen unterschieden: dem Vollpol- und dem Schenkelpolläufer. Die beiden Läufertypen sind in **Bild 13** abgebildet.

Foto: Lloyd Werk; Quelle: bfe

Bild 13: Synchronmaschinen

Rotoraufbau der fremderregten Synchron-Vollpolmaschine

Der Rotor der fremderregten Synchron-Vollpolmaschine ist mit einer Gleichstromwicklung ausgestattet und besitzt keine ausgeprägten Pole. Der Vollpolläufer wird vor allem als Generator oder Motor bei hohen Drehzahlen eingesetzt, da seine Bauweise speziell auf diese Betriebsbedingungen ausgelegt ist. **Bild 14** zeigt das Prinzip der Vollpolmaschine ($p = 1$), bei der der Rotor mit einer einpoligen Wicklung versehen ist.

Die Erregerwicklung besteht in der Regel aus konzentrischen Spulen. Um diese Wicklung vor den auftretenden Fliehkräften zu schützen, können die Wickelköpfe mit speziellen Kappen fixiert werden.

Der Leistungsbereich großer Turbogeneratoren (Vollpolmaschinen) liegt typischerweise zwischen 1.200 MW und 2.000 MVA, wie in **Bild 15** gezeigt.

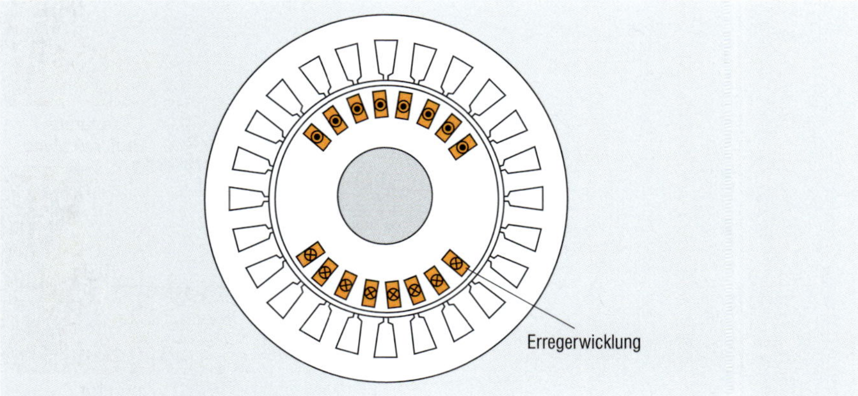

Bild 14: Prinzip der Vollpolmaschine ($p = 1$)

Bild 15: Revision des Synchrongenerators

Rotoraufbau der fremderregten Synchron-Schenkelpolmaschine

Im Gegensatz zum Vollpolläufer sind bei der Schenkelpolmaschine die Pole einzeln ausgeprägt (**Bild 16**). Diese sind entweder massiv oder geblecht ausgeführt. Der Rotor wird als Polrad konstruiert, das bei großem Durchmesser eine geringe axiale Länge aufweist. Diese Bauweise ermöglicht eine senkrechte Konstruktion, bei der Turbine und Generator auf einer gemeinsamen Welle angeordnet sind – eine vorteilhafte Eigenschaft für verschiedene Anwendungen. Aufgrund der mechanischen Asymmetrie eignet sich die Schenkelpolmaschine besonders für langsam laufende Generatoren und Antriebe mit Drehzahlen von etwa 60 U/min bis 750 U/min.

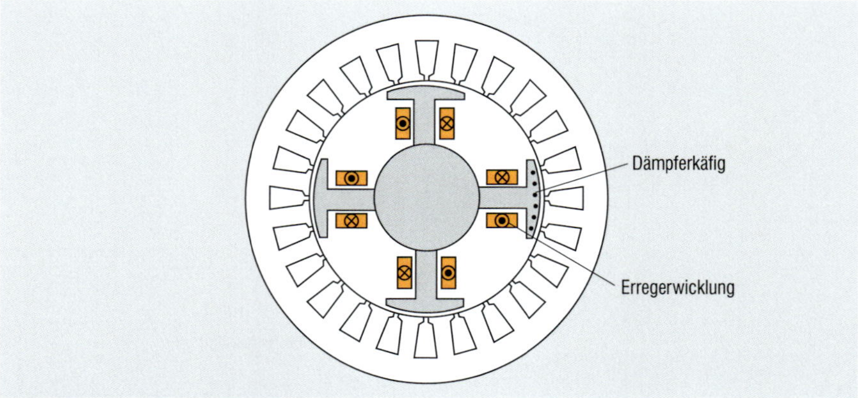

Bild 16: Prinzip der Schenkelpolmaschine ($p = 2$)

Der Antrieb eines Schenkelpolgenerators kann in unterschiedlichen Anwendungen zum Einsatz kommen, beispielsweise in Wasserkraftwerken, Windkraftanlagen oder auch in anderen industriellen Antriebs- und Generatoranwendungen.

Rotoraufbau der permanentmagneterregten Synchronmaschine

Der Rotor einer permanentmagneterregten Synchronmaschine enthält fest angebrachte Permanentmagnete, die für das notwendige Erregerfeld sorgen. Je nach Bauart sind diese Magnete entweder auf der Oberfläche des Rotors aufgeklebt und bandagiert oder als eingebettete Magnete im Rotorinneren untergebracht.

Eine häufig eingesetzte Bauform ist die Oberflächenmagnet-Konstruktion (**Bild 17**), bei der die Magnete direkt auf der Läuferoberfläche liegen. Diese Variante ist konstruktiv vergleichsweise einfach, erfordert jedoch eine Bandage, um die Magnete bei hohen Drehzahlen zu sichern.

Alternativ können die Magnete in den Rotor eingebettet werden (**Bild 18**). Diese Bauweise bietet mehrere Vorteile:

- es kann auf eine Bandage verzichtet werden,
- der mechanische Luftspalt lässt sich kleiner ausführen, was den Wirkungsgrad erhöht,
- die Magnete sind mechanisch besser geschützt.

In Bezug auf die eingebetteten Magnete ist sicherzustellen, dass sich die Magnete nicht gegenseitig magnetisch kurzschließen – der magnetische Kreis soll sich primär über den Ständer schließen. Diese Anforderung kann jedoch zu komplexeren mechanischen Konstruktionen führen.

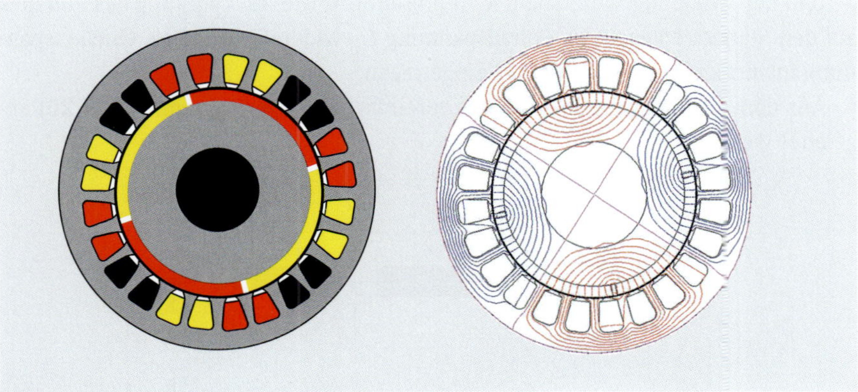

Bild 17: Läuferkonstruktion mit Oberflächenmagneten

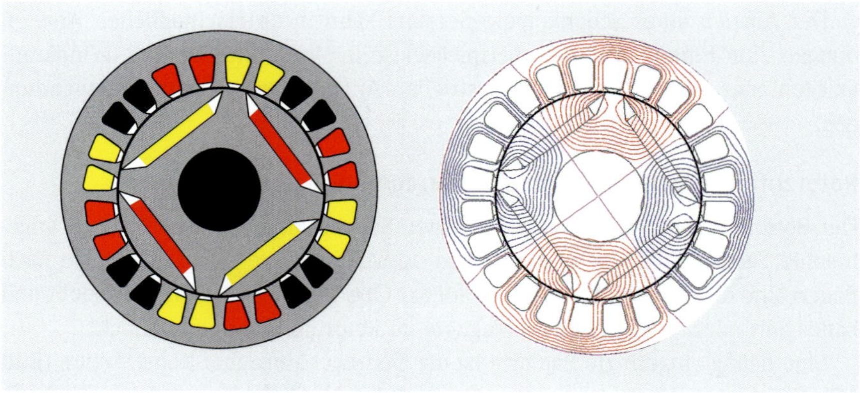

Bild 18: Läuferkonstruktion mit eingebetteten Magneten

Ersatzschaltbild und Zeigerdiagramm

Das Ersatzschaltbild sowie das zugehörige Zeigerdiagramm dienen der vereinfachten Analyse des stationären Betriebs von Synchronmaschinen, insbesondere in Bezug auf Spannungsverhältnisse und Ströme im Ständer. Dabei ist die Darstellung bei fremderregten und permanentmagneterregten Synchronmaschinen grundsätzlich ähnlich – der Unterschied liegt in der Art und Steuerbarkeit der Erregerquelle.

Ersatzschaltbild und Zeigerdiagramm von Vollpol-Synchronmaschinen

In Anlehnung an die Asynchronmaschine wird ein einphasiges Ersatzschaltbild verwendet. Der Ständer der Synchronmaschine wird durch die Wicklungsreaktanz X_1 und den Wicklungswiderstand R_1 repräsentiert. Die Rückwirkung des Polrades auf den Ständer spiegelt die Polradspannung U_p wider. Sie wird als Quellenspannung ins Ersatzschaltbild (**Bild 19**) eingetragen.

Aus dem Ersatzschaltbild kann das vereinfachte Zeigerdiagramm (**Bild 20**) abgeleitet werden.

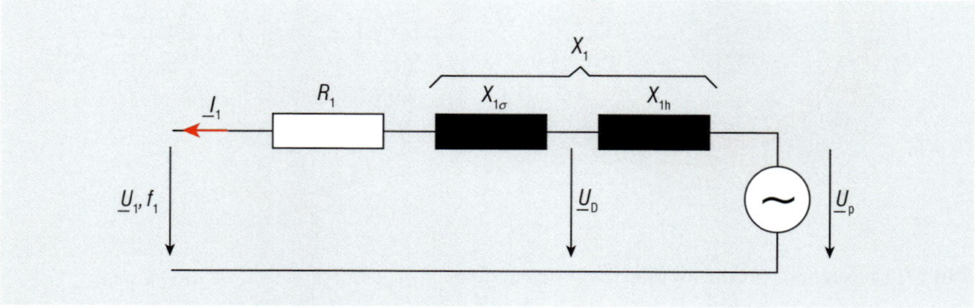

Bild 19: Ersatzschaltbild der Synchron-Vollpolmaschine

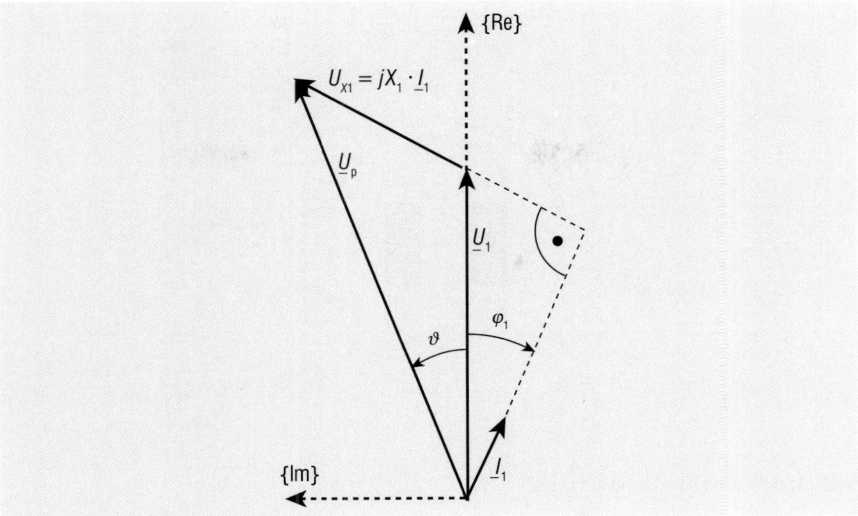

Bild 20: Vereinfachtes Zeigerdiagramm

Hierzu wird die Ständerspannung *willkürlich* in Richtung der *reellen* Achse gewählt ($\underline{U}_1 = U_1$).

Der Ständerstrom I_1 ist um den Phasenwinkel φ_1 gegenüber der Netzspannung U_1 verschoben. Der Spannungsabfall U_{X1} an der Reaktanz X_1 steht orthogonal zum Strom I_1. Die Summe der Spannungen U_1 und U_{X1} ergibt die Polradspannung U_p. Sie ist um den Polradwinkel gegenüber U_1 verschoben.

Die Polradspannung bei der fremderregten Synchronmaschine ist mithilfe des Erregerstroms einstellbar. Bei der permanentmagneterregten Synchronmaschine ist dies nicht möglich.

Zeigerdiagramm von Schenkelpol-Synchronmaschinen

Ein wesentliches Merkmal der Schenkelpol-Synchronmaschine im Vergleich zur Vollpolmaschine ist die ausgeprägte Polradgeometrie. Diese führt zu einem unterschiedlichen Luftspalt je nach Richtung innerhalb der Maschine (**Bild 21**). Zur Beschreibung dieses Effekts wird unterschieden zwischen:

- der d-Achse (direct axis) – in Richtung des Erregerfeldes,
- und der q-Achse (quadrature axis) – senkrecht zum Erregerfeld.

Die Induktivität verläuft proportional zum Kehrwert des Luftspaltes δ:

$$L \sim \frac{1}{\delta}$$

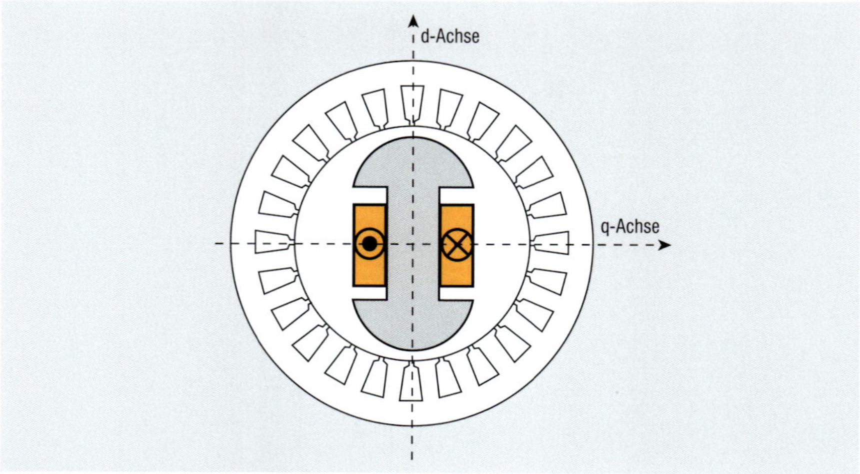

Bild 21: Definition der d- und q-Achse

Anhand der Darstellung in Bild 20 ist zu erkennen, dass der Luftspalt und somit der magnetische Leitwert bzw. die Induktivität in der d- und q-Achse unterschiedlich sind. Das Verhältnis der Hauptreaktanzen in Längs- und Querrichtung hängt von der Polradgeometrie ab. In Abhängigkeit von der Polradstellung lässt sich die in **Bild 22** dargestellte Reaktanz in die beiden Reaktanzen X_d und X_q zerlegen.

Das Zeigerdiagramm der Schenkelpolmaschine (**Bild 23**) unterscheidet sich vom klassischen Diagramm der Vollpolmaschine, indem Strom und Spannung nun bezüglich zweier Achsen projiziert werden.

Durch die Unterscheidung der d- von der q-Achse ergibt sich ein differenzierteres Zeigerdiagramm.

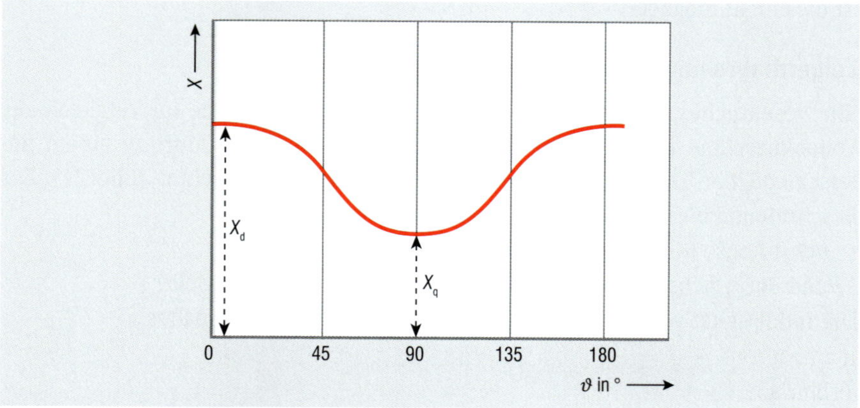

Bild 22: Abhängigkeit der Reaktanz von der Polradstellung

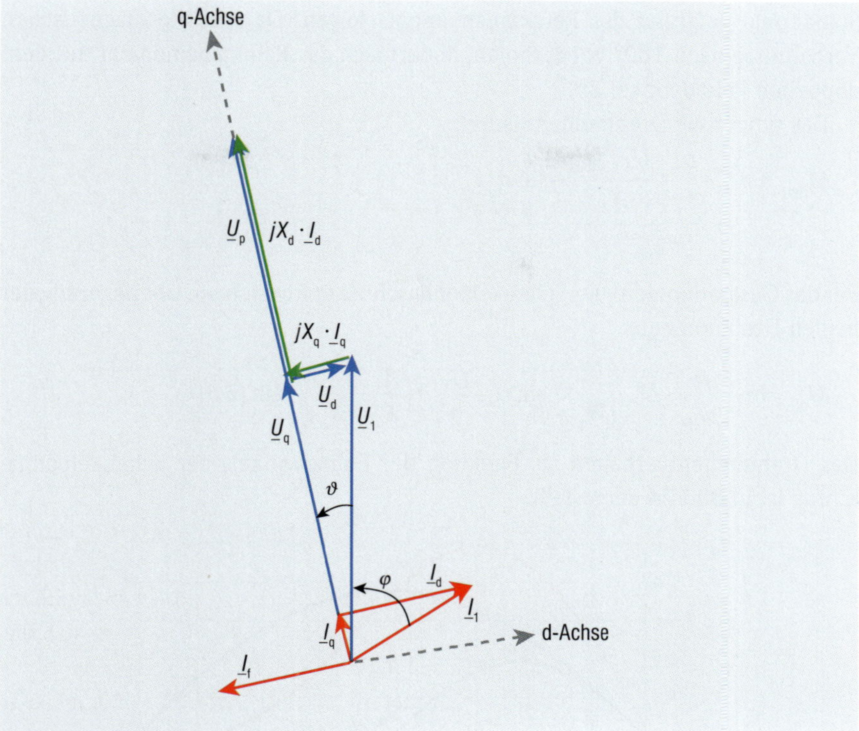

Bild 23: Zeigerdiagramm der Schenkelpolmaschine

Reluktanzmoment

Ein weiterer Effekt, der sich aus der unterschiedlichen Induktivität in den Achsen ergibt, ist das sogenannte Reluktanzmoment. Es entsteht durch die Bestrebung des Rotors, sich so auszurichten, dass der magnetische Widerstand minimal wird. Dies führt zu einem zusätzlichen, rein geometrisch bedingten Drehmoment:

$$M_{\mathrm{Rel}} = m_1 \cdot \frac{p}{2 \cdot \omega_1} \cdot \frac{U_1^2}{X_1} \cdot \left(\frac{1}{X_{\mathrm{q}}} - \frac{1}{X_{\mathrm{d}}}\right) \sin(2\vartheta)$$

Das Reluktanzmoment entsteht durch die Ausrichtwirkung eines Eisenkörpers in einem Magnetfeld. Befindet sich ein länglicher rotierend gelagerter Eisenkörper in einem Magnetfeld, so wird er sich immer in Richtung der kürzesten Feldlinienverbindung zwischen Ständer und Läufer ausrichten. Rotiert das angelegte Magnetfeld wie bei der Synchronmaschine, wird der unerregte Läufer dem rotierenden

Ständerfeld aufgrund des Reluktanzmoments folgen. Da sich die magnetischen Verhältnisse nach 180° wiederholen, ändert sich das Reluktanzmoment mit dem doppelten Polradwinkel 2ϑ.

Das synchrone Drehmoment lautet:

$$M_{\text{Syn}} = \underbrace{m_1 \cdot \frac{p}{\omega_1} \cdot \frac{U_1 \cdot \underline{U}_{\text{p}}}{X_1}}_{M_{\text{Kipp}}} \cdot \sin\vartheta$$

Für das Gesamtmoment der Schenkelpolmaschine ergibt sich die Überlagerung der beiden Drehmomente:

$$M_{\text{el}} = m_1 \cdot \frac{p}{\omega_1} \cdot U_1 \cdot \left[\frac{\underline{U}_{\text{p}}}{X_{\text{d}}} \cdot \sin\vartheta + \frac{U_1}{2} \cdot \left(\frac{1}{X_{\text{q}}} - \frac{1}{X_{\text{d}}}\right) \cdot \sin(2\vartheta)\right]$$

Das Drehmomentverhalten als Funktion des Polradwinkels der Schenkelpolmaschine ist in **Bild 24** dargestellt.

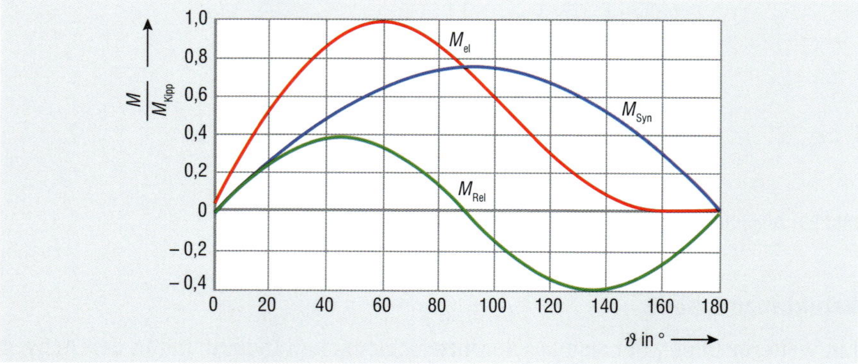

Bild 24: Drehmoment der Schenkelpolmaschine

Übertragung auf permanentmagneterregte Synchronmaschinen

Auch bei permanentmagneterregten Synchronmaschinen (PSM), insbesondere bei solchen mit eingebetteten Magneten (Interior Permanent Magnet – IPM), treten unterschiedliche Induktivitäten in der d-(Längs-) und q-(Quer-)Achse auf. Der Grund dafür liegt in der anisotropen Bauweise des Rotors: Während das Magnetmaterial in der d-Achse direkt im magnetischen Kreis liegt und dessen Permeabilität bestimmt, verläuft der magnetische Fluss in der q-Achse durch weniger oder kein Magnetmaterial, sondern durch das Rotorblech. Dadurch entstehen unterschiedliche magnetische Widerstände – und somit unterschiedliche Induktivitäten – entlang der beiden Achsen.

Diese Magnetkreis-Asymmetrie ähnelt derjenigen von fremderregten Schenkelpolmaschinen, bei denen die Polgeometrie ebenfalls zu einer Richtungsabhängigkeit der Induktivität führt. Die Folge ist, dass die Maschine nicht nur ein synchrones Drehmoment durch das Zusammenwirken von Rotor- und Statorfeld erzeugt, sondern zusätzlich ein Reluktanzmoment.

Im feldorientierten Betrieb kann dieses Reluktanzmoment gezielt genutzt werden, um das Gesamtdrehmoment zu erhöhen – beispielsweise durch eine geeignete Stromverlagerung zwischen d- und q-Komponente. Diese Eigenschaft macht IPM-Maschinen besonders attraktiv für Anwendungen, bei denen ein hohes Drehmoment bei kompakter Bauform und hoher Effizienz gefragt ist etwa in der Elektromobilität oder in modernen Antriebssystemen.

Steuerung und Regelung von Synchronmaschinen

Die Steuerung bzw. Regelung von Synchronmaschinen dient dazu, die gewünschte Drehzahl, das Drehmoment sowie ggf. die Einspeisung elektrischer Leistungen in ein Netz gezielt einzustellen. Dabei unterscheiden sich fremderregte Synchronmaschinen (FESM) und permanentmagneterregte Synchronmaschinen (PSM) vor allem hinsichtlich der Beeinflussbarkeit des Erregerfeldes.

Fremderregte Synchronmaschine

Bei der fremderregten Synchronmaschine wird das Magnetfeld im Rotor durch eine Gleichstrom-Erregerwicklung erzeugt. Diese Erregung ist variabel steuerbar, wodurch sich entscheidende Regelmöglichkeiten ergeben:

- Regelung der Blindleistung: Durch Anpassung des Erregerstroms kann die Höhe des Rotorfelds verändert werden. So lässt sich die Blindleistung gezielt erzeugen oder kompensieren – ein zentraler Aspekt bei netzgekoppeltem Betrieb, insbesondere in Kraftwerken.
- Drehmoment- und Drehzahlregelung: In Verbindung mit einem Frequenzumrichter kann auch der Antriebsmomentverlauf präzise gesteuert werden.
- Separate Erregereinheit: Die Regelung der Erregerspannung erfolgt oft über einen eigenen Gleichstromsteller oder über eine rotierende Erregermaschine.

Permanentmagneterregte Synchronmaschine

Bei der PSM erfolgt die Rotorerregung durch fest eingebaute Permanentmagnete. Die Magnetisierung ist nicht veränderbar, wodurch bestimmte Regelmöglichkeiten eingeschränkt sind:

- Keine direkte Blindleistungsregelung: Da das Erregerfeld konstant ist, kann die Blindleistung nicht durch Beeinflussung des Magnetfelds geregelt werden.

Eine Blindleistungsregelung ist nur durch Umrichtertechnik möglich (z. B. über Stromregelung in der DQ-Ebene).

- Feldorientierte Regelung: Moderne PSM-Antriebe nutzen feldorientierte Regelverfahren (FOC – Field Oriented Control), bei denen die Stromkomponenten des Stators so geregelt werden, dass ein optimales Verhältnis zwischen Drehmoment, Wirkungsgrad und Dynamik erreicht wird.
- Sensorlose Regelung: Dank der konstanten Rotorerregung eignen sich PSM besonders gut für sensorlose Verfahren, bei denen die Rotorlage aus den gemessenen Statorgrößen berechnet wird – sie ist daher vorteilhaft für kompakte, wartungsarme Antriebe. Ein Vergleich der Maschinenarten findet sich in **Tabelle 2.**

Merkmal	fremderregt (FESM)	permanenterregte (PSM)
Erregerfeld steuerbar	ja	nein
Blindleistungsregelung möglich	ja	eingeschränkt (nur über Umrichter)
Erregerkreis erforderlich	ja (z. B. Schleifringe)	nein
Wirkungsgrad	gut	sehr gut (wegen fehlender Erregerverluste)
Wartungsaufwand	höher (mechanische Kontakte)	gering
Regelverfahren	klassisch und feldorientiert	fast immer feldorientiert

Tabelle 2: Vergleich der Maschinenarten

Zusammenfassung

Die Synchronmaschine ist ein zentrales Element moderner elektrischer Antriebstechnik und Energieerzeugung. Sowohl die fremderregte als auch die permanentmagneterregte Ausführung basieren auf dem Prinzip des rotierenden Magnetfelds, das durch die räumlich und phasenverschoben angeordneten Statorwicklungen erzeugt wird. Während sich der Statoraufbau beider Bauformen – ebenso wie der von Asynchronmaschinen – weitgehend gleicht, unterscheiden sich die Rotoren und die Art der Erregung grundlegend.

Bei fremderregten Maschinen erfolgt die Rotorerregung über Gleichstrom, entweder in Form eines Vollpolläufers für hohe Drehzahlen oder als Schenkelpolausführung mit ausgeprägten Polen für niedrige Drehzahlen. Permanentmagneterregte Synchronmaschinen nutzen dagegen Permanentmagnete zur Felderzeugung, die auf der Rotoroberfläche angebracht oder eingebettet sein können. Besonders bei eingebetteten Magneten treten Unterschiede in den Achseninduktivitäten auf, was – wie auch bei Schenkelpolmaschinen – zur Ausbildung eines zusätzlichen Reluktanzmoments führt.

Auch in der Regelungstechnik zeigen sich Unterschiede: Während bei fremderregten Maschinen die Erregerstromregelung eine zusätzliche Stellgröße darstellt, ist bei permanentmagneterregten Maschinen das Erregerfeld konstant. Dies beeinflusst das Ersatzschaltbild und das Zeigerdiagramm, insbesondere im Hinblick auf die d- und q-Achsenkomponenten.

Insgesamt bieten beide Maschinentypen spezifische Vorteile in unterschiedlichen Anwendungen – von energieeffizienten Motorantrieben bis hin zu leistungsstarken Generatoren in Kraftwerken. Die Wahl der geeigneten Maschine hängt dabei maßgeblich von den Anforderungen an Drehmomentverhalten, Drehzahlbereich, Regelbarkeit und Systemkomplexität ab.

Autor

Prof. Dr. Andreas Baral ist Professor für elektrische Maschinen und Antriebstechnik an der Privaten Hochschule für Wirtschaft und Technik Vechta/Diepholz. Er ist parallel dazu Geschäftsführer der Ingenieurgesellschaft für Systemtechnik und Technologietransfer mbH.

Internet: www.phwt.de
www.baral-online.de

E-Mail: baral@phwt.de
baral@baral-online.de

Drehstromwicklungen

Peter Behrends

Die asynchronen und synchronen Drehstrommaschinen besitzen im Ständer denselben prinzipiellen Aufbau. Dies gilt besonders für den allgemeinen Aufbau der Drehstromwicklungen, ihre Wicklungsfaktoren sowie die Grundlagen zur Beschreibung von umlaufenden Durchflutungen und deren Felder.

Die Wicklungen sind als verteilte Wicklungen aufgebaut, die in den Nuten des Blechpakets liegen, und bestehen aus einer von der Nut- und Polzahl abhängigen Anzahl von Spulen. Die Teile einer Spule, die innerhalb einer Nut liegen, heißen aktive Spulenseiten. Die Teile, die die Spulenseiten miteinander verbinden, nennt man Stirnverbinder oder Wickelköpfe. Der Abstand der zu einer Spule gehörenden Spulenseite heißt Spulenweite W. Ist die Spulenweite gleich der Polteilung τ_p – dem Abstand zweier ungleichnamiger Pole – bezeichnet man die Spule als Durchmesserspule ($W = \tau$). Andernfalls spricht man von einer Sehnenspule ($W \neq \tau$).

Eine Spule kann eine oder mehrere Windungen (w) haben, die Spulenseiten entsprechend einen oder mehrere aktive Leiter (z). Zu einer Windung gehören zwei aktive Leiter ($z = 2 \cdot w$)

Für die Polausprägung der Wicklung ist im Wesentlichen die Stromrichtung in den Spulenseiten von Bedeutung. Die Wickelköpfe spielen hinsichtlich ihrer Lage und Ausführung (Spulen gleicher oder ungleicher Weite) eine vernachlässigbare Rolle.

In den noch folgenden Abwicklungen sind Spulen ungleicher Weite gezeichnet, wie sie in der Praxis häufig zum Einsatz kommen.

Die Leiter der Spulenseiten mehrerer nebeneinander liegender Nuten sind so miteinander zusammengeschaltet, dass der in ihnen fließende Strom in jedem Augenblick die gleiche Größe und Richtung hat. Die Anzahl dieser Spulenseiten bildet eine so genannte Wicklungszone (**Bild 1**). Jeder Wicklungsstrang hat je Polpaar zwei solcher Wicklungszonen, die sich jedoch hinsichtlich der Stromrichtung unterscheiden.

Eine Einphasenwicklung hat somit zwei, eine Zweiphasenwicklung vier und eine Drehstromwicklung sechs Wicklungszonen je Polpaar.

Grundsätzlich steht für eine Wicklungszone $1/m$ der Polteilung (τ_p) zur Verfügung, wenn m die Anzahl der Stränge ausdrückt.

Die Zahl der bewickelten Nuten pro Pol und Strang wird mit q beschrieben:

$$q = \frac{Q}{2p \cdot m}$$

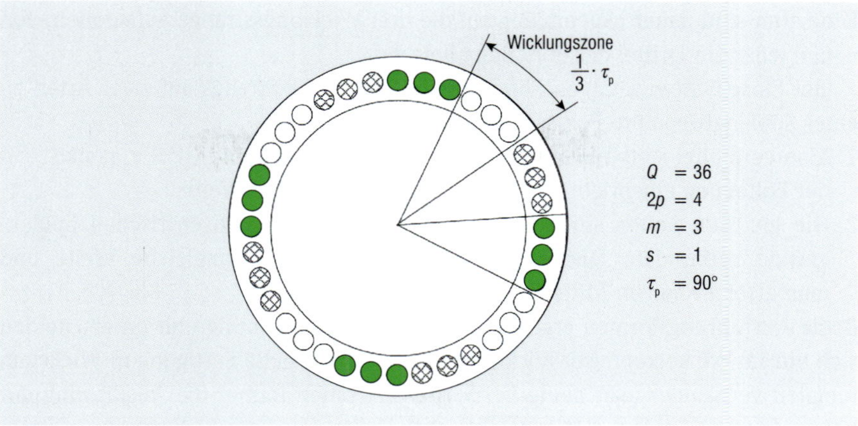

Bild 1: Jeder Strang belegt $Q/3$-Nuten. Drei nebeneinander liegende Nuten bilden eine Wicklungszone. Insgesamt ergeben sich am Umfang 12 Zonen.

Das Ergebnis für *q* kann entweder eine ganze oder eine gebrochene Zahl sein. Im ersten Fall spricht man von einer *Ganzlochwicklung*, im zweiten von einer *Bruchlochwicklung*. In Bezug auf die Anzahl und Anordnung der Spulenseiten in einer Nut unterscheidet man noch zwischen den beiden Hauptgruppen *Einschicht-* und *Zweischichtwicklung*.

Bei der normalen Einschichtwicklung liegt in jeder Nut nur eine Spulenseite.

Einschichtwicklung

Das aus Dynamoblechen geschichtete Ständerblechpaket enthält am Bohrungsumfang in gleichmäßig verteilten Nuten Leiter, die zu drei räumlich versetzten Wicklungssträngen zusammengeschaltet werden. Das bereits beschriebene Magnetfeld hat eine sinusförmige Feldverteilung längs des Luftspalts. Hat der Läufer eine konstante Drehzahl, so induziert das Feld in den einzelnen Spulen zeitlich sinusförmige Spannungen, die sich innerhalb jedes Wicklungsstranges zu einem resultierenden Wert addieren.

Die Polteilung entspricht einer Halbwelle der sinusförmigen Induktionsverteilung im Luftspalt und damit einem elektrischen Winkel von 180°. Bei zweipoligen Maschinen ($p = 1$) stimmen der räumlich mechanische (τ_{pgeo}) und der elektrische Winkel (τ_{pel}) überein. Zur Erzeugung einer symmetrischen dreiphasigen Spannung muss die Drehstromwicklung wie folgt gestaltet sein:

1. Die drei Wicklungsstränge müssen denselben Spulenaufbau und die gleiche Gesamtwindungszahl *w* besitzen.
2. Die drei Stränge müssen um je 120° elektrisch gegeneinander versetzt sein.

Die Leiter sind daher gleichmäßig auf die drei Wicklungsstränge aufzuteilen, von denen jeder ein Drittel der Polteilung belegt.

Bei Einschichtwicklungen können die Leiter eines Strangs auf zwei Arten zu einer Spulengruppe pro Polpaar geschaltet werden.

1. Man verbindet stets Leiter miteinander, deren Abstand mit $W = \tau_p$ genau der Polteilung entspricht. Es entstehen Spulen gleicher Weite.
2. Die gleichen Leiter eines Strangs werden zu einer konzentrischen Spulengruppe verbunden. Die Teilspulen haben jetzt eine ungleiche Weite und man erreicht nur im Mittel $W = \tau_p$.

Beide Ausführungsformen ergeben dieselbe Gesamtspannung und unterscheiden sich nur im Wickelkopf. Mit Rücksicht auf die maschinelle Fertigung in Wickelautomaten verwendet man heute bei Serienmaschinen immer die Ausführung mit konzentrischen Spulen, also mit ungleicher Weite. Die Einschichtwicklung zeichnet sich durch folgende Vorteile aus:

- gut formbar bei Runddrahtwicklungen,
- geringe Wickelkosten,
- einfache maschinelle Herstellung.

Entwurf einer Einschichtwicklung

Für den Entwurf einer Abwicklung hat sich die folgende Vorgehensweise in der Praxis etabliert:

Kochrezept:

1. Man nehme einen Stator mit Q-Nuten (z. B. $Q = 24$/**Bild 2**),
2. berechne q (z. B. für $2p = 4$ und $m = 3 \rightarrow q = 2$),
3. belege q-Nuten nebeneinander (für Strang 1/**Bild 3**),
4. überschlage $2q$-Nuten (Platz für Strang 2 und 3/Bild 3),
5. belege wieder q-Nuten (für Strang 1/Bild 3),
6. fahre fort bis zum Ende der Abwicklung (Bild 3) und verbinde die aktiven Spulenseiten mit einem gewünschten Wickelkopf, z. B. Spulen ungleicher Weite (**Bild 4**) oder gleicher Weite (**Bild 5**),
7. starte danach links vom Ende der ersten Spule mit dem nächsten Strang (1),
8. starte danach links vom Ende der ersten Spule des zweiten Strangs mit dem dritten Strang und lege die Anfänge der 1., 3. und 5. Spule als U1, V1 und W1 fest (**Bild 7**).

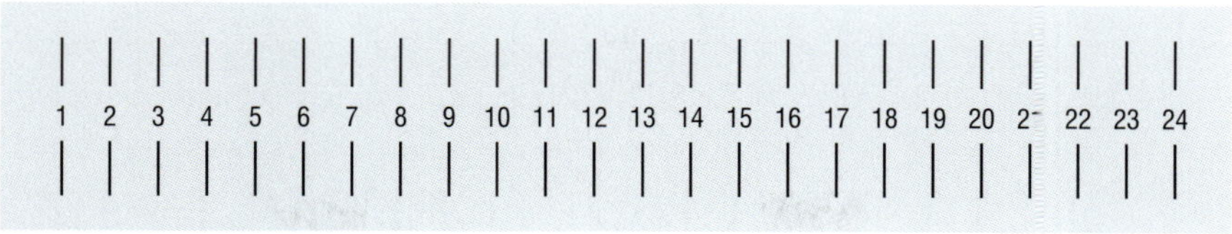

Bild 2: Stator mit Q-Nuten, $Q = 24$

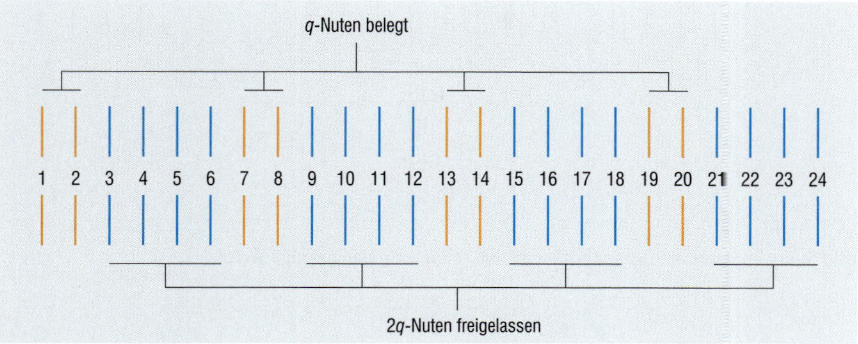

Bild 3: Zunächst q-Nuten für den 1. Strag belegt und Platz für die beiden anderen Stränge berücksichtigt

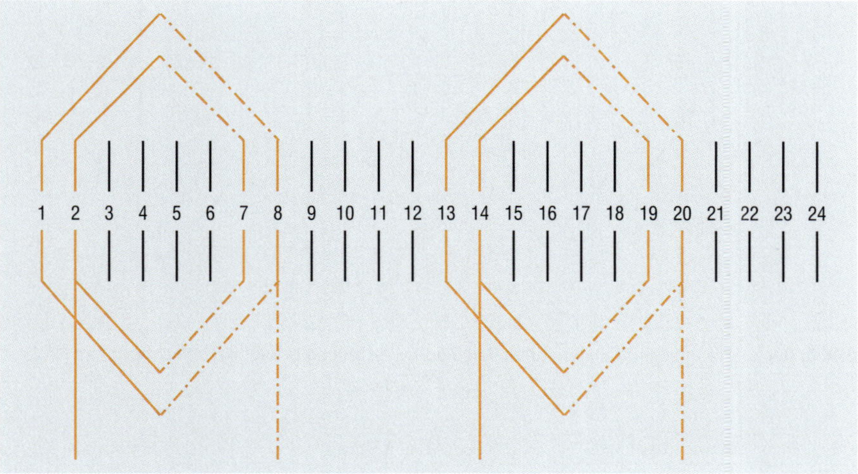

Bild 4: Erster Strang mit Spulenanfängen und -enden, Spulen ungleicher Weite

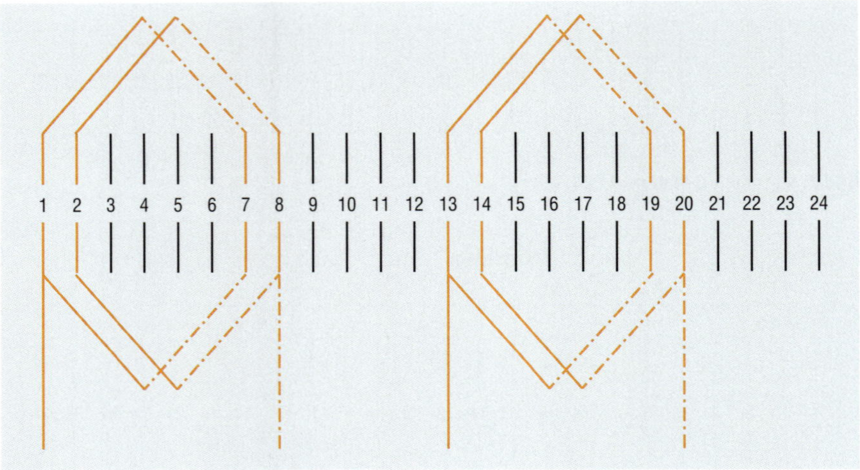

Bild 5: Erster Strang mit Spulenanfängen und -enden, Spulen gleicher Weite

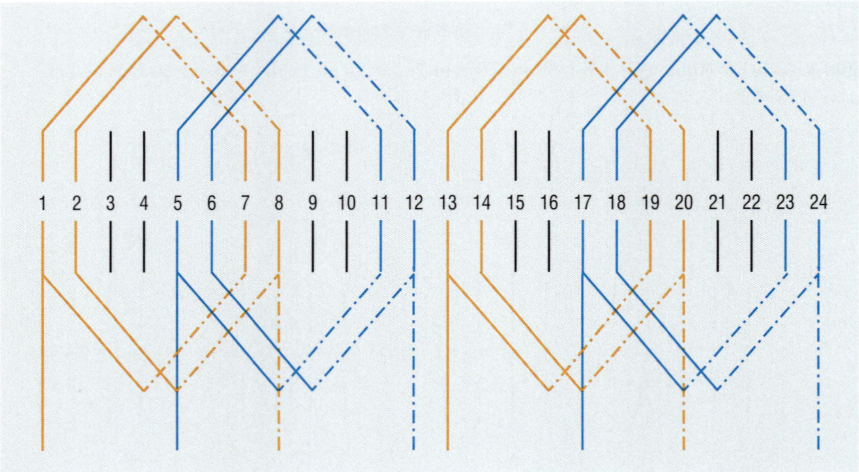

Bild 6: Der 2. Strang beginnt in den Nuten 5 und 6. Die Verteilung erfolgt nach Kochrezept ab Pkt. 3.

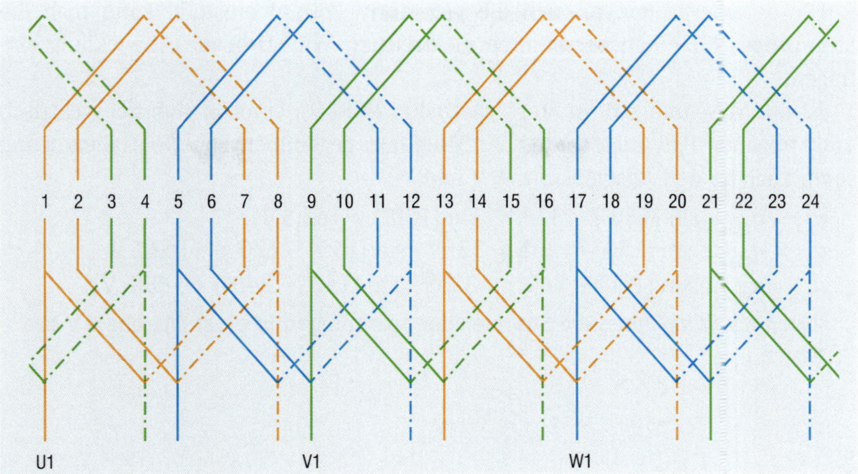

Bild 7: Spulenanfänge auf EINS – DREI – FÜNF

Zum Schluss sind die Spulen eines Stranges so in Reihen- oder Parallelschaltung zusammenzuschalten, dass sich die geplante Polausprägung einstellt, z. B. bei der typischen Reihenschaltung ENDE – ANFANG, d. h. das ENDE der ersten Spule eines Stranges mit dem ANFANG der nächsten Spule desselben Stranges (**Bild 8**). Dieses Verfahren lässt sich konsequent auch dann anwenden, wenn die Lochzahl *q* eine gebrochene Zahl ist und es sich damit um eine Bruchlochwicklung handelt.

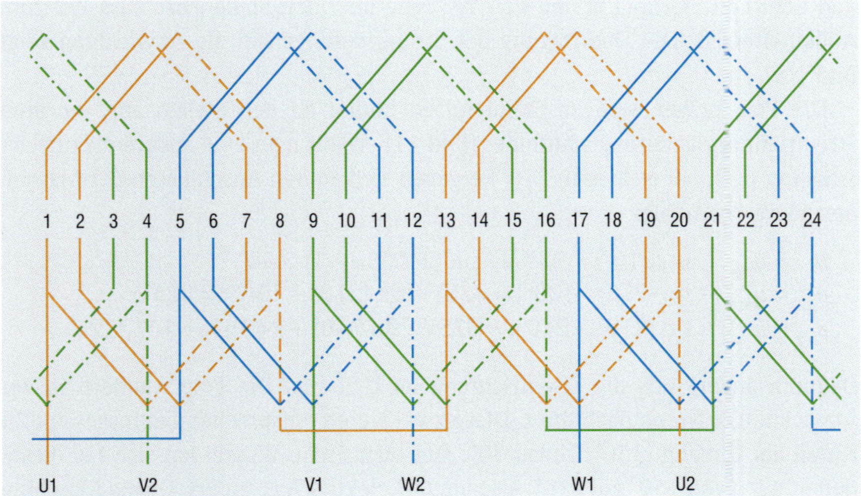

Bild 8: Komplette Einschichtwicklung

Um zu überprüfen, ob sich die geforderte Polzahl einstellt, kann man die Stromzeiger für einen bestimmten elektrischen Winkel in die Abwicklung eintragen.

Ist die Maschine z. B. in Stern geschaltet (**Bild 9**), ergeben sich bei elektrisch 150° folgende Potentiale an den Außenleitern gegenüber dem Neutralleiter und somit auch an den Anschlüssen U, V und W:

$u_{L1} = u_{max} \cdot \sin(150°) = 325\,V \cdot \sin(150°) = 162{,}5\,V$
$u_{L2} = u_{max} \cdot \sin(150° - 120°) = 325\,V \cdot \sin(150° - 120°) = 162{,}5\,V$
$u_{L3} = u_{max} \cdot \sin(150° - 240°) = 325\,V \cdot \sin(150° - 240°) = -325\,V$

(Nach *Kirchhoff* muss die Summe aller Spannungen in einer Masche 0 V betragen.)

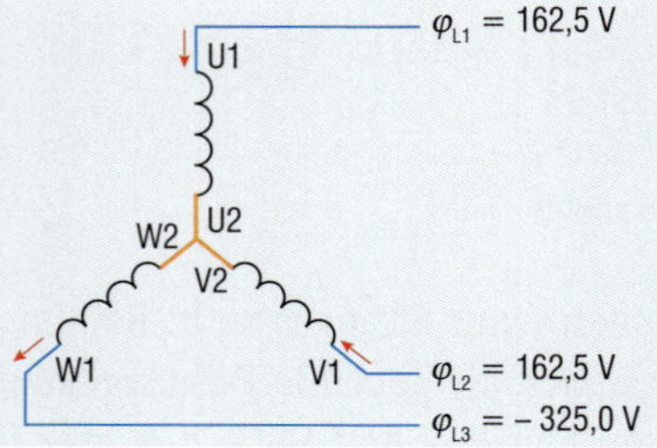

Bild 9: Drei Stränge in Stern geschaltet, mit den Stromrichtungen in den einzelnen Spulen

Aufgrund der aktuellen Potentialdifferenzen zwischen φ_{L1}, φ_{L2} und φ_{L3} fließt Strom von L1 in den Spulenanschluss U1 rein, von L2 in den Spulenanschluss V1 und über den Sternpunkt und den W-Strang über den Spulenanschluss W2 zum Außenleiter L3. Die Übertragung der Stromrichtungen in die Abwicklung zeigt **Bild 10**.

Die Pole prägen sich im Ständereisen immer an den Stellen aus, wo eine Stromrichtungsänderung stattfindet (**Bild 11**). Wählt man eine andere elektrische Situation (z. B. bei elektrisch 210°) ergeben sich an den Anschlüssen der Maschine andere Potentiale:

$u_{L1} = u_{max} \cdot \sin(210°) = 325\,V \cdot \sin(210°) = -162{,}5\,V$
$u_{L2} = u_{max} \cdot \sin(210° - 120°) = 325\,V \cdot \sin(210° - 120°) = 325\,V$
$u_{L3} = u_{max} \cdot \sin(210° - 240°) = 325\,V \cdot \sin 210° - 240°) = -162{,}5\,V$

Dadurch ändert sich die Stromrichtung im U-Strang. Die Pole wandern in der Abwicklung 2 Nuten nach links. Diese zwei Nuten entsprechen bei insgesamt 24 Nuten am Umfang (360°) genau 30°. Der elektrische Winkel hat sich bei dieser Betrachtung von 150° auf 210°, also um 60° elektrisch geändert. Da die Maschine 4-polig ist, macht sich diese Änderung räumlich nur mit 30° bemerkbar.

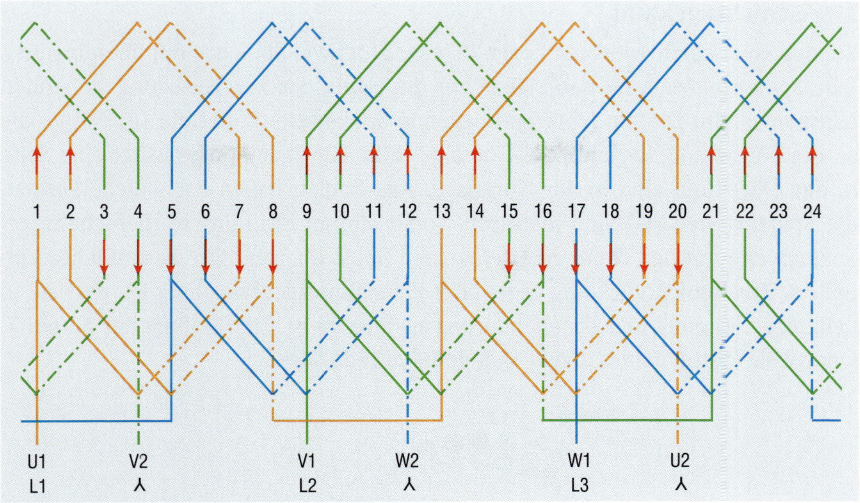

Bild 10: Komplette Einschichtwicklung inkl. der Stromzeiger

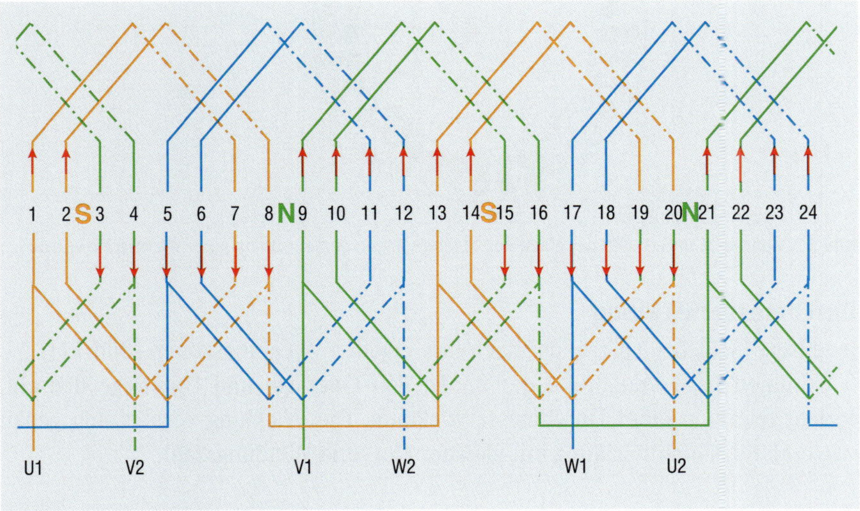

Bild 11: Polausprägung bei elektrisch 150°

Zweischichtwicklung

Bei der Zweischichtwicklung liegen in jeder Nut zwei Spulenseiten übereinander. Jede Spulenseite nimmt dabei aber nur die Hälfte des zur Verfügung stehenden Nutraumes ein. Die am Nutgrund liegende Spulenseite bildet die Unterlage, die an der Nutöffnung liegende die Oberlage (**Bild 12**). Jede Spule besitzt eine Seite in der Ober- und eine in der Unterlage. Alle Spulen haben das gleiche Format; die Spulenweiten (*W*) sind identisch. Somit stimmt die mittlere (berechenbare) Spulenweite mit der Weite einer einzelnen Spule überein. Ein wesentlicher Vorteil der Zweischichtwicklung gegenüber einer Einschichtwicklung ist, dass sie in beliebiger Sehnung und Zonenänderung ausführbar ist. Der Einfluss der 5. und 7. Oberwelle (Sattelmoment) lässt sich deutlich reduzieren.

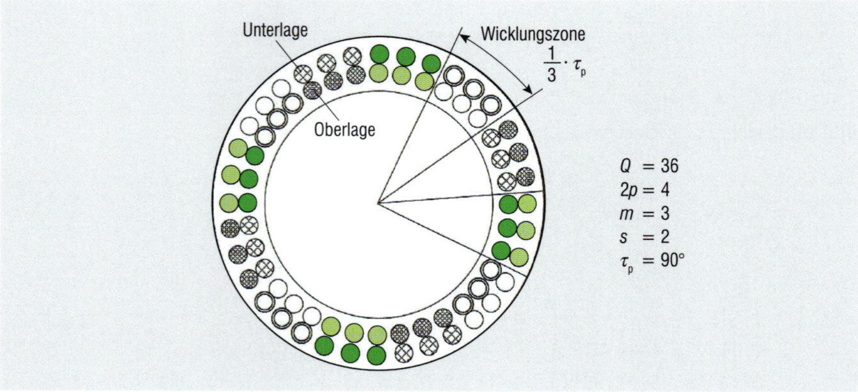

Bild 12: Ober- und Unterlagen der einzelnen Stränge liegen gemeinsam in einer Wickelzone von 60°

Durchmesserwicklung

Jede Lage (Schicht) hat grundsätzlich ihre eigenen Wicklungszonen (Bild 11).

Stimmen Lage und Breite der Zonen von Oberlage und Unterlage überein, spricht man von einer Durchmesserwicklung. Die Wicklung verhält sich genau wie eine Einschichtwicklung mit gleicher Nut- und Windungszahl.

Gesehnte Wicklungen

Bei gesehnten Wicklungen – meist mit Schrittverkürzung – haben die Wicklungszonen der Ober- und Unterlage zwar die gleiche Breite, sind aber gegeneinander um den Winkel ε verschoben (**Bild 13**). Die Sehnung ist das Verhältnis von Spulenweite W zur Polteilung τ_p.

Während sich bei der Einschichtwicklung die Breite der einzelnen Wicklungszonen zwangsläufig aus der Anzahl der Wicklungsstränge ergibt, ist bei

Zweischichtwicklungen eine Änderung der Zonenbreite ohne weiteres möglich (**Bild 14**). Damit lässt sich praktisch jede x-beliebige Polzahl in jeder Nutzahl realisieren. Kommen bei einer Wicklung Schrittänderungen und Zonenänderungen gleichzeitig vor, spricht man auch von „doppelt-gesehnten" Wicklungen.

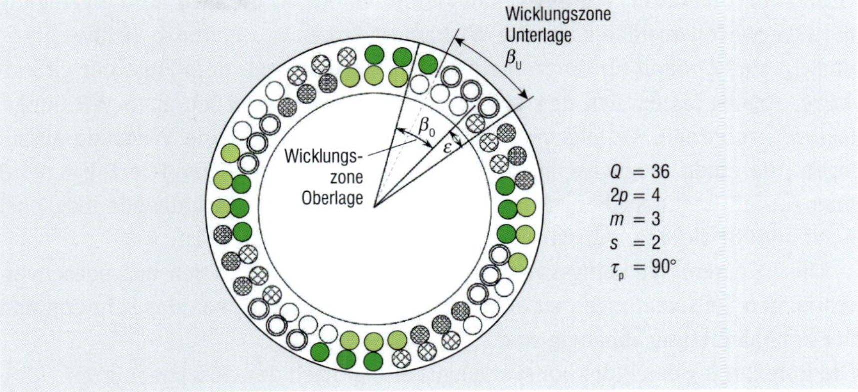

Bild 13: Die Wickelzonen der Oberlagen (β_0) und Unterlagen (β_U) der einzelnen Stränge sind um den Winkel ε gegeneinander verschoben.

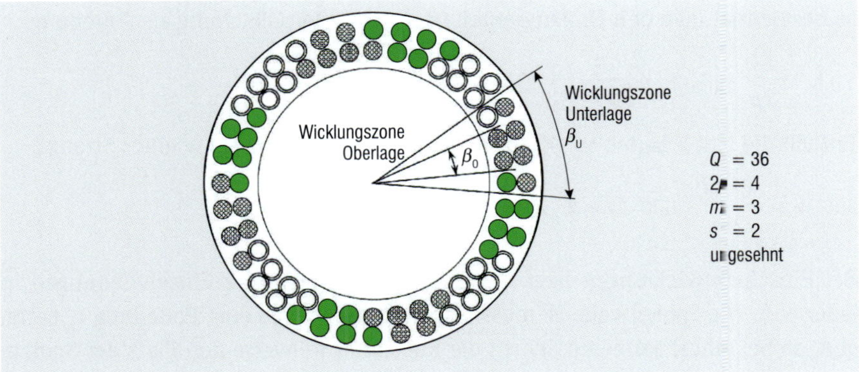

Bild 14: Zonenänderung – unterschiedliche Größen der Wickelzonen von Oberlagen (β_0) und Unterlagen (β_U)

Wicklungsfaktoren

Die Wicklungen elektrischer Maschinen bestehen in der Regel aus einer bestimmten Anzahl von Spulen mit mehreren Windungen die in Reihe geschaltet sind.

Durch die Verteilung der Windungen eines Stranges auf mehrere Nuten und die besondere Anordnung der Nuten ist der Induktionsverlauf im Luftspalt nicht sinusförmig, sondern eher treppenförmig. Neben einer – nach *Fourier** – berechenbaren Grundwelle existieren daher zusätzlich Oberwellen, sodass die Gesamtdurchflutung nicht ausschließlich für die Erzeugung der Grundwelle verfügbar ist. Eine mögliche Erklärung wäre, dass nur ein Teil der Wicklung mit der Grundwelle verkettet, während ein anderer Teil der Windungen für die Erregung der Oberwellen zuständig ist. Die Wicklungsfaktoren k_w, k_d und k_p (früher ξ_1, ξ_Z und ξ_S) sind Größen für die Verkettung der Wicklung mit dem Fluss der Grundwelle. Analog lassen sich den einzelnen Wicklungsoberwellen auch Wicklungsfaktoren zuordnen. Verfolgt man beispielsweise das Ziel, eine Wicklung auszulegen, die einen möglichst hohen Grundwellenanteil des Flusses erzeugt, wird man Ausführungen suchen, deren Wicklungsfaktor für die Grundwelle möglichst hoch und für die unerwünschten Oberwellen möglichst klein ist.

Die in einem Wicklungsstrang erzeugte Spannung setzt sich aus phasenverschobenen Teilspannungen zusammen, die unter anderem von der Sehnung und der Zonenänderung abhängig sind.

Die Berechnung des Induktionsvorganges erfolgt nach der Gesetzmäßigkeit

$$u_q = B \cdot l \cdot v \cdot z$$

Ist d_i der Bohrungsdurchmesser des Blechpaketes z. B. einer 2p-poligen Maschine, so bezeichnet man den Umfangsanteil nach folgender Gleichung als Polteilung.

$$\tau_p = \frac{Q}{2p} \;;\; \tau_p = \frac{d_i \cdot \pi}{2p}$$

Enthält die Nut z Leiter, so gilt für die gesamte Windungszahl w eines Strangs:

$$\text{aus } w = \frac{z \cdot Q}{2m} \text{ und } Q = q \cdot 2p \cdot m \text{ wird } w = z \cdot p \cdot q$$

Bei Einschichtwicklungen liegt nur eine Spulenseite mit z Einzelwindungen in jeder Nut. Die Spulenweite W muss hier im Mittel genau eine Polteilung τ_p betragen, da bei einem kürzeren Schritt die Rückleiter teilweise den Platz der Spulenseiten eines anderen Strangs einnehmen würden. In einer Zweischichtwicklung entstehen doppelt so viel Spulengruppen (G) wie bei der Einschichtwicklung:

Einschicht-Drehstromwicklung

$$G = p \cdot m$$

Zweischicht-Drehstromwicklung

$$G = 2p \cdot m$$

* *Jean Baptiste Joseph Fourier* (* 21. März 1768, † 16. Mai 1830) war ein französischer Mathematiker und Physiker.

Hier sind Ober- und Unterschicht eines Strangs um die Sehnung gegeneinander verschoben, ohne dass dies einen anderen Strang behindert. Häufig ist es günstig, den rechnerischen *q*-Wert als gebrochene Zahl zu wählen. In der praktischen Ausführung bedeutet dies, dass die einzelnen Spulengruppen eines Strangs unterschiedliche Windungszahlen besitzen.

Bei der Berechnung der Wicklungsfaktoren für die ungesehnte Ganzlochwicklung wird die räumliche Änderung des Läuferdrehfeldes betrachtet. Es erreicht während seiner Drehbewegung die Leiter einer Spulengruppe, die in benachbarten Nuten liegen, nacheinander mit einer kleinen Zeitdifferenz. Die Zeiger der Stabspannungen sind nicht gleichphasig, sondern addieren sich unter dem Winkel:

$$\alpha = \frac{360°}{Q} = \frac{2\pi}{Q} = \frac{\pi}{q \cdot m}$$

Da ungesehnte Wicklungen stets als Spulenweite eine Polteilung besitzen, sind die Leiterspannungen einer Windung 180° phasenverschoben. Die Teilspannungen der Hin- und Rückleiter einer Spule ergeben damit einen Zeiger doppelten Betrages. Addiert man jetzt die Spulenspannungen U_{sp} der Spulengruppe, so ist die resultierende Spannung U_{gr} kleiner als die algebraische Summe der Spulenspannungen. Es ist also zu unterscheiden, ob die Windungen einer Spulengruppe in *einer* Nut liegen oder gleichmäßig auf *q* Nuten verteilt sind. Um dies zu berücksichtigen, wird der sogenannte Zonenfaktor k_d definiert, der sich für Ganzlochwicklungen wie folgt berechnet lässt:

$$k_d = \frac{\sin \frac{q \cdot \alpha}{2}}{q \cdot \sin \frac{\alpha}{2}}$$

Für die Praxis reicht der gerundete Wert mit $k_d = 0{,}96$ mit ausreichender Genauigkeit aus (siehe **Tabelle 1**). Bei der gesehnten Ganzlochwicklung ist die Spulenweite *W* kleiner als die Polteilung. Die beiden Leiterspannungen U_s einer Windung dürfen dann ebenfalls nicht mehr algebraisch addiert werden. Diese zusätzliche Spannungsminderung wird durch den Sehnungsfaktor k_p erfasst.

$$k_p = \cos\left[\left(1 - \frac{Y_Q}{\tau_p}\right) \cdot 90°\right] = \sin\left(90° \cdot \frac{Y_Q}{\tau_p}\right)$$

Der Zonenfaktor bleibt durch die Sehnung unbeeinflusst, sodass im Normalfall zur Berechnung der induzierten Gesamtspannung in einem Wicklungsstrang die Windungszahl mit dem Wicklungsfaktor k_w zu multiplizieren ist.

$$k_w = k_d \cdot k_p$$

<table>
<tr><th>bewickelte Zone</th><th>Wicklungsfaktor k_d ohne Sehnung</th><th>Sehnung</th><th>Wicklungsfaktor k_W mit Sehnung</th></tr>
<tr><td rowspan="6">1/3 Polteilung
Drehstromwicklungen</td><td rowspan="6">0,96</td><td>6/9</td><td>0,826</td></tr>
<tr><td>7/9</td><td>0,895</td></tr>
<tr><td>10/12</td><td>0,922</td></tr>
<tr><td>16/18</td><td>0,940</td></tr>
<tr><td>11/12</td><td>0,946</td></tr>
<tr><td>17/18</td><td>0,950</td></tr>
<tr><td rowspan="6">2/3 Polteilung
Einphasenwicklungen</td><td rowspan="6">0,83</td><td>6/9</td><td>0,725</td></tr>
<tr><td>7/9</td><td>0,787</td></tr>
<tr><td>10/12</td><td>0,809</td></tr>
<tr><td>16/18</td><td>0,825</td></tr>
<tr><td>11/12</td><td>0,830</td></tr>
<tr><td>17/18</td><td>0,833</td></tr>
<tr><td>Zweiphasenwicklungen</td><td>0,90</td><td></td><td></td></tr>
<tr><td>polumschaltbare Motoren</td><td>gesamter Wickelfaktor k_W</td><td colspan="2" rowspan="7">$k_W = k_d \cdot k_p$

k_W = Wickelfaktor (früher ζ_1)
k_d = Zonenfaktor (früher ζ_Z)
k_p = Sehnenfaktor (früher ζ_S)</td></tr>
<tr><td colspan="2">einschichtig</td></tr>
<tr><td>untere Drehzahl</td><td>0,96</td></tr>
<tr><td>obere Drehzahl</td><td>0,70</td></tr>
<tr><td colspan="2">zweischichtig</td></tr>
<tr><td>untere Drehzahl</td><td>0,83</td></tr>
<tr><td>obere Drehzahl</td><td>0,677</td></tr>
</table>

Tabelle 1: Wicklungsfaktoren

Anstelle der auf $2p \cdot q$-Nuten (bzw. Q/m-Nuten) verteilten Strangwindungszahl $w = z \cdot p \cdot q$ rechnet man mithilfe des Wicklungsfaktors mit dem reduzierten Wert $w \cdot k_w$, wonach die Wicklung wie eine konzentrierte Spule behandelt wird.

Treten in der Induktionsverteilung neben dem Grundfeld auch Oberfelder der Ordnungszahl υ auf, so erstrecken sich deren Halbwellen nur über einen Umfangsteil, welcher dem $1/\upsilon$-fachen des Grundwellenwertes entspricht. Der für das Grundfeld angegebene Winkel ist für ein Oberfeld mit dessen Ordnungszahl υ zu multiplizieren.

Die in der Ständerwicklung durch Oberfelder induzierten Leiterspannungen sind unter dem υ-fachen Winkel zu addieren. Der Zonenfaktor $k_{d\upsilon}$ und der Sehnungsfaktor $k_{p\upsilon}$ für ein beliebiges Oberfeld lassen sich mit den folgenden Gleichungen berechnen:

$$k_{d\nu} = \frac{\sin \dfrac{q \cdot \alpha \cdot \nu}{2}}{q \cdot \sin \dfrac{\alpha \cdot \nu}{2}}$$

und

$$k_p = \cos\left[\left(1 - \frac{Y_Q}{\tau_p}\right) \cdot 90° \cdot \nu\right] = \sin\left(90° \cdot \frac{Y_Q}{\tau_p} \cdot \nu\right)$$

Der resultierende Wicklungsfaktor ergibt sich konsequenterweise mit

$$k_{w\nu} = k_{d\nu} \cdot k_{p\nu}$$

wobei für $\upsilon = 1$ wieder der Grundwellenwert entsteht.

Der Wicklungsfaktor legt fest, inwieweit die Drehstromwicklung in Bezug auf die induzierte Strangspannung an eine beliebige Feldwelle des Läufers angepasst ist.

Für das Grundfeld wird man möglichst $k_w \rightarrow 1$ anstreben, um die vorhandene Windungszahl $w = z \cdot p \cdot q$ gut auszunutzen. Für die Oberfelder ist dagegen $k_{w\upsilon} \rightarrow 0$ erwünscht, sodass trotz einer υ-ten Harmonischen im Läuferfeld keine Spannungen υ-facher Frequenz in der Wicklung entstehen.

Generell ist man bestrebt die 5. und 7. Oberschwingung zu unterdrücken.

Entwurf einer Zweischichtwicklung

Wie bei der Einschichtwicklung gibt es auch bei der Zweischichtwicklung eine praxisbewährte Methode.

Kochrezept:

1. Man nehme einen Stator mit Q-Nuten (z. B. $Q = 24$),
2. berechne q (z. B. für $2p = 4$ und $m = 3 \rightarrow q = 2$),
3. belege q-Nuten für die Oberlage (1. Strang),
4. überschlage $2q$-Nuten (Platzhalter für die Stränge 2 und 3),
5. belege wieder q-Nuten für die Oberlage (1. Strang),
6. fahre fort bis zum Ende der Abwicklung (**Bild 15**),
7. berechne den Nutschritt inkl. der Sehnung und belege die Unterlagen (**Bild 16**) und
8. schalte die Spulen dieses Stranges so, dass sich die gewünschte Polzahl ausbildet.

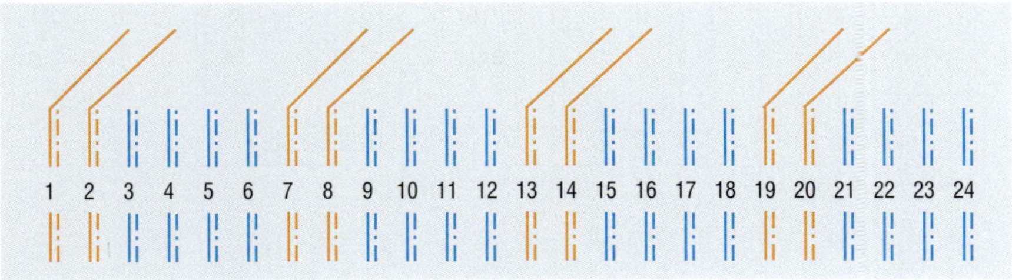

Bild 15: Zunächst werden nur die Oberlagen gezeichnet (1. Strang)

Der Übersicht halber wird in **Bild 17** auf die anderen Stränge verzichtet. **Bild 18** zeigt eine komplette Zweischichtwicklung inkl. der Stromzeiger.

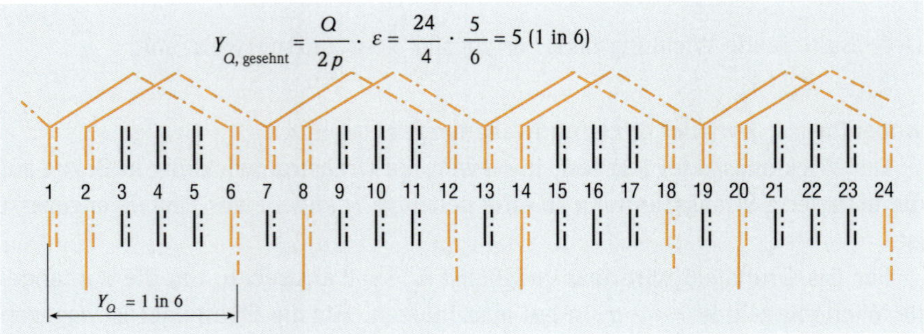

Bild 16: Die Unterlagen mit geforderter Sehnung (1. Strang)

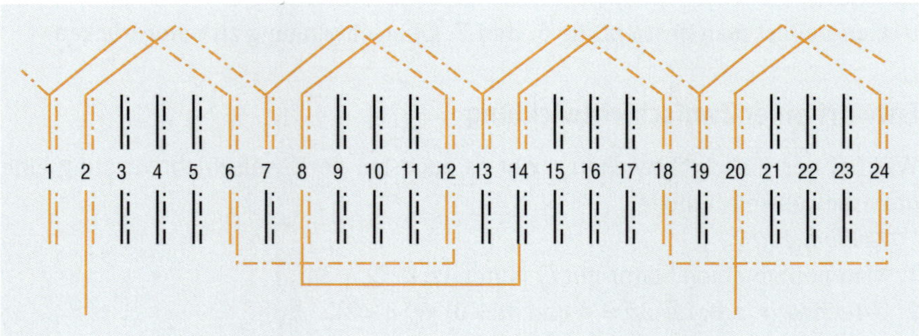

Bild 17: Die Schaltung der Spulen eines Stranges erfolgt nach ENDE – ENDE, ANFANG – ANFANG.

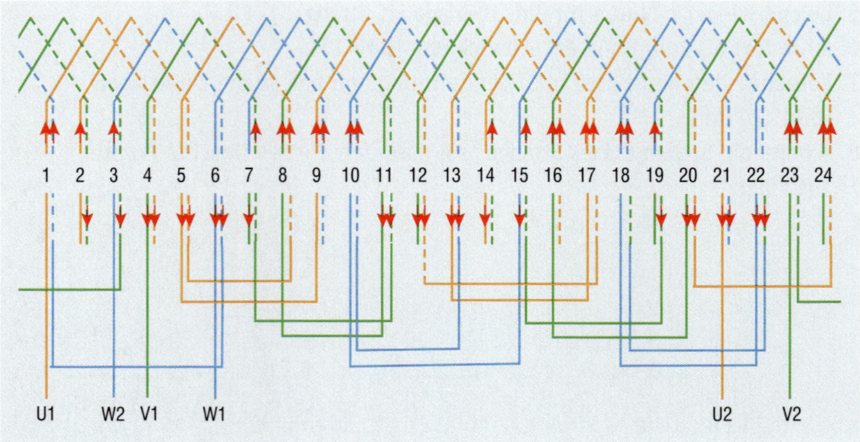

Bild 18: Drehstrom-Ständerwicklung - Zweischicht-Bruchloch; 6-polig

Eine weitere Möglichkeit zum Entwurf einer Wicklungsdarstellung ist ein Zahlenschema, aus dem die Anzahl der Teilspulen und die Verteilung der Spulen aller Stränge ersichtlich wird.

Hier soll als Beispiel die Wicklung aus Bild 17 herangezogen werden.

Aus $Q = 24$, $2p = 4$, $m = 3$ und $s = 2$ ergibt sich für die Lochzahl der Wert $q = 2$.

Für eine 4-polige Drehstrom-Zweischichtwicklung benötigt man 4 Spulen pro Strang. In dem Zahlenschema taucht daher der Wert für q 4-mal für einen Strang auf (**Tabelle 2**).

1. Strang	2	2	2	2

Tabelle 2: Vier Zweifachspulen, für den 1. Strang

Für die beiden anderen Stränge verfährt man genauso (**Tabelle 3**).

1. Strang	2	2	2	2
2. Strang	2	2	2	2
3. Strang	2	2	2	2

Tabelle 3: Vier Zweifachspulen, für alle Stränge gleichmäßig verteilt

Jetzt muss man nur noch dieses Schema in die Abwicklung übertragen. Beginnend mit der ersten Zweifachspule oben links in der Tabelle arbeitet man sich diagonal nach unten zum 3.Strang und beginnt dann wieder mit der zweiten Spule des 1. Strangs (**Bild 19**).

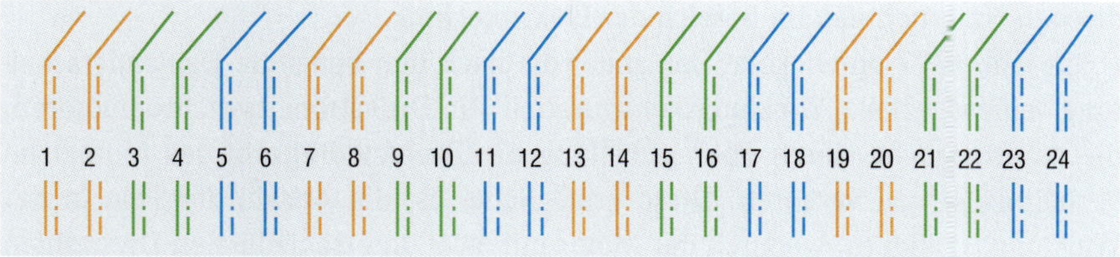

Bild 19: Es werden nacheinander zunächst je zwei Nuten in der Unterlage (Oberlage) belegt.

Ist das Ergebnis für q eine gebrochene Zahl (Bruchlochwicklung) kann man dieses Zahlenschema auch anwenden. Die Wicklung aus Bild 18 soll das verdeutlichen:

Aus $Q = 24$, $2p = 6$, $m = 3$ und $s = 2$ ergibt sich für die Lochzahl der Wert $q = 1\frac{1}{3}$.

Man entwirft jetzt ein Zahlenschema unter der Annahme, dass q eine ganze Zahl ist, z. B. $q^{*} = 2$. Dafür würde aber ein Statorblech mit 36 Nuten benötigt (**Tabelle 4**). Das bedeutet, dass aus dem Zahlenschema insgesamt $\Delta Q = 12$ Nuten (Teilspulen) bzw. 4 Nuten (Teilspulen) pro Strang entfernt werden müssen (**Tabelle 5**).

1. Strang	2	2	2	2	2	2
2. Strang	2	2	2	2	2	2
3. Strang	2	2	2	2	2	2

Tabelle 4: Für den ersten Entwurf mit q benötigt man 36 Nuten

1. Strang	2	1	1	2	1	1
2. Strang	1	2	1	1	2	1
3. Strang	1	1	2	1	1	2

Tabelle 5: Nach der Korrektur von $\Delta Q = -12$ Teilspulen benötigt man 24 Nuten

Um eine optimale Polausprägung zu erhalten, sind die Ein- und Zweifachspulen möglichst gleichmäßig am Umfang in den Nuten zu verteilen.

Dieses praktische Verfahren eignet sich für alle Ergebnisse von q.

Dahlanderwicklung

Robert Dahlander (*9. Juni 1870 in Göteborg, Schweden; †18. Oktober 1935 in Stockholm) war ein schwedischer Ingenieur, der durch seine bedeutenden Beiträge zur Elektrotechnik, insbesondere durch die Entwicklung der nach ihm benannten Dahlanderschaltung, bekannt wurde. Er absolvierte bis 1890 ein Physikstudium an der Königlich Technischen Hochschule in Stockholm. Nach seinem Abschluss begann er 1893 seine berufliche Laufbahn bei der elektrotechnischen Firma ASEA (Allmänna Svenska Elektriska Aktiebolaget), einem führenden schwedischen Unternehmen im Bereich der Elektrotechnik.

Im Jahr 1897 entwickelte Dahlander die nach ihm benannte Dahlanderschaltung, eine spezielle Wicklungskonfiguration für Drehstrom-Asynchronmotoren, die es ermöglicht, durch Polumschaltung die Drehfelddrehzahl des Motors im Verhältnis 2:1 zu variieren. Diese ermöglichte es, die Anzahl der Pole in der Wicklung zu ändern, wodurch der Motor mit zwei unterschiedlichen Drehzahlen betrieben werden konnte. Diese innovative Technik fand insbesondere dort Anwendung, wo unterschiedliche Drehzahlen, wie beispielsweise bei Lüftern, Pumpen und Werkzeugmaschinen erforderlich waren.

Unter Dahlanders Leitung wurden bei den schwedischen Staatseisenbahnen von 1905 bis 1907 auf Teststrecken von 6 km bis 7 km Versuche zum elektrischen Antrieb mit Einphasen-Wechselstrom durchgeführt. Die detaillierten Ergebnisse veranlassten *Dahlander* zu dem Schluss, dass für den Eisenbahnbetrieb kaum eine *„einfachere und billigere Betriebsart als die des verwendeten einphasigen Wechselstromes in nächster Zukunft auftreten könne“*.

Die Dahlanderschaltung bietet bei Asynchronmaschinen in Käfigläuferausführung die Möglichkeit der Polumschaltung und damit einer einfachen Drehzahlumschaltung. Jeder Wicklungsstrang der Maschine (z. B. U-V-W) ist in zwei Wicklungsteilen ausgeführt (1U-2U, 1V-2V und 1W-2W). Je nach deren Schaltung in Reihen- oder Parallelbetrieb wird durch die Stromrichtungsänderung in 50% der Spulen die Polzahl im Verhältnis 2:1 umgeschaltet. Die Läuferdrehzahlen sind dann um den Wert der Schlupfdrehzahl kleiner.

Von den insgesamt 16 Schaltungsvarianten (von ⅄/⅄ bis △△/△△) sind – je nach Lastverhalten – die gebräuchlichsten die Dreieck-Doppelsternschaltung (△/⅄⅄, **Bild 20**) und die Stern-Doppelsternschaltung (⅄/⅄⅄, **Bild 21**).

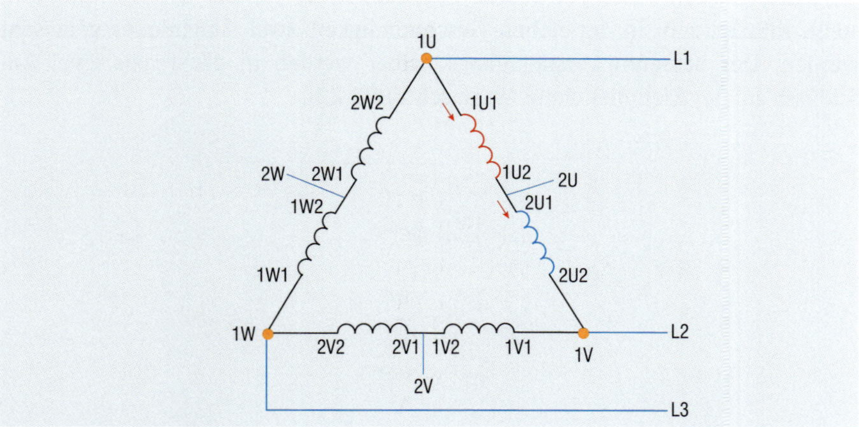

Bild 20: Die Wicklung ist fest in Dreieck geschaltet. Die Verbindungen 1U, 1V und 1W liegen für die kleine Drehzahl an L1, L2 und L3. Die Mittelanzapfungen für die hohe Drehzahl (2U, 2V und 2W) sind auf die Klemmenplatte ausgeführt.

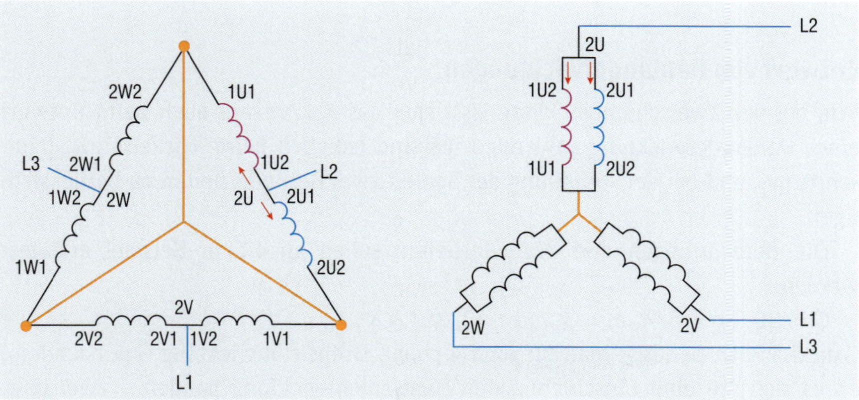

Bild 21: Durch die sogenannte Doppelsternbrücke (Verbindungen 1U, 1V und 1W) werden die Spulen eines Stranges parallel geschaltet. Die Spannungen an den Spulen steigen um 15 %, und die Stromrichtung ändert sich in 50 % der Spulen.

Die Anschlüsse am Motorklemmbrett haben die Kennziffer dem Buchstaben vorangestellt (1U, 1V, 1W, 2U, 2V und 2W). Die kleine Ziffer weist immer auf die kleine Drehzahl, die hohe Ziffer somit auf die hohe Drehzahl hin. Damit unterscheidet sich das von den üblichen Drehstrommotoren, denen der Buchstabe vorangestellt ist. In diesem Fall weisen die Ziffern 1 und 2 auf Spulenanfang und -ende hin. Gibt es mehrere Teilspulen pro Strang ist nach gültiger Norm auch die Durchnummerierung 1U1 – 1U2 und 2U1 – 2U2 bzw. U1 – U2 und U3 – U4 möglich.

Achtung: Damit sich bei beiden Drehzahlen die gleiche Drehrichtung einstellt, müssen z.B. in der hohen Geschwindigkeit zwei Außenleiter getauscht werden. Des besseren Verständnisses halber werden in der Praxis zwei Anschlüsse auf der Klemmenplatte vertauscht (**Bild 22**).

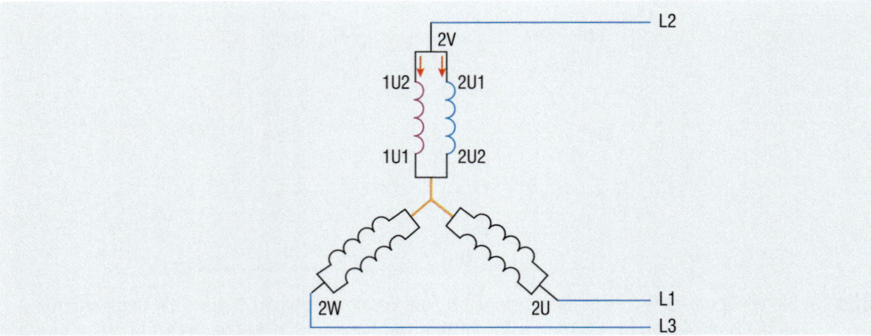

Bild 22: Um Anschlussfehler bei der Inbetriebnahme zu minimieren, werden die Anschlüsse 2U und 2V getauscht.

Entwurf von Dahlanderwicklungen

Wie bei der Zweischichtwicklung lässt sich das *Kochrezept* auch beim Entwurf einer Dahlanderwicklung anwenden. Es sind lediglich beim Wickelschritt (Nutschritt) y_Q und bei der Aufteilung der Spulen zwei Besonderheiten zu berücksichtigen.

Die Berechnungen und Besonderheiten sollen an einem Beispiel erläutert werden:

$Q = 30$, $2p = 8/4$, $m = 3$ und $s = 2$, △/⅄⅄

Grundsätzlich benötigt man für eine 4-polige Drehstromwicklung – je nachdem, ob es sich um eine Einschicht- oder Zweischichtwicklung handelt – zwei bzw. vier Spulen pro Strang. Bei der Einschichtwicklung mit zwei Spulen werden die Spulen ENDE – ANFANG zusammengeschaltet. Hingegen werden bei der Zweischichtwicklung die vier Spulen ENDE – ENDE, ANFANG – ANFANG zusammengeschaltet.

Für die 8-polige Wicklung werden für die benötigte Anzahl von Stromrichtungsänderungen am Umfang vier bzw. acht Spulen benötig. Die erste Erkenntnis, die man hieraus gewinnen kann, ist dass man mit vier Spulen pro Strang je nach Schaltung eine 4-polige *oder* 8-polige Wicklung erzeugen kann (**Bild 23**).

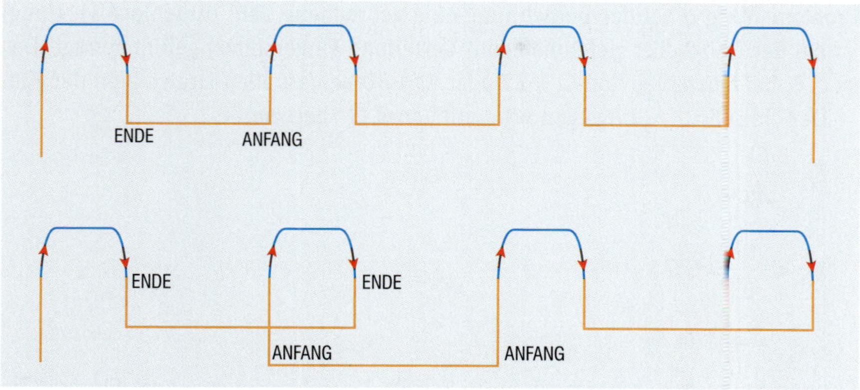

Bild 23: Zusammenschaltung der 4 Spulen eines Strangs für 8 oder 4 Stromrichtungsänderungen

Die Besonderheit bei der Dahlanderwicklung ist, dass zunächst die am Umfang *ungeraden* Spulen(nummern) und dann die *geraden* Spulen(nummern) in Reihe zu Spulengruppen zusammen geschaltet werden (**Bild 24**).

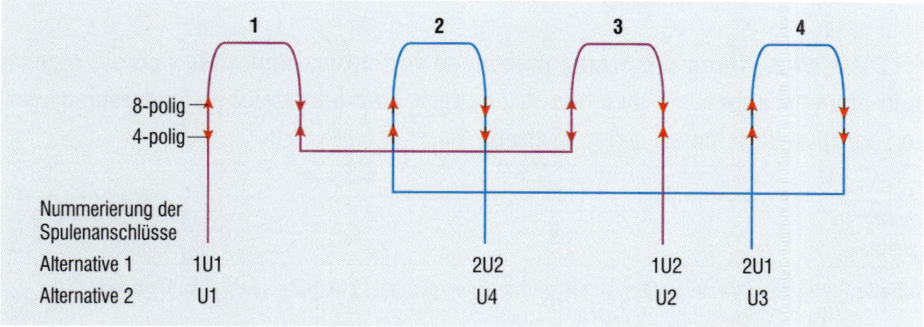

Bild 24: Zusammenschaltung der 1. und 3. Spule und 2. und 4. Spule zu Spulengruppen. Durch sie Stromrichtungsänderung in der magentafarbenen Spulengruppe wird aus der 8-poligen eine 4-polige Wicklung

Nach diesen fundamentalen Betrachtungen müssen jetzt für das konkrete Beispiel die Lochzahl q und der Nutschritt y_Q berechnet werden. Die Lochzahl „*klein q*“ wird mit „*klein p*“ berechnet:

$$q = \frac{Q}{2p \cdot m}$$

$$q = \frac{30}{4 \cdot 3} = 2{,}5$$

Für q = ganzzahlig (Ganzlochwicklung) ist der Entwurf des Zahlenschemas gar kein Problem. Wird q bei der Berechnung eine gebrochene Zahl (Bruchlochwicklung) ist bei der (möglichst gleichmäßigen) Verteilung Fingerspitzengefühl gefragt. Das ist z. B. bei Nutzahlen von $Q = 27$ oder $Q = 30$ bei fast allen Drehzahlen der Fall.

Der Nutschritt y_Q hingegen wird mit „*groß Q*" berechnet:

$$Y_Q = \frac{Q}{2p}$$

$$Y_Q = \frac{30}{8} = 3{,}75$$

$$Y_{Q_{ges}} = 4 \text{ (1 in 5)}$$

Für den Entwurf kommt im nächsten Schritt das Zahlenschema zum Einsatz (**Tabelle 6**).

1. Strang	2	2	2	2
2. Strang	2	2	2	2
3. Strang	2	2	2	2

Tabelle 6: Für den ersten Entwurf mit $q = 2$ benötigt man 24 Nuten, d.h., es stehen noch zwei Nuten pro Strang zur Verfügung.

Diese zwei Nuten pro Strang müssen so verteilt werden, dass sich die ergebenen Spulengruppen mit gleichen Windungszahlen und gleichen Widerstandswerten ggf. parallelschalten lassen (**Tabelle 7**).

1. Strang	2	2	3	3
2. Strang	3	3	2	2
3. Strang	2	2	3	3

Tabelle 7: Hier sind die Teilspulen so am Umfang verteilt, dass alle Nuten belegt sind und eine Parallelschaltung möglich ist.

Bild 25 zeigt die Umsetzung des Zahlenschemas in das Nutenbild, die Lage und den Wickelschritt der einzelnen Teilspulen sowie deren Zusammenschaltung. Die erste Spulengruppe, bestehend aus der Reihenschaltung der 1. und 3. Spule lässt sich ohne Probleme mit der zweiten Spulengruppe, bestehend aus der Reihenschaltung der 4. und 2. Spule parallelschalten.

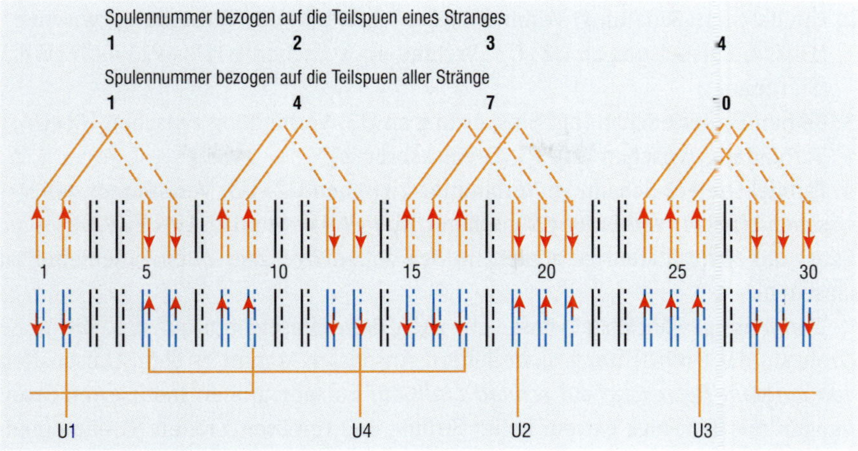

Bild 25: 1. Strang der 8/4-poligen Drehstromwicklung

So lassen sich Reihen-Stern-, Parallel-Stern-, Reihen-Dreieck- oder Parallel-Dreieck-Schaltungen realisieren. Steht auf dem Leistungsschild das Schaltsymbol (⅄ oder △) *einfach*, werden die Spulen eines Stranges für diese Drehzahl in Reihe geschaltet und die 3 Stränge anschließend in der Form, die das Symbol beschreibt. Steht auf dem Leistungsschild hingegen das Schaltsymbol (⅄⅄ oder △△) für eine der beiden Drehzahlen *doppelt*, werden die Spulen eines Stranges für diese Drehzahl dann parallelgeschaltet.

Um im Bild 24 die 8-polige Wicklung – langsame Drehzahl (rote Stromzeiger mit 8 Stromrichtungsänderungen) – zu realisieren, gibt es folgende Möglichkeiten:

1. Reihen-Stern-Schaltung: Einspeisung an U1, Verbindung zwischen U2+U3, Verbindung zwischen U4+V4+W4 (Sternpunkt)
2. Parallel-Stern-Schaltung: Verbindung zwischen U1+U3, Verbindung zwischen U2+U4, Einspeisung an U1+U3, Verbindung zwischen U2U4+V2V4+W2W4 (Sternpunkt), Bild 21
3. Reihen-Dreieck-Schaltung: Einspeisung an U1, Verbindung zwischen U2+U3, Verbindung zwischen U4+V1 (Dreiecksbrücke), Bild 20
4. Parallel-Dreieck-Schaltung: Verbindung zwischen U1+U3, Verbindung zwischen U2+U4, Verbindung zwischen U1U3+W2W4 und U2U4+V1V3

Für die hohe Drehzahl (blaue Stromzeiger mit 4 Stromrichtungsänderungen) gibt es ebenfalls 4 Variationen:

1. Reihen-Stern-Schaltung: z. B. Einspeisung an U3, Verbindung zwischen U4+U2, Verbindung zwischen U1+V1+W1 (Sternpunkt)

2. Parallel-Stern-Schaltung: Verbindung zwischen U2+U3, Verbindung zwischen U1+U4, Einspeisung an U2+U3, Verbindung zwischen U1U4+V1V4+W1W4 (Sternpunkt)
3. Reihen-Dreieck-Schaltung: Einspeisung an U3, Verbindung zwischen U2+U4, Verbindung zwischen U1+V3 (Dreiecksbrücke)
4. Parallel-Dreieck-Schaltung: Verbindung zwischen U2+U3, Verbindung zwischen U1+U4, Verbindung zwischen U2U3+W1W4 und U1U4+V2V3

Es ist unbedingt darauf zu achten, in der hohen Drehzahl zwei Außenleiter zu tauschen.

Damit ist gewährleistet, dass sich nach dem Umschalten auf z. B. die hohe Drehzahl die Drehrichtung *nicht* ändert. Ansonsten kommt es beim Umschalten von *langsam Rechtslauf* auf *schnell Linkslauf* zu sehr großen induzierten Spannungen mit der Folge extrem hoher Ströme und ruinösen Kräften (Drehmomenten) auf mechanische Übertragungsglieder wie z. B. Wellen und Kupplungen.

Im Folgenden sind vier Beispiele für Dahlanderwicklungen dargestellt (**Bilder 26** bis **29**). Übersichtshalber ist jeweils nur ein Strang mit den notwendigen Verbindungen gezeichnet. Die Nuten für die beiden anderen Stränge sind farblich markiert (siehe auch Zahlenschema). Diese Spulen für diese Stränge haben, je nachdem ob es sich um 2-, 3- oder 4-fach Spulen handelt, immer dasselbe Spulenmaß (Spulenweite und Nutschritt) wie die Spulen des dargestellten Stranges.

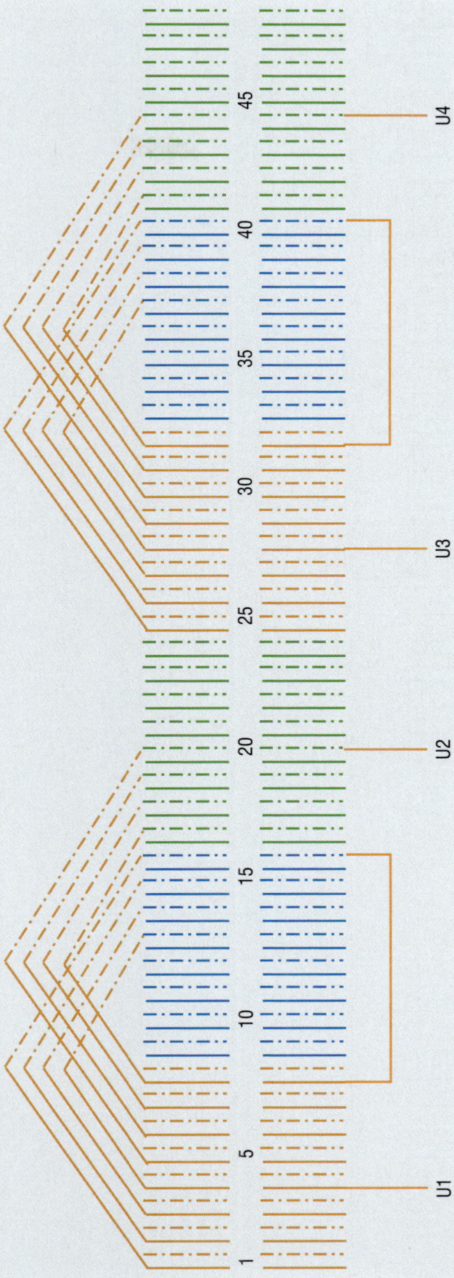

$Q = 48$
$2p = 4/2$
$m = 3$
$s = 2$
$q = 8$
$y_Q = 12$ (1:13)

1. Strang	4 + 4	4 + 4	4 + 4	4 + 4	
2. Strang		4 + 4	4 + 4	4 + 4	4 + 4
3. Strang		4 + 4	4 + 4	4 + 4	4 + 4

Bild 26: Dahlanderwicklung (1. Strang, 4/2-polig)

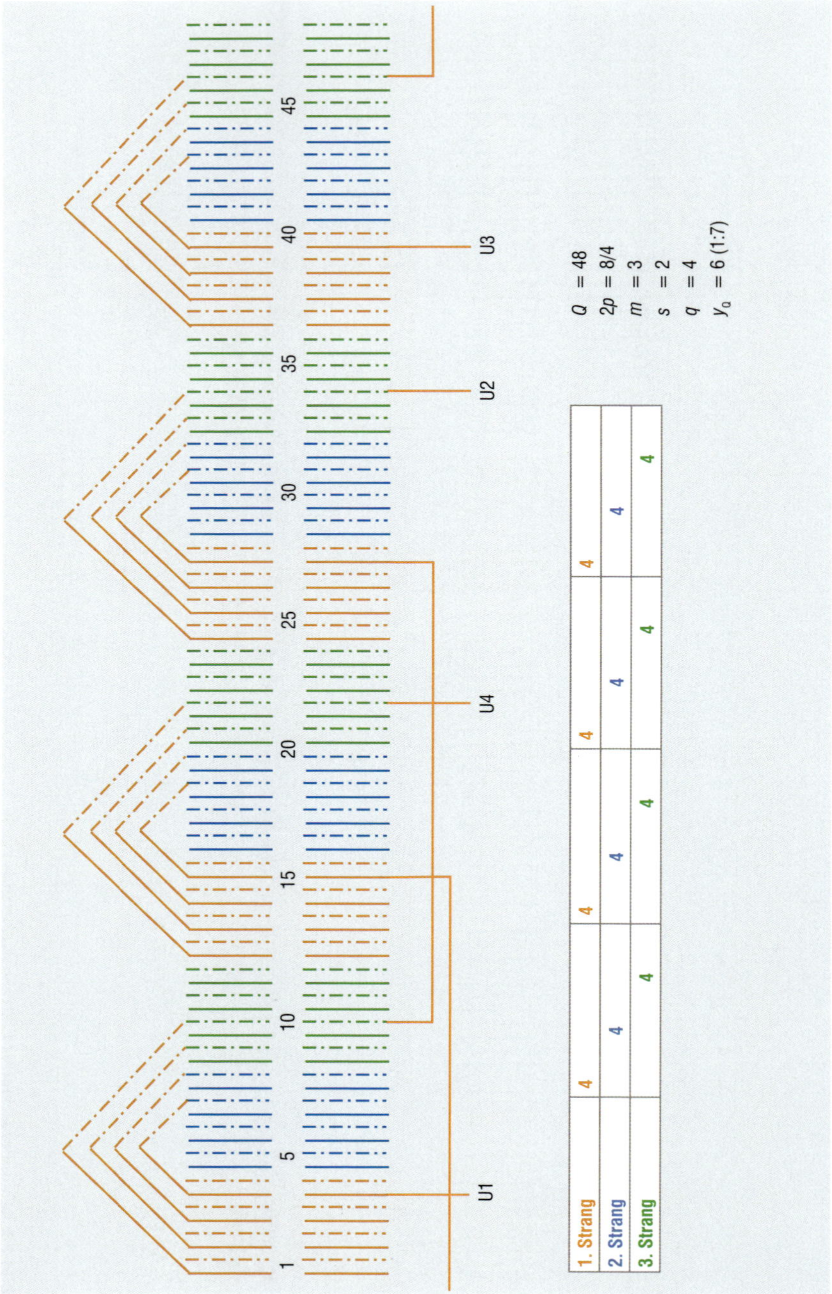

Bild 27: Dahlanderwicklung (1. Strang, 8/4-polig)

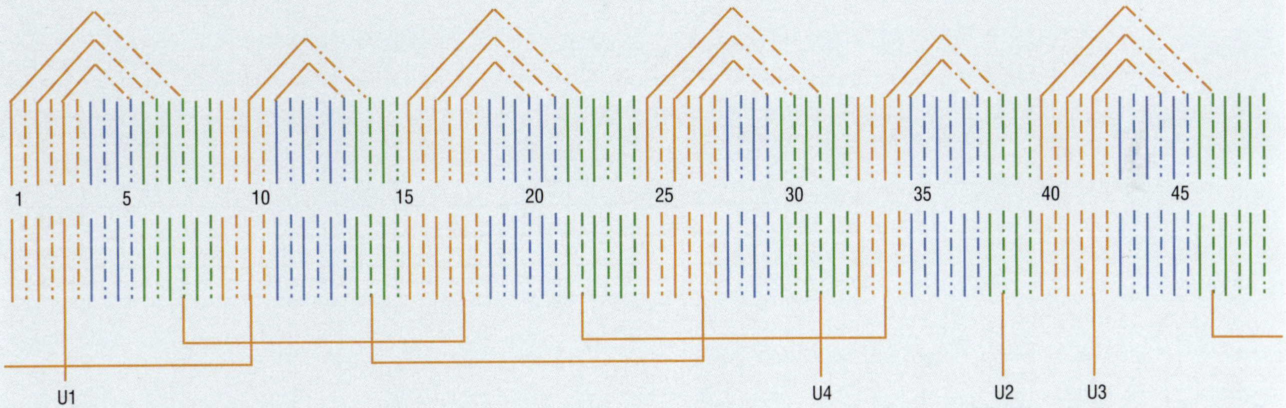

1. Strang	3	2	3	3	2	3
2. Strang	2	3	3	2	3	3
3. Strang	3	2	3	3	2	3

$Q = 48$
$2p = 12/6$
$m = 3$
$s = 2$
$q = 2\,2/3$
$y_Q = 4$ (1:5)

Bild 28: Dahlanderwicklung (1. Strang, 12/6-polig)

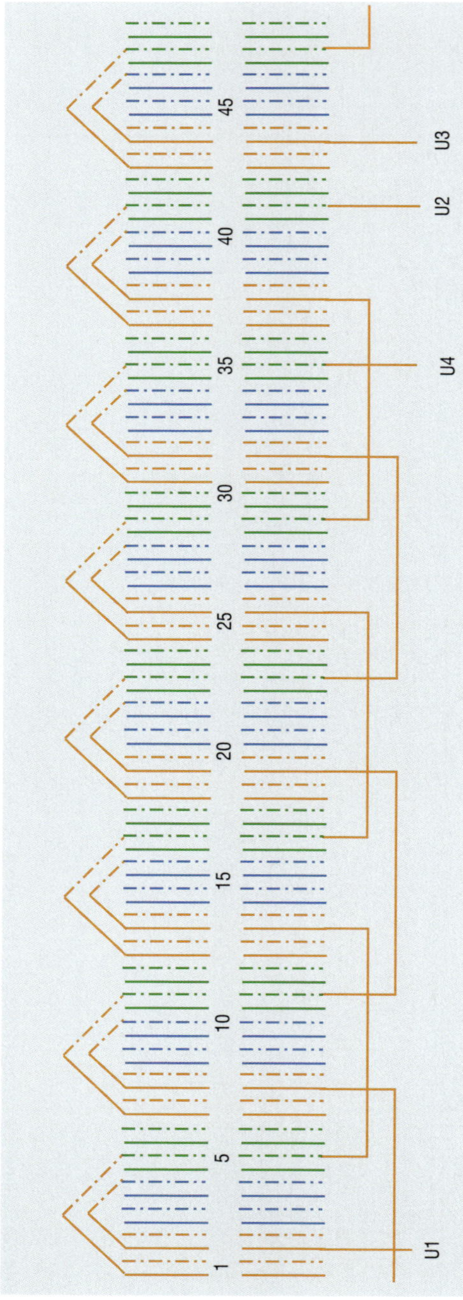

1. Strang	2	2	2	2	2	2	2	2
2. Strang	2	2	2	2	2	2	2	2
3. Strang	2	2	2	2	2	2	2	2

$Q = 48$
$2p = 16/8$
$m = 3$
$s = 2$
$q = 2$
$y_Q = 3$ (1:4)

Bild 29: Dahlanderwicklung (1. Strang, 16/8-polig)

Das Umschalten zwischen den beiden Drehzahlen erfolgt natürlich nicht über die Brücken auf dem Klemmbrett, sondern über Schützschaltungen. Die **Bilder 30** und **31** zeigen eine Möglichkeit.

Funktionsweise:

Der Vorlauf lässt sich je nach der gewünschten Geschwindigkeit durch Betätigen der Taster I oder II einleiten. Dabei schaltet Taster I den Vorschub über Q17 ein. Q17 hält sich über seine Schließerkontakte 13-14.

Muss oder soll der Vorschub im Eilgang erfolgen, ist das (Doppel-)Sternschütz Q23 durch Taster II zu erregen, das über seinen Schließer Q23_13-14 das not-

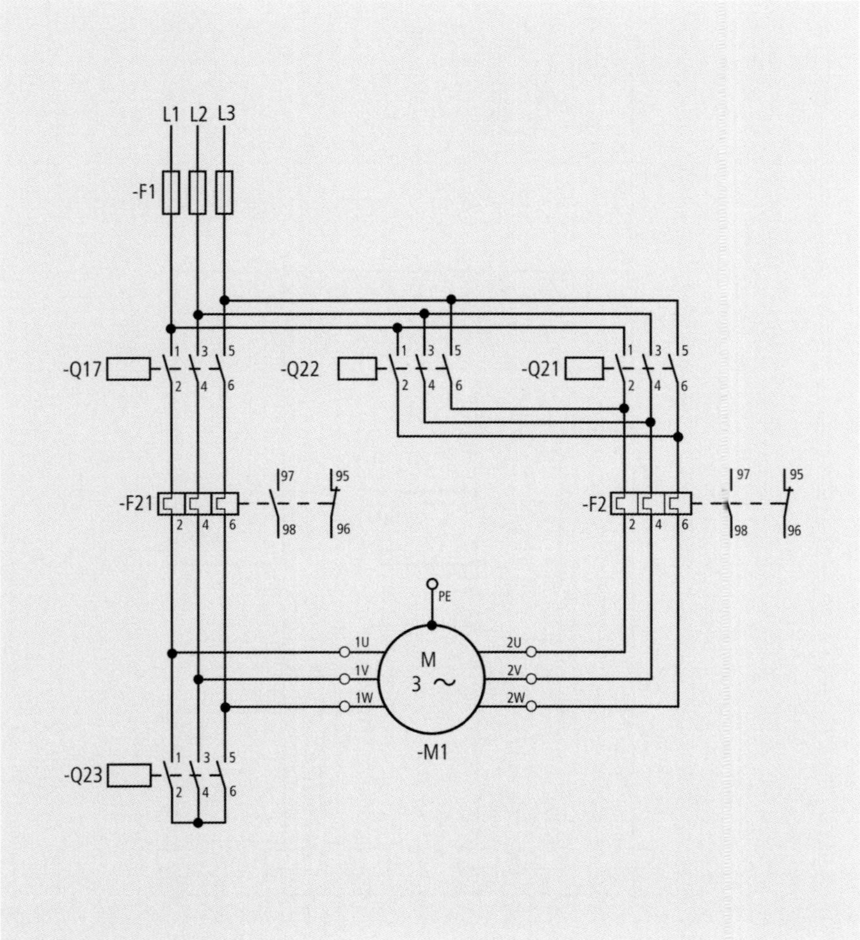

Bild 30: Stromlaufplan für △/YY

wendige Schütz Q21 einschaltet. Die Selbsthaltung beider Schütze erfolgt über Q21_13-14. Ein direktes Umschalten von Vorschub „Normal“ auf „Eilgang“ ist während des Vorlaufs möglich. Der Rücklauf erfolgt immer im Eilgang und lässt sich durch Taster III einschalten. Das Hilfsschütz K1 zieht an und versorgt über K1_14-13 das Sternschütz Q23 mit Spannung. Das Eilgangschütz Q22 wird über die Schließer K1_43-44 und Q23_44-43 an Spannung gelegt. Die Selbsthaltung erfolgt jetzt über die Kontakte Q22_14-13. Der Rücklauf kann nur über den Taster 0 gestoppt werden. Eine direkte Umsteuerung auf Vorschub ist in diesem Schaltungsbeispiel nicht möglich.

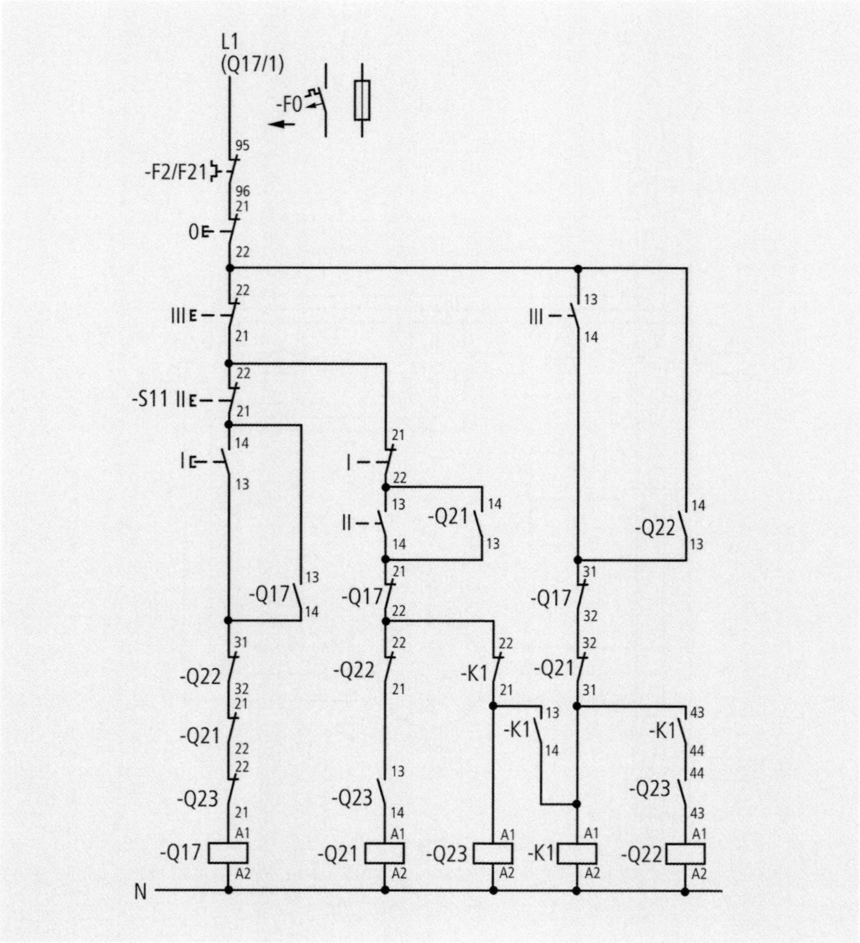

Bild 31: Steuerstromkreis für △/YY

PAM-Wicklungen

Eine weitere Möglichkeit mit nur einer Wicklung unterschiedliche Drehzahlen zu generieren, sind die sogenannten PAM-Wicklungen von Gordon Hindle Rawcliffe. Sie ermöglichen im Unterschied zur Dahlanderwicklung auch Drehzahlverhältnisse, z. B. 6/4-polig, 8/2-polig, 8/6-polig, 12/8-polig usw. PAM steht für Pol-Amplituden-Modulation und meint die passende Überlagerung der Teilmagnetfelder der einzelnen Stränge (U, V, W).

Die Modulation der ursprünglichen Feldverteilung wird durch die Stromumkehr in einigen Teilspulen erreicht (**Bilder 32** bis **38**).

Frequenzumrichter

Alternativen zu Dahlander oder Rawcliffe sind Motoren mit getrennten Wicklungen, wodurch man nicht auf ein festes Verhältnis begrenzt ist, sondern theoretisch jedes Verhältnis zwischen der schnellen und langsamen Drehzahl produzieren kann. Es ist unbedingt darauf zu achten, dass die beiden Wicklungen nicht fest in Dreieck geschaltet sein dürfen.

In modernen Anlagen lassen sich heutzutage mit – an Frequenzumrichtern betriebenen – Standardasynchronmotoren die Drehzahlen stufenlos in weiten Bereichen an die jeweilige Lastanforderung anpassen. Da die Spannungen jetzt aber nicht mehr sinusförmig sind, kommt es u. U. zu EMV-Problemen, die mit geeigneten Schutzmaßnahmen beherrscht werden müssen.

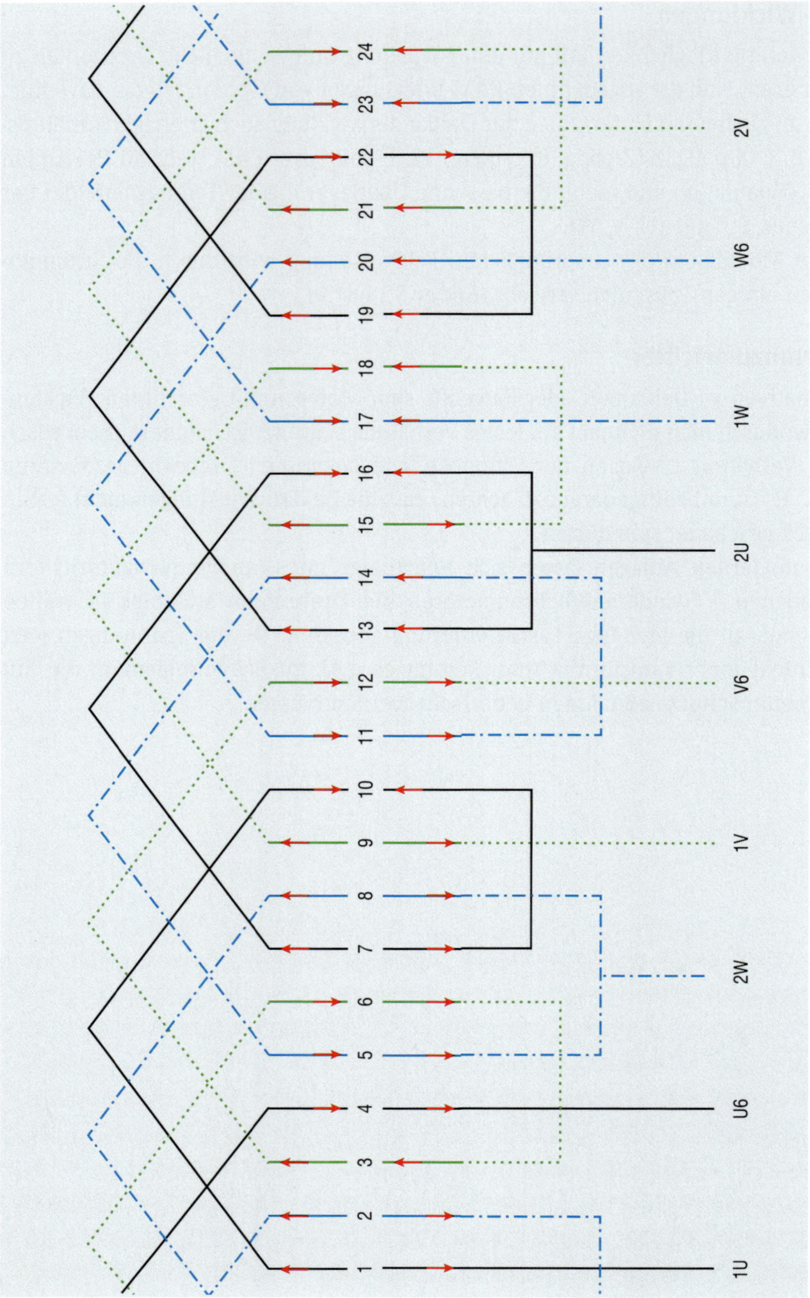

Bild 32: Drehstrom-Ständerwicklung PAM - Wicklung, 8/2-polig

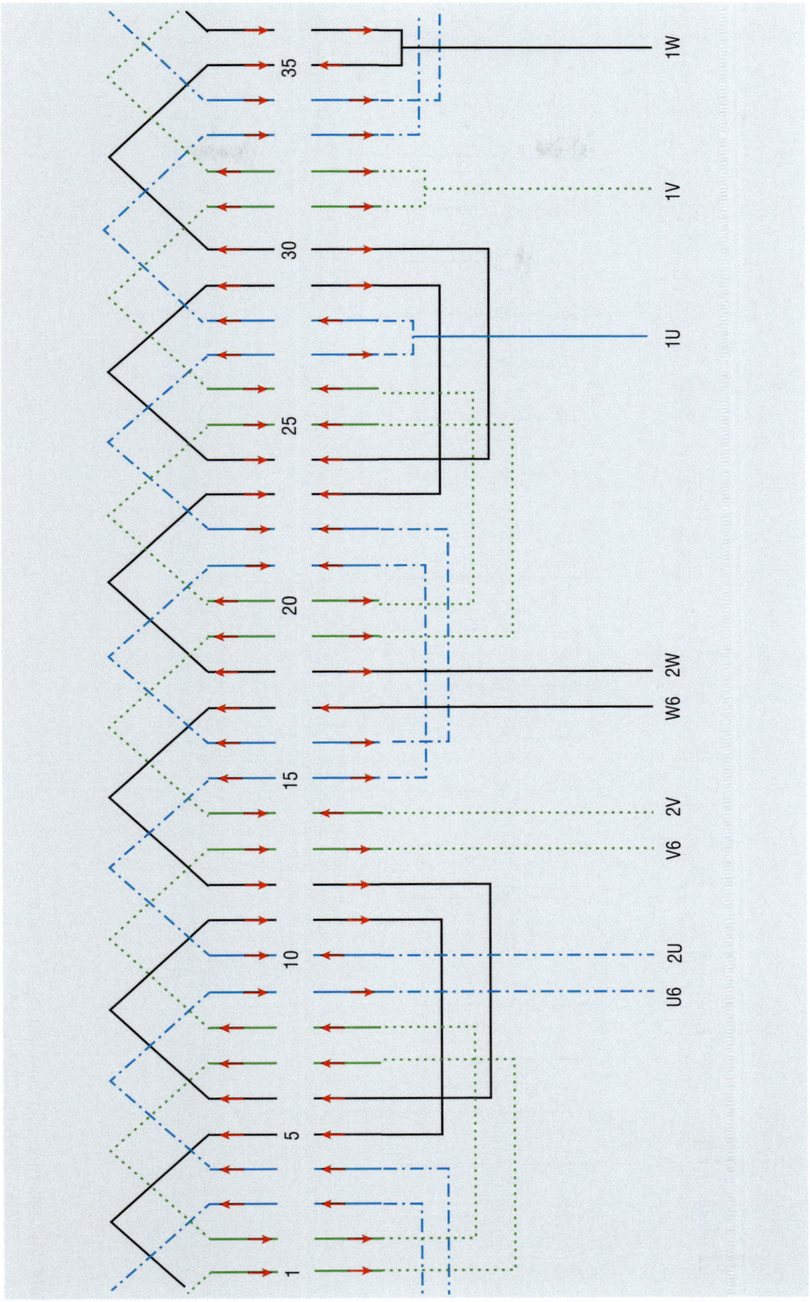

Bild 33: Drehstrom-Ständerwicklung PAM - Wicklung, 6/4-polig

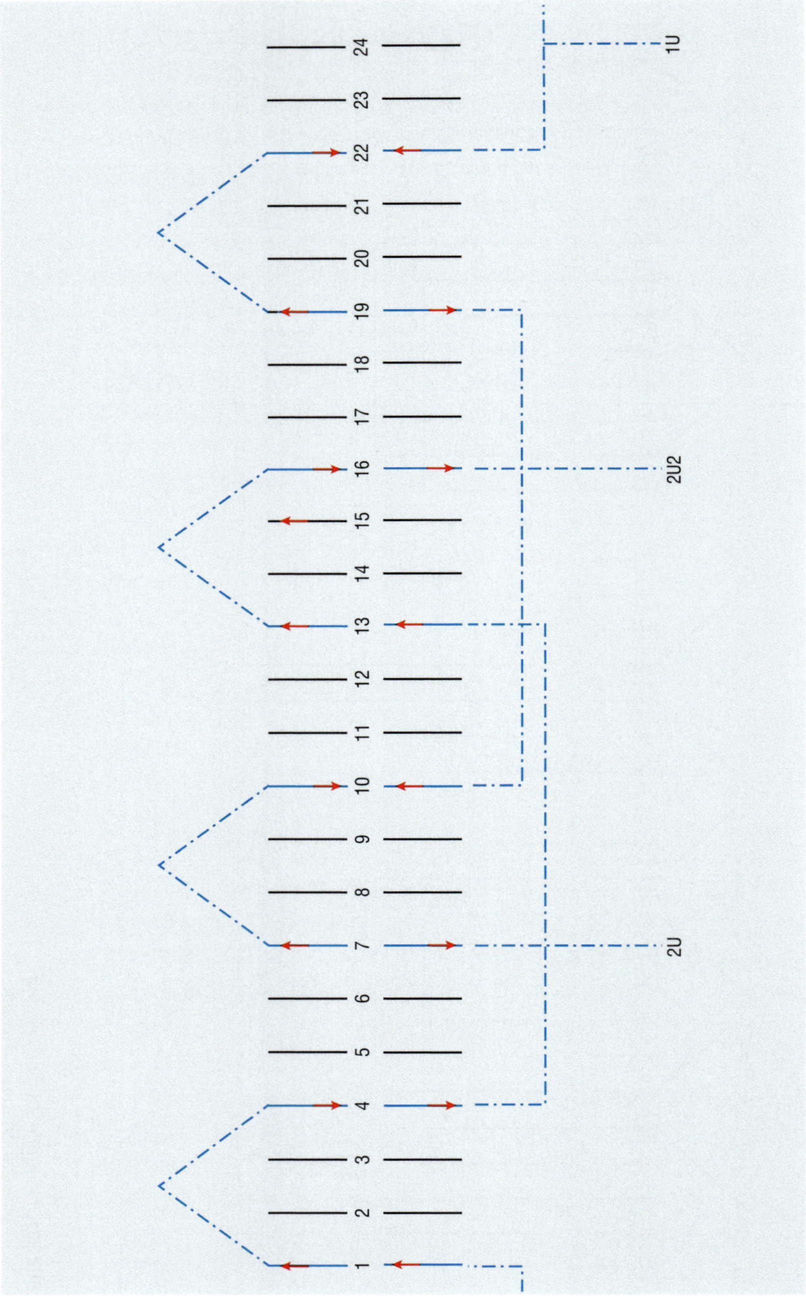

Bild 34: Drehstrom-Ständerwicklung, 1. Strang
PAM - Wicklung, 12/8-polig

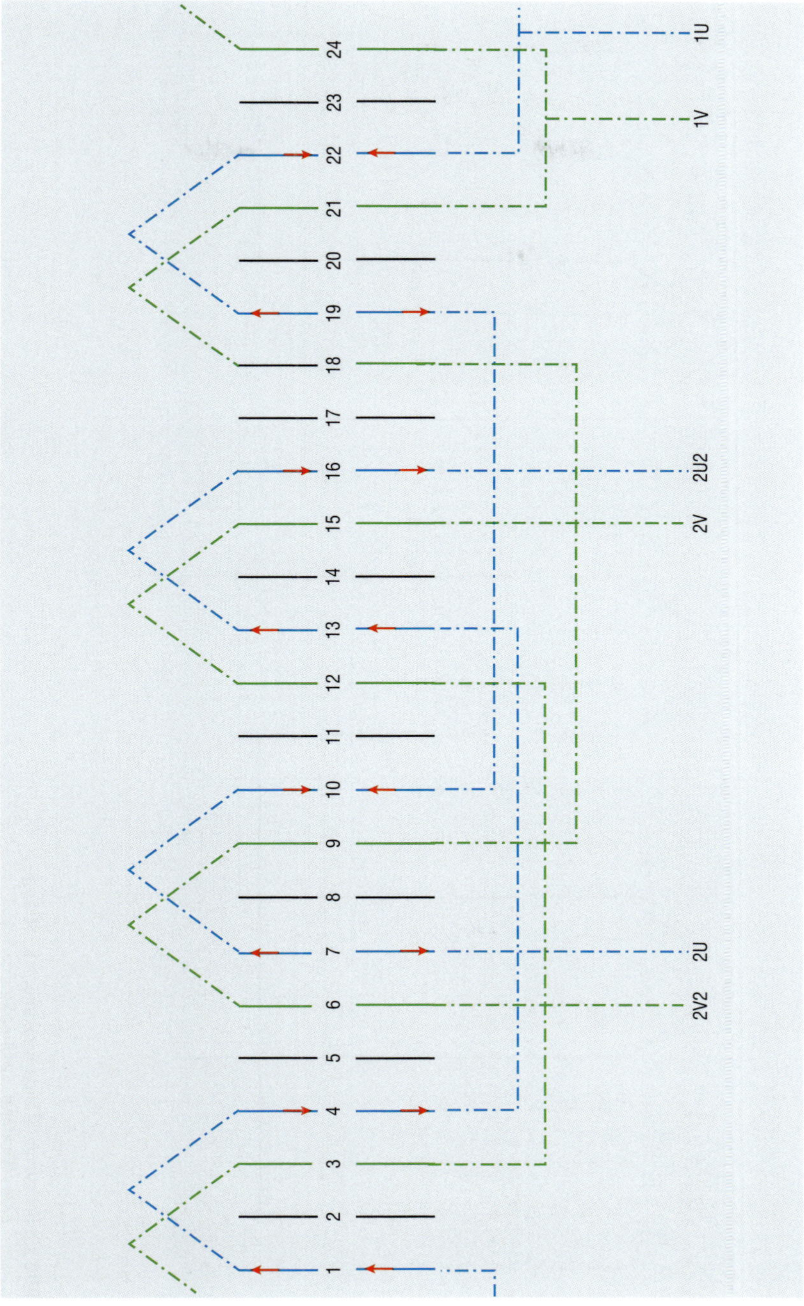

Bild 35: Drehstrom-Ständerwicklung, 1. und 2. Strang PAM - Wicklung, 12/8-polig

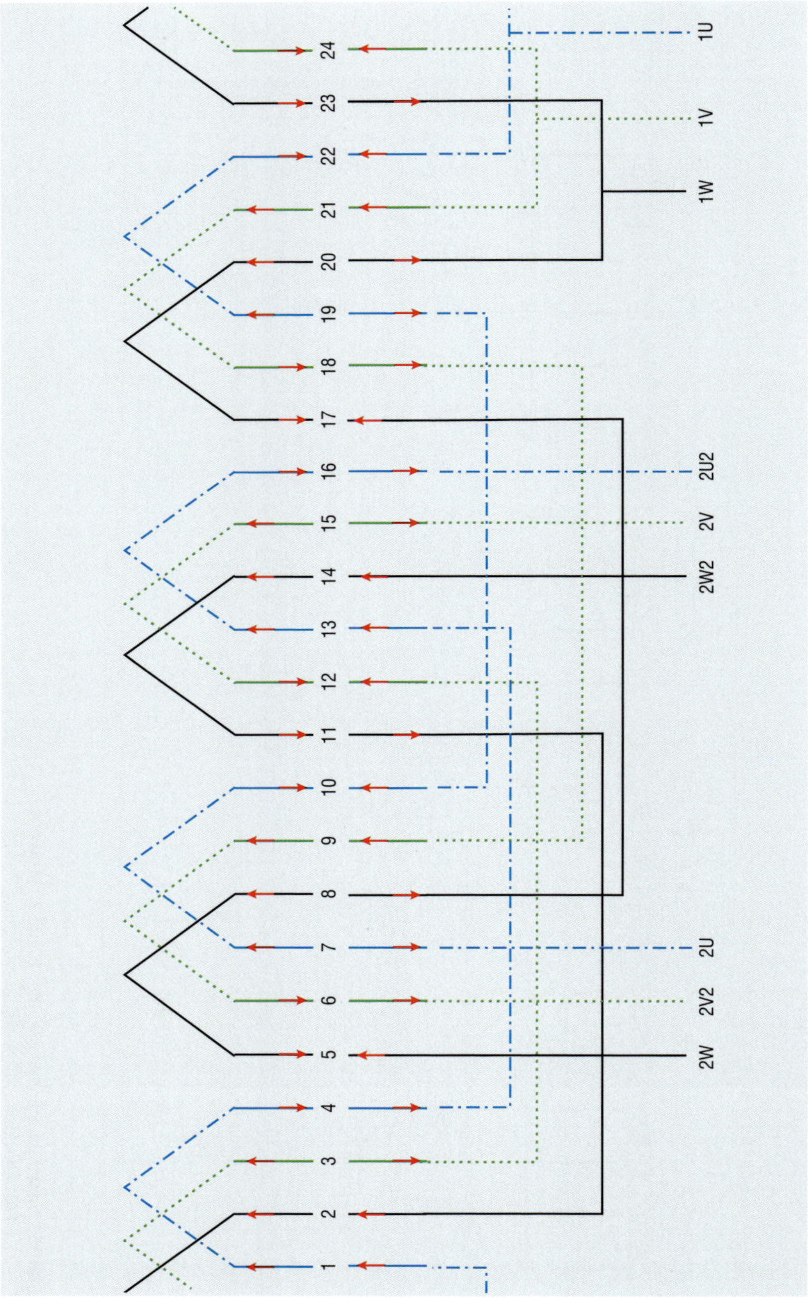

Bild 36: Drehstrom-Ständerwicklung, alle Stränge PAM - Wicklung, 12/8-polig

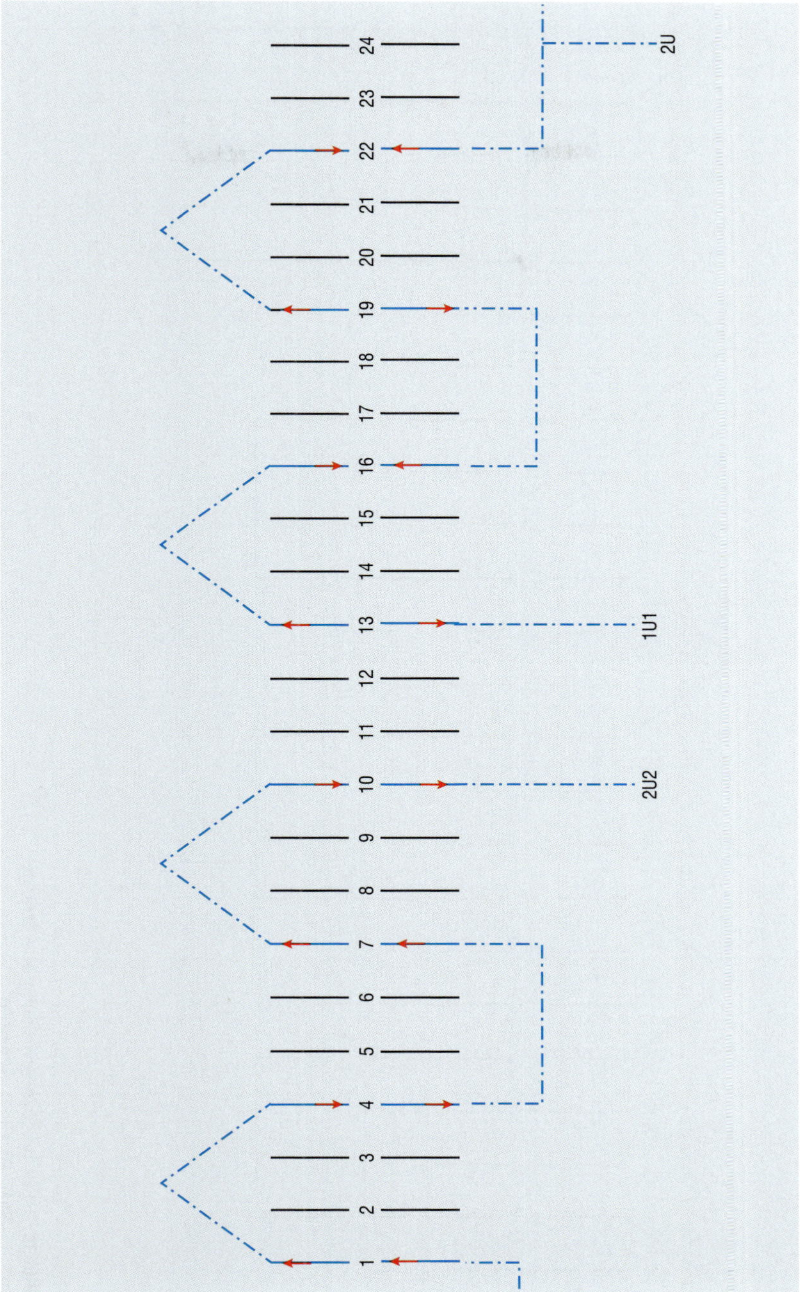

Bild 37: Drehstrom-Ständerwicklung, 1. Strang
PAM - Wicklung, 8/6-polig

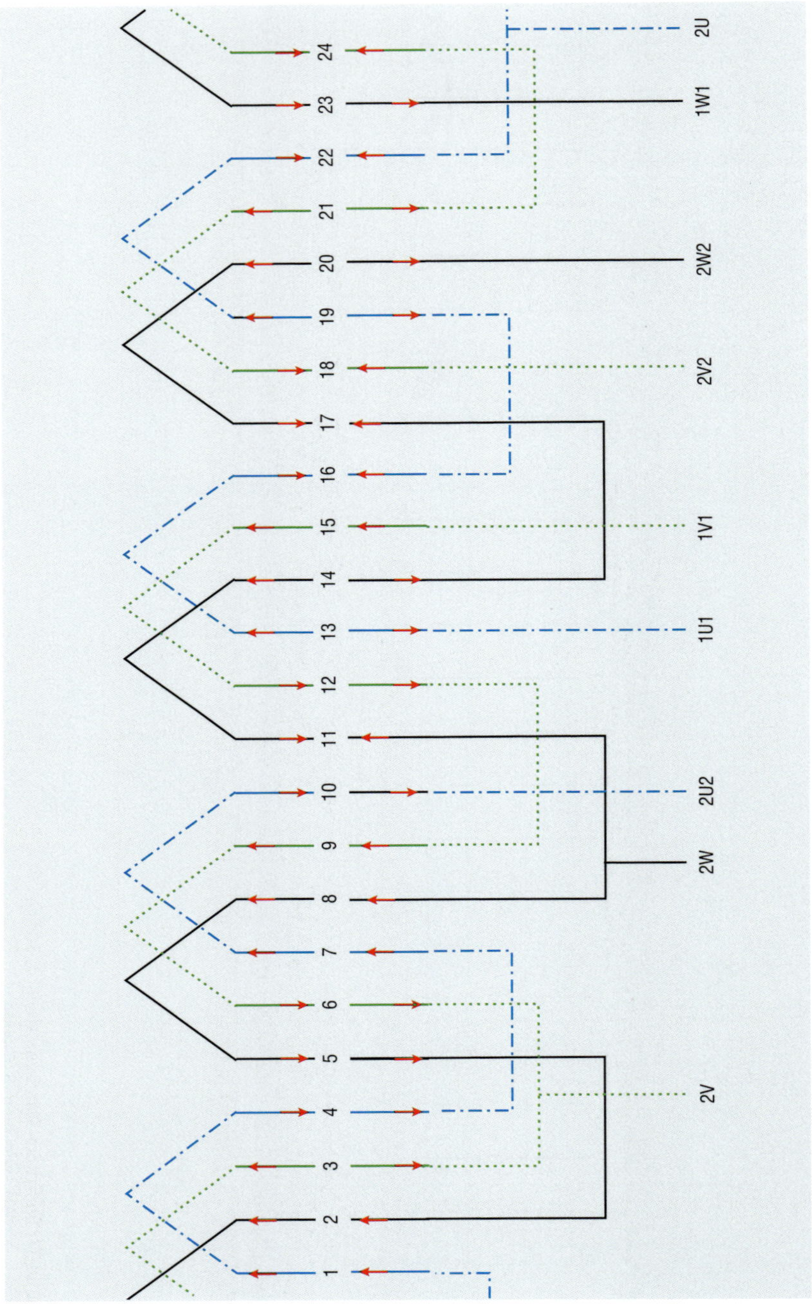

Bild 38: Drehstrom-Ständerwicklung, alle Stränge PAM - Wicklung, 8/6-polig

Anwendungsbeispiele verschiedener Feldbustechnologien wie AS-Interface, Profinet und I/O-Link **88**

SPS-Aufgabe: Bohranlage **94**

Anwendungsbeispiele verschiedener Feldbustechnologien wie AS-Interface, Profinet und I/O-Link

Arne Fanter

Um Prozesse effizienter, sicherer und zuverlässiger zu gestalten, spielt die Automatisierungstechnik eine zentrale Rolle in mittlerweile allen Industrien. Selbst für Kleinstunternehmen führt an der Automatisierungstechnik kein Weg mehr vorbei. Unter der Automatisierungstechnik ist die Steuerung, Überwachung und Optimierung von Maschinen und Anlagen durch den Einsatz von Sensoren, Aktoren und Steuerungssystemen zu verstehen.

Ein wichtiger Bestandteil dieser Technik sind die Feldbustechnologien. Diese ermöglichen die Kommunikation zwischen den verschiedenen Komponenten eines Automatisierungssystems, wie Sensoren, Aktoren und Steuerungen. Durch den Einsatz von Feldbussen können Daten schnell und zuverlässig übertragen werden, was die Steuerung vereinfacht und die Wartung erleichtert.

Insgesamt tragen Feldbustechnologien dazu bei, Produktionsprozesse flexibler und effizienter zu gestalten, was in der heutigen Industrie von großer Bedeutung ist.

In diesem Artikel geht es um die Gegenüberstellung folgender Technologien: AS-Interfacebus, Profinet und I/O-Link. Diese drei Feldbusarten werden anhand ihrer Eigenschaften, Anwendungsbeispiele und Einsatzgebiete verglichen. Dies soll zur Findung der richtigen Technologie dienen.

Grundlagen der Technologien

Feldbusse sind spezielle Kommunikationssysteme, die in der Automatisierungstechnik verwendet werden, um Daten zwischen verschiedenen Geräten wie Sensoren, Aktoren und Steuerungen auszutauschen. Sie ermöglichen eine effiziente, zuverlässige und oft auch zeitkritische Kommunikation in industriellen Anlagen.

Die wichtigsten Grundlagen sind:

Kommunikationsprotokolle: Feldbusse verwenden standardisierte Protokolle, um Daten zu übertragen. Diese Protokolle regeln, wie Informationen formatiert, gesendet und empfangen werden. Beispiele sind Profinet, AS-Interface und I/O-Link.

Verbindungstypen: Es gibt unterschiedliche Arten von Feldbussen, z.B. Linienbusse, die alle Geräte in einer Linie verbinden, oder Sternbusse, bei denen Geräte zentral verbunden sind.

Echtzeitfähigkeit: Viele Feldbustechnologien sind für die Echtzeitkommunikation ausgelegt, was bedeutet, dass sie Daten innerhalb sehr kurzer Zeit übertragen, um eine präzise Steuerung zu gewährleisten.

Topologie: Die Anordnung der Geräte im Netzwerk (z.B. Linie, Baum, Ring) beeinflusst die Zuverlässigkeit und Wartbarkeit des Systems.

Vorteile: Feldbusse ermöglichen eine zentrale Steuerung, vereinfachen die Verkabelung, reduzieren den Wartungsaufwand und verbessern die Datenübertragungssicherheit.

AS-Interface (AS-I) Bus

Beschreibung: Ein einfacher, kostengünstiger Feldbus für die Sensor- und Aktor-Anbindung in der Automation

Eigenschaften: Einfache Topologie, geringe Kosten, schnelle Installation, 2-Draht-Technologie, bis zu 62 Teilnehmer pro Segment

Einsatzgebiet: Kleine bis mittlere Anlagen, Maschinensteuerung, Fabrikautomation (Prozessautomation/Batchautomation)

Profinet

Beschreibung: Ein Ethernet-basierter Echtzeit-Feldbus für die industrielle Kommunikation

Eigenschaften: Hochgeschwindigkeitsdatenübertragung, flexible Topologien, Integration in IT-Netzwerke, unterstützt verschiedene Echtzeitklassen (IRT, RT, TCP/IP)

Einsatzgebiet: Komplexe Automatisierungsprozesse, Anlagen mit hohen Datenmengen, vernetzte Produktionslinien

I/O-Link

Beschreibung: Ein offener Standard für die Punkt-zu-Punkt-Kommunikation zwischen Sensoren/Aktoren und Steuerungen

Eigenschaften: Einfache Konfiguration, bidirektionale Kommunikation, universell einsetzbar, unterstützt bis zu 48 Geräte pro Master

Einsatzgebiet: Sensorik, einfache bis mittlere Automatisierungsaufgaben, Erweiterung bestehender Anlagen

Tabelle 1 zeigt einen Vergleich der Feldbus-Technologien.

Kriterium	AS-I	Profinet	I/O-Link
Übertragungstechnologie	2-Draht, digital	Ethernet	Punkt-zu-Punkt, digital/analog
Datenrate	bis zu 167 kbit/s	bis zu 100 Mbit/s	bis zu 2 Mbit/s
Topologie	Linien, Stern	Stern, Linie, Baum	Punkt-zu-Punkt
Installationsaufwand	gering	hoch (Netzwerkplanung)	gering
Kosten	günstig	teuer	günstig
Echtzeitfähigkeit	ja (deterministisch)	ja (je nach Klasse)	eingeschränkt (nicht für Echtzeitsteuerung)

Tabelle 1: Technische Vergleichskriterien

Anwendungsbeispiele

Um einen kleinen Einblick in die drei ausgewählten Technologien zu geben, sind nachfolgend einige Praxisbeispiele gegeben.

AS-I in der Praxis

Automatisierung einer Montagelinie in der Automobilindustrie, wo Sensoren und Aktoren schnell und kostengünstig verbunden werden sollen.

Beispiel: Anbindung von Sicherheits- und Positionssensoren in einer Fertigungszelle

Profinet in der Praxis

Steuerung einer komplexen Verpackungsanlage mit mehreren Robotern und Förderbändern, die hohe Datenmengen und schnelle Reaktionszeiten erfordert.

Beispiel: Vernetzte Steuerungssysteme in einer Lebensmittelverarbeitungsanlage

I/O-Link in der Praxis

Erweiterung eines bestehenden Steuerungssystems um zusätzliche Sensoren, z.B. Temperatur- oder Drucksensoren in einer Prozessanlage.

Beispiel: Einfache Integration von Sensoren in eine bestehende Anlage ohne aufwändige Netzwerkplanung

Topologie bei AS-Interface, Profinet und I/O-Link

Diese drei Technologien verwenden unterschiedliche Topologien, die auf ihre jeweiligen Anwendungsbereiche und Eigenschaften abgestimmt sind. Hier eine Übersicht:

AS-Interface (AS-i)

Bei AS-Interface werden die Geräte meist in einer Linie (Linien-Topologie) verbunden. Es ist auch möglich, eine Baumstruktur zu verwenden, um größere Anlagen zu realisieren. Das System ist einfach aufgebaut: Ein Master verbindet mehrere Slaves, die an einem gemeinsamen Kabel hängen.

Vorteil: Einfaches Verkabeln, schnelle Installation, gut geeignet für Sensoren und Aktoren in der Fabrikautomatisierung.

Profinet

Profinet ist sehr flexibel und unterstützt verschiedene Topologien. In der Praxis ist die Stern-Topologie am häufigsten, bei der alle Geräte direkt mit einem Switch verbunden sind. Es kann auch Ring- oder Baumstrukturen verwenden, um größere Anlagen zu vernetzen.

Vorteil: Hohe Flexibilität, skalierbar, geeignet für komplexe und große Automatisierungsnetzwerke.

I/O-Link

I/O-Link ist eine serielle Punkt-zu-Punkt-Verbindung zwischen einem Sensor oder Aktor und einer Steuerung. Mehrere Geräte können in einer Linie verbunden werden, wobei jedes Gerät individuell angesprochen wird. Es ist kein komplexes Busnetz notwendig.

Vorteil: Einfache Verkabelung, direkte Kommunikation, gut für einzelne Sensoren und Aktoren.

Zusammenfassung und Gegenüberstellung der Feldbustechnologien: AS-Interface, Profinet und I/O-Link

Zusammenfassend sollen alle Bustechnologien gegenüber gestellt werden, um ihre Vor- und Nachteile aufzuzeigen. Dies bietet eine zügige Übersicht, welche Bustechnologie sich für welche Anwendung eignen würde.

AS-Interface (AS-I)

Vorteile:

- kostengünstig in Anschaffung und Installation
- einfaches und schnelles Verkabeln, ideal für kleine bis mittlere Anlagen
- geringer Wartungsaufwand
- besonders geeignet für die Anbindung von Sensoren und Aktoren in der Fertigung

Nachteile:
- begrenzte Datenübertragungsrate (bis zu 167 kbit/s)
- eingeschränkte Topologie, hauptsächlich Linien- oder Sternstrukturen
- nicht ideal für hochkomplexe oder datenintensive Anwendungen
- begrenzte Flexibilität bei Netzwerkänderungen

Profinet

Vorteile:
- sehr hohe Datenübertragungsrate (bis zu 100 Mbit/s)
- flexible Topologien (Stern, Linie, Baum) möglich
- unterstützt Echtzeitkommunikation, perfekt für komplexe Automatisierungsprozesse
- Integration in bestehende IT-Netzwerke ist möglich

Nachteile:
- höhere Investitionskosten
- komplexere Planung und Konfiguration
- erfordert mehr Fachwissen bei Installation und Wartung
- Netzwerkmanagement kann aufwändiger sein

I/O-Link

Vorteile:
- einfache und schnelle Integration zusätzlicher Sensoren und Aktoren
- kostengünstig und flexibel
- Punkt-zu-Punkt-Kommunikation, keine komplexe Netzwerkplanung notwendig
- unterstützt bidirektionale Kommunikation, z.B. für Diagnose und Parametrierung

Nachteile:
- nicht für hochkomplexe Steuerungsaufgaben geeignet
- begrenzte Datenrate (bis zu 2 Mbit/s)
- eher für die Erweiterung bestehender Systeme geeignet, weniger für zentrale Steuerung
- nicht für Echtzeitsteuerung in großen Netzwerken ausgelegt

Literaturverzeichnis

[1] VDI/VDE-Gesellschaft Mess- und Automatisierungstechnik: Automatisierungstechnik: Grundlagen und Anwendungen. VDI Verlag (2016).

[2] Beckhoff Automation: Profinet: Grundlagen und Anwendungen. Beckhoff Verlag (2020).

[3] Siemens AG: Profinet-Technologie: Ein Leitfaden für die Praxis. Siemens Industry (2019).

[4] *Broy, M., Kopp, O.:* Industrial Communication Systems: AS-Interface, Profinet, I/O-Link. Wiley-VCH (2017).

[5] *Hartmann, M.:* Automatisierungstechnik: Feldbustechnologien im Vergleich. Springer Vieweg (2018).

[6] I/O-Link Community: I/O-Link: Technik, Anwendungen, Vorteile. Abgerufen von https://www.io-link.com (2021).

[7] Schneider Electric: Feldbustechnologien in der Automatisierung. Schneider Electric Publications (2019).

SPS-Aufgabe: Bohranlage

Peter Behrends

Aufbau der Anlage

In der in **Bild 1** gezeigten Anlage soll eine komplette Stator-Seite gebohrt und anschließend in die gebohrten Löcher ein Gewinde geschnitten werden. Die Maschine besteht aus folgenden Anlageteilen:

- Drehtisch zum Festspannen des Stators und Drehen um jeweils 90°.
- Pneumatik-Zylinder für folgende Funktionen:
  - MM1: Doppeltwirkender Pneumatikzylinder zum Festspannen des Stators
  - MM2: Doppelwirkender Pneumatikzylinder zum Drehen des Tisches über eine Zahnstange und einen Zahnkranz mit Freilauflagerung
  - MM3: Einfachwirkender Pneumatikzylinder zur Arretierung des Drehtisches
- Werkzeugtisch mit folgenden Elementen:
  - Gleitlagertisch mit Zahnstange
  - M2: Getriebemotor mit Geber zum Verfahren des Gleitlagertisches, der Geber dient der Drehzahlregelung des Motors, um im Bohr- und Gewindeschneidbetrieb exakte Vorschubtempi einzuhalten
  - M1: Drehzahlgeregelter Bohr- und Gewindeschneidmotor montiert auf dem Gleitlagertisch
  - Werkzeugwechsel- und Getriebeeinheit zum Wechseln der Werkzeuge Bohrer bzw. Gewindeschneider

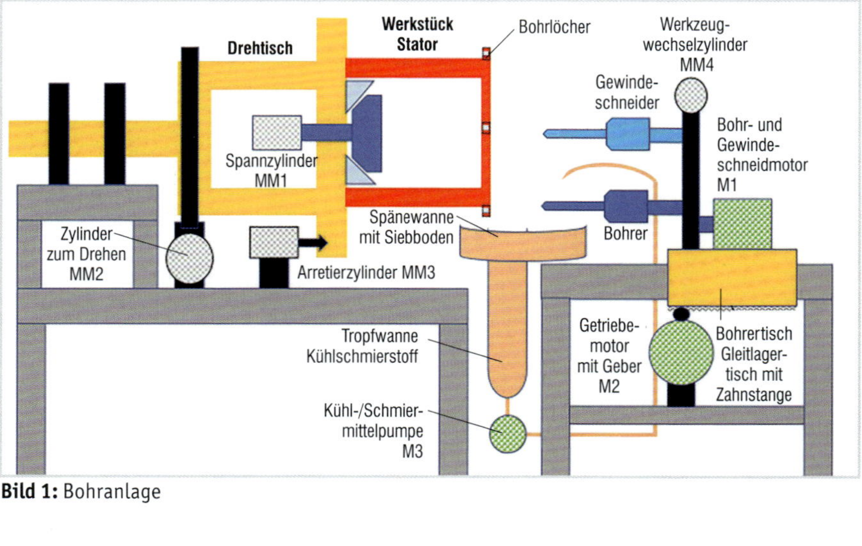

Bild 1: Bohranlage

- MM4: Doppelwirkender Pneumatikzylinder zum Werkzeugwechsel
- Kühl- und Schmiermittelanlage bestehend aus einer Schmiermittel-Leitung, einem Auffang- und Sammelbehälter-System und einer Kühl-/Schmiermittelpumpe
- M3: Motor Kühl-/Schmiermittelpumpe

– Controlpanel zum Bedienen der Anlage

Nach dem manuell auszuführenden Beschicken der Anlage mit dem zu bearbeitenden Stator wird auch das Festspannen manuell über das Bedienpanel durchgeführt.

Das Bohren der vier Löcher und anschließend das Schneiden der Gewinde erfolgt in einem automatischen Ablauf.

Bedienung der Anlage

Die Bedienung der Anlage erfolgt über ein Touch-Controlpanel. Im Folgenden sind drei Bedienseiten abgebildet: Startseite (**Bild 2**), Seite zum Bedienen der Anlage (**Bild 3**) und eine Seite, über die die Drehzahlen der drehzahlgeregelten Antriebe vorgegeben werden können (**Bild 4**).

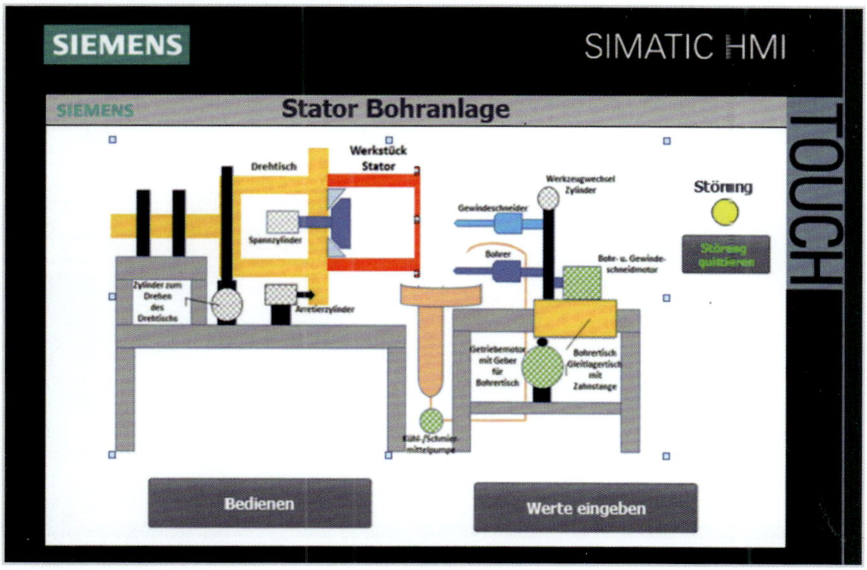

Bild 2: Startseite

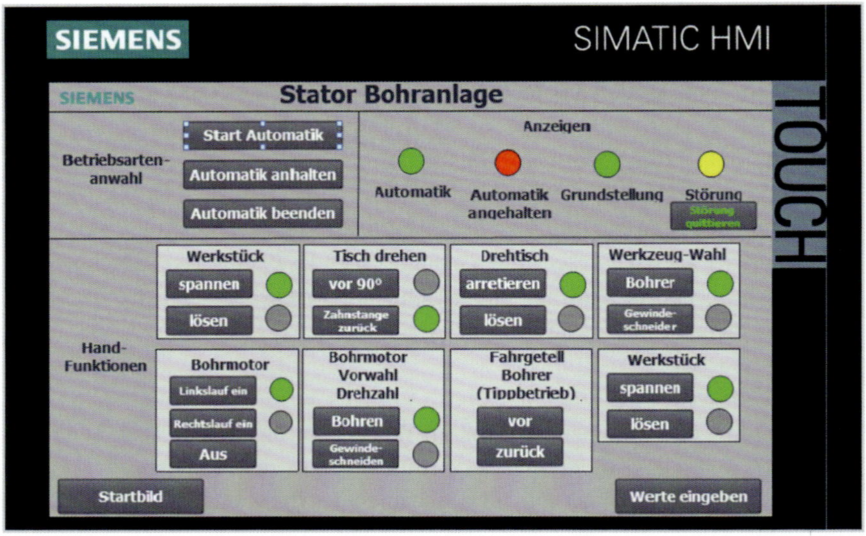

Bild 3: Bedienseite

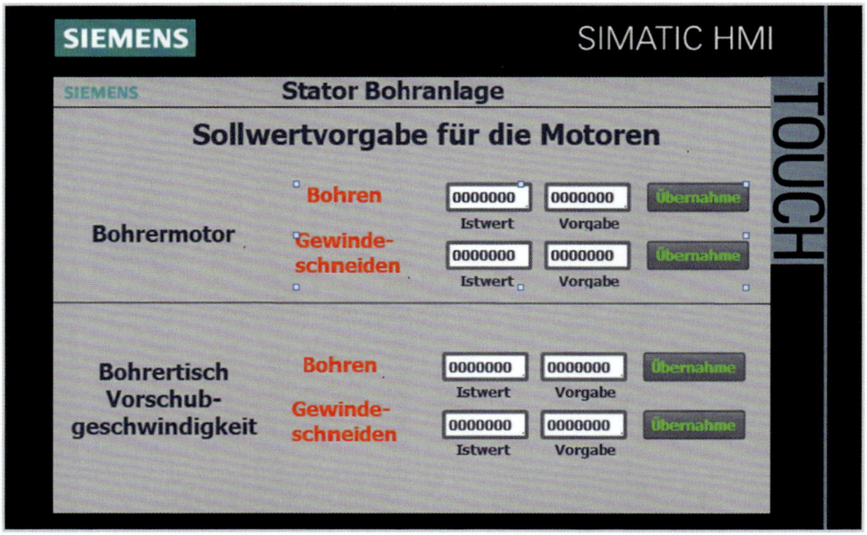

Bild 4: Werteeingabe

Betriebsarten

Sowohl Hand- wie auch Automatikbetrieb sind nur bei störungsfreier Maschine und nicht betätigtem NOT_AUS freigegeben.

Normalerweise befindet sich die Maschine im Handbetrieb. Im Handbetrieb sind die weiter unten beschriebenen Funktionen möglich. Wird, wenn sich die Maschine in Grundstellung befindet, die Schaltfläche „Automatik Start“ des Bedienpanels angesteuert, geht die Maschine in den Automatikbetrieb, und der Handbetrieb ist dann solange blockiert, bis der automatische Ablauf abgeschlossen ist.

Wird der automatische Ablauf durch eine Störung unterbrochen, befindet sich die Maschine in der Betriebsart „Automatik angehalten“. Ein Weiterlaufen der Automatikkette ist nach der Behebung der Störung durch neuerliches Betätigen der Schaltfläche „Start Automatik“ möglich, wenn in der Zwischenzeit keine Handfunktion der Maschine betätigt wurde. Gleiches gilt, wenn der Ablauf vom Bediener durch den Befehl „Automatik-anhalten“ gestoppt wird.

Um eine Handfunktion auszuführen, muss zunächst die Schaltfläche „Automatik beenden“ am Bedienpanel betätigt werden. Hiernach ist kein Weiterlaufen der Automatikkette mehr möglich. Die Maschine muss dann von Hand in Grundstellung gefahren werden, damit ein neuer Start der Ablaufkette möglich ist.

Handbetrieb

Im Handbetrieb können folgende Funktionen ausgeführt werden:
- Öffnen/Schließen der Spanneinrichtung,
- Drehen des Drehtisches um 90°,
- Vor-/Zurückfahren der Arretierung des Drehtisches,
- Start/Stopp der Kühl-/Schmiermittelpumpe,
- Anwahl Werkzeug Bohrer,
- Anwahl Werkzeug Gewindeschneider,
- Vor-/Zurückfahren des Bohrertisches,
- Ein-/Ausschalten des Bohrmotors,
- Auswahl Drehzahl Bohren/Gewindeschneiden,
- Vorgabe Drehzahl Bohren,
- Vorgabe Drehzahl Gewindeschneiden,
- Start Automatik (wenn die Maschine in Grundstellung steht).

Grundstellung

Die Grundstellung der Maschine ist folgendermaßen definiert:
- kein NOT_AUS,
- keine Störungen liegen an,
- ein Werkstück befindet sich auf dem Drehtisch,
- die Spannvorrichtung ist gespannt,

– der Zylinder zum Drehen des Drehtisches ist eingefahren,
– die Arretierung ist ausgefahren,
– der Gleitlagertisch befindet sich in der hinteren Endlage,
– der Bohrmotor ist aus,
– die Kühl-/Schmiermittelpumpe ist aus.

Automatikbetrieb

Der Automatikbetrieb wird im Handbetrieb über die Schaltfläche „Automatik Start“ des Controlpanels gestartet, wenn die Maschine sich in Grundstellung befindet. Der automatische Ablauf sieht dann folgendermaßen aus:

Als erstes startet der Getriebemotor M2 und fährt den Gleitlagertisch mit der Bohrmaschine in die Vorposition, in der sich der Bohrer kurz vor dem Werkstück befindet. Nachfolgend starten die Bohrmaschine M1 mit der Bohrdrehzahl und der Motor der Kühl-/Schmiermittelpumpe M3. Der Gleitlagertisch fährt vor, bis das Loch gebohrt ist. Anschließend fährt der Gleitlagertisch in die Vorposition zurück. Während die Bohrmaschine und die Kühlmittelpumpe weiterlaufen, fährt der Arretierzylinder MM3 zurück und der Zylinder MM2 dreht durch Ausfahren der Zahnstange den Drehtisch um 90° weiter. Nach Erreichen der neuen Position wird der Arretierzylinder MM3 wieder vorgefahren. Jetzt wird durch Vorfahren des Gleitlagertischs das nächste Loch gebohrt, während gleichzeitig die Zahnstange durch den Zylinder MM2 wieder eingefahren wird, wobei der Drehtisch über die Freilauflagerung nicht bewegt wird. Der Vorgang wiederholt sich, bis alle vier Löcher gebohrt sind. Ist das letzte Loch gebohrt, werden in der Vorposition die Kühl-/Schmiermittelpumpe M3 und die Bohrmaschine M1 ausgeschaltet. Über den Werkzeugwechsel-Zylinder MM4 wird das Werkzeug Bohrer gegen das Werkzeug Gewindeschneider ausgetauscht. Die Kühl-/Schmiermittelpumpe wird wieder eingeschaltet, ebenso die Bohrmaschine mit der Gewindeschneiddrehzahl. Der gesamte Gewindebohrvorgang läuft dann analog wie der Bohrvorgang ab. Am Ende werden die Motoren M1 und M3 abgeschaltet, das Werkzeug Gewindeschneider wird wieder gegen das Werkzeug Bohrer ausgetauscht und der Gleitlagertisch fährt wieder in seine hintere Endlage.

Nach vollständigem Ablauf der Automatikkette befindet sich die Maschine wieder in der Betriebsart Handbetrieb.

Genauere Informationen zum Ablauf der Automatik sind dem GRAFCET Ablaufplan (**Bild 5**) zu entnehmen.

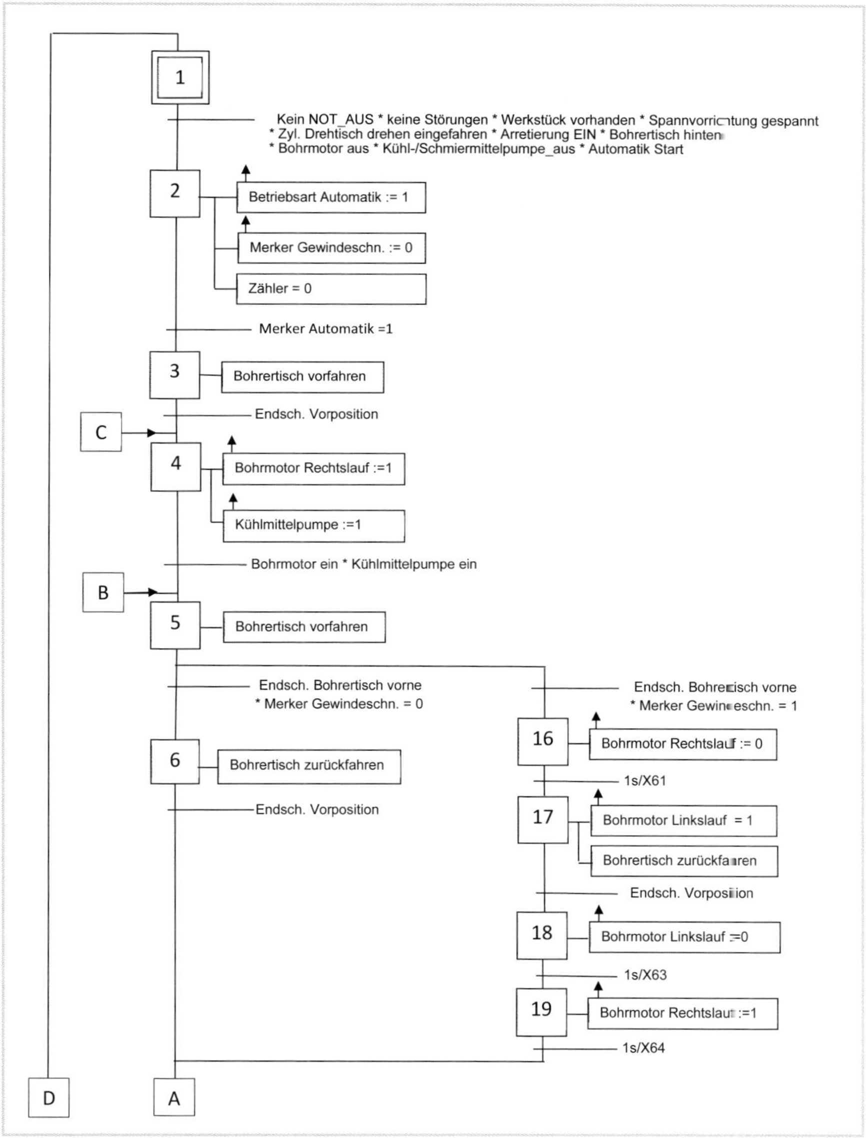

Bild 5: GRAFCET Automatischer Ablauf Bohranlage, Teil 1/2

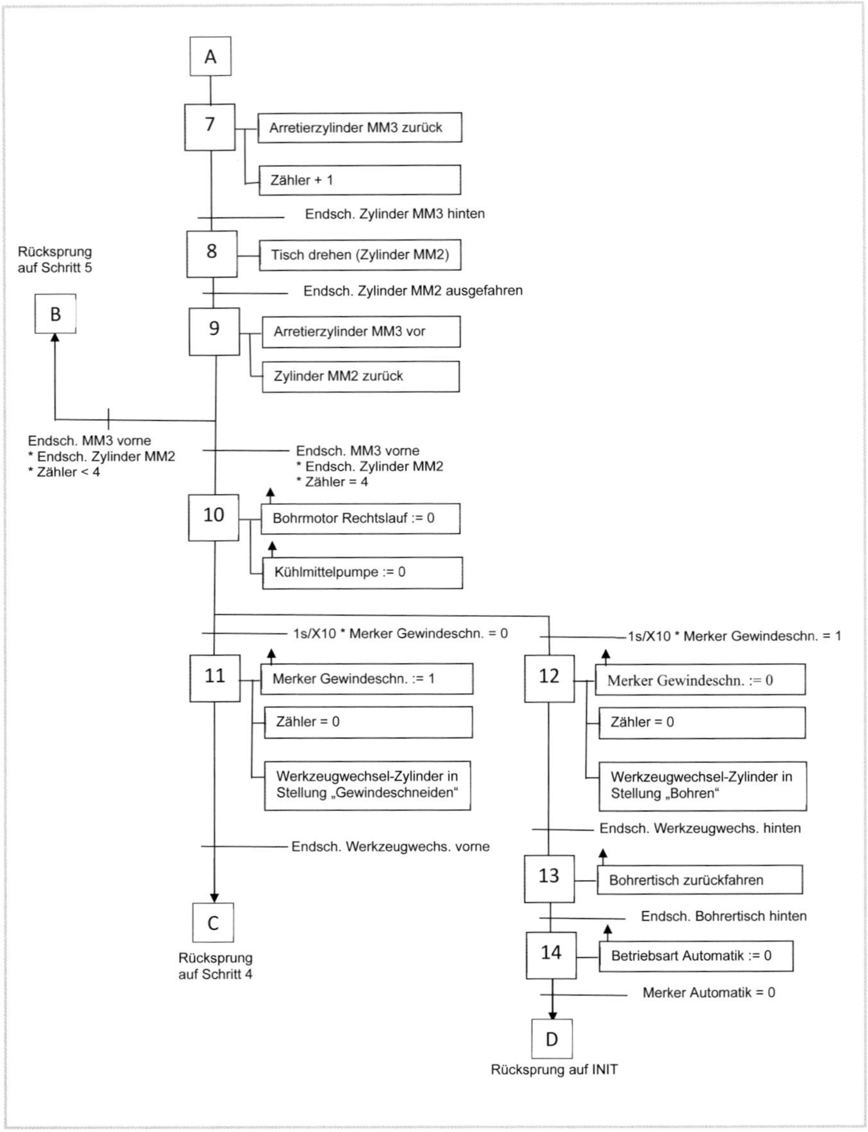

Bild 5: GRAFCET Automatischer Ablauf Bohranlage, Teil 2/2

Störungen

Die Anlage geht in folgenden Fällen in Störung:

- Luftdruckwert für die Pneumatikzylinder unterschritten,
- Motorschutzrelais oder Motorschutzschalter haben ausgelöst,
- Frequenzumrichter melden Störung.

Im Störungsfall werden die Antriebe M1, M2 und M3 angehalten. Und die Stellungen der Pneumatikzylinder werden nicht mehr verändert.

Wurden die Störungen behoben, müssen sie durch Drücken der Schaltfläche „Störung quittieren“ am Bedienpanel quittiert werden. Die Anlage lässt sich dann je nach Betriebszustand der Anlage wieder in Handfunktion bedienen oder der automatische Ablauf lässt sich über die Schaltfläche „Start Automatik“ fortsetzen.

Totally Integrated Automation Portal

EMA_2025 / PLC_1 [CPU 1516F-3 PN/DP] / Programmbausteine

Main [OB1]

Main Eigenschaften					
Allgemein					
Name	Main	**Nummer**	1	**Typ**	OB
Sprache	FUP	**Nummerierung**	Automatisch		
Information					
Titel	Programm Stator Bohr-un d Gewindeschneidmaschine	**Autor**		**Kommentar**	
Familie		**Version**	0.1	**Anwenderdefinierte ID**	

Main			
Name	**Datentyp**	**Defaultwert**	**Kommentar**
▼ Input			
Initial_Call	Bool		Initial call of this OB
Remanence	Bool		=True, if remanent data are available
Temp			
Constant			

Netzwerk 1:

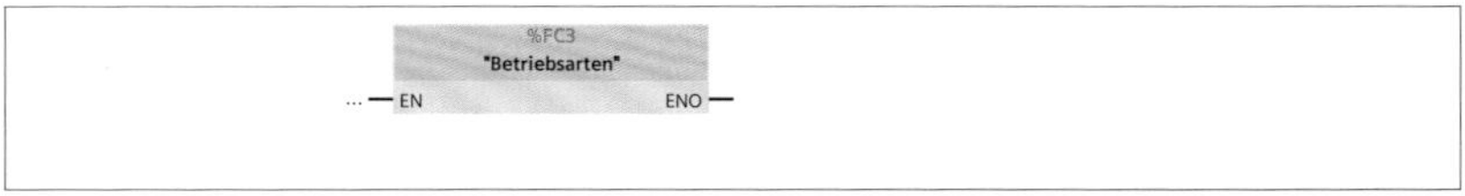

Netzwerk 2:

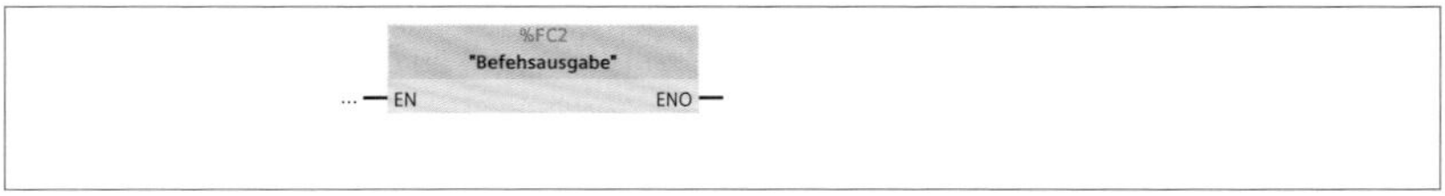

Netzwerk 3:

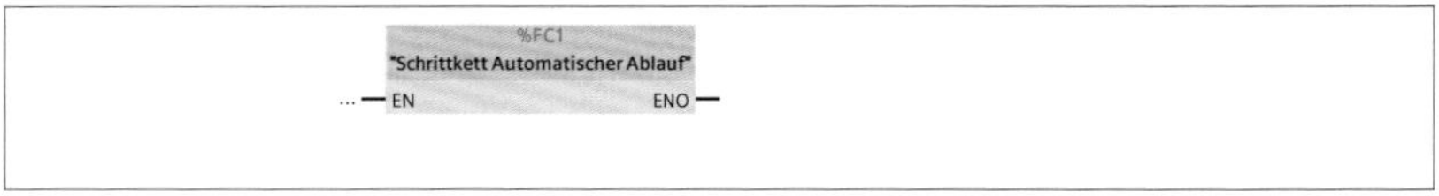

Totally Integrated Automation Portal		

EMA_2025 / PLC_1 [CPU 1516F-3 PN/DP] / Programmbausteine

Betriebsarten [FC3]

Betriebsarten Eigenschaften					
Allgemein					
Name	Betriebsarten	**Nummer**	3	**Typ**	FC
Sprache	FUP	**Nummerierung**	Automatisch		
Information					
Titel	Betriebsartenbaustein	**Autor**		**Kommentar**	
Familie		**Version**	0.1	**Anwenderdefinierte ID**	

Betriebsarten			
Name	**Datentyp**	**Defaultwert**	**Kommentar**
Input			
Output			
InOut			
Temp			
Constant			
▼ Return			
Betriebsarten	Void		

Netzwerk 1: Merker Betriebsart Automatik

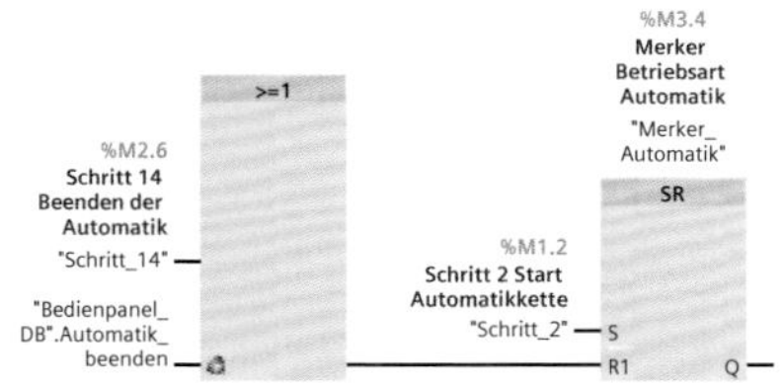

Netzwerk 2: Merker Betriebsart Automatik_angehalten, noch keine Handfunktion ausgeführt

Totally Integrated Automation Portal

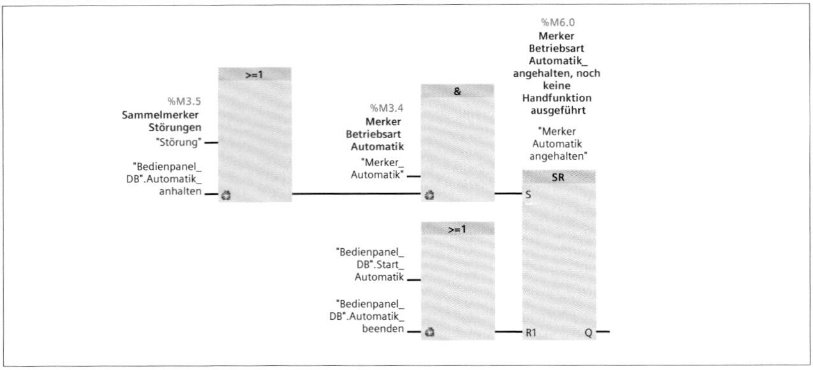

Netzwerk 3: Sammelmerker Störungen

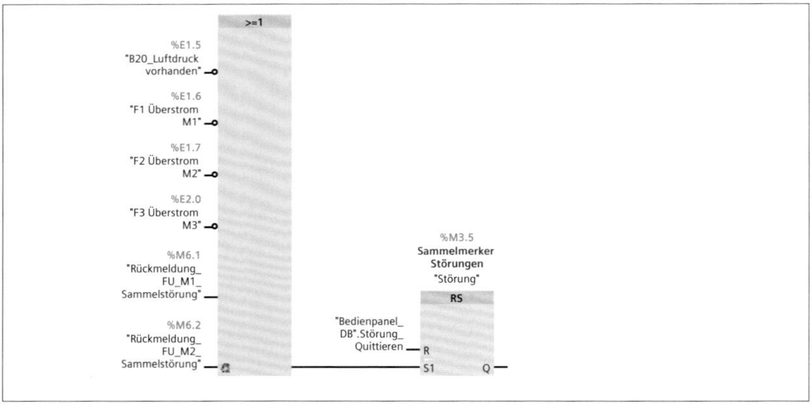

Totally Integrated Automation Portal

EMA_2025 / PLC_1 [CPU 1516F-3 PN/DP] / Programmbausteine

Befehsausgabe [FC2]

Befehsausgabe Eigenschaften					
Allgemein					
Name	Befehsausgabe	**Nummer**	2	**Typ**	FC
Sprache	FUP	**Nummerier-ung**	Automatisch		
Information					
Titel	Befehlsausgabe und Merker der Schrittkette	**Autor**		**Kommentar**	
Familie		**Version**	0.1	**Anwenderde-finierte ID**	

Befehsausgabe			
Name	**Datentyp**	**Defaultwert**	**Kommentar**
Input			
Output			
InOut			
Temp			
Constant			
▼ Return			
Befehsausgabe	Void		

Netzwerk 1: Bohrungen-Zähler und Zaehlerstand >= 4

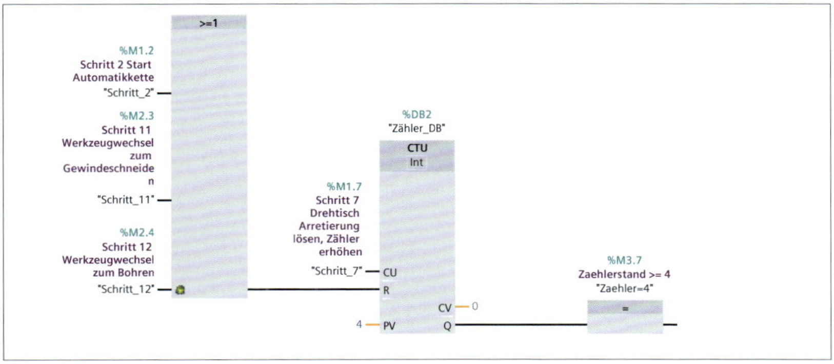

Netzwerk 2: Merker Betriebsart Automatik

Totally Integrated Automation Portal

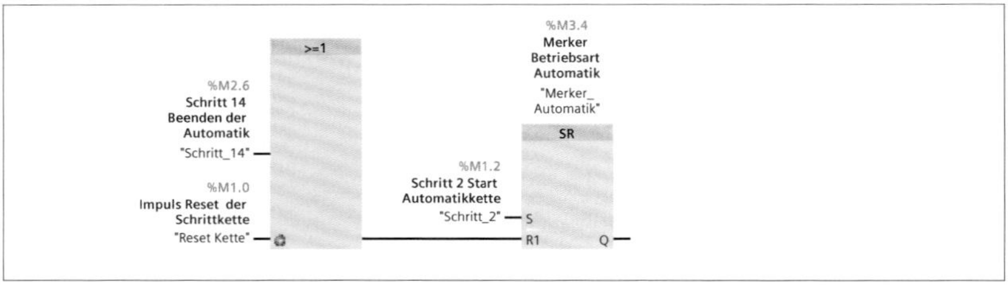

Netzwerk 3: Merker_Gewindeschneiden, 0=Bohren, 1=Gewindeschneiden

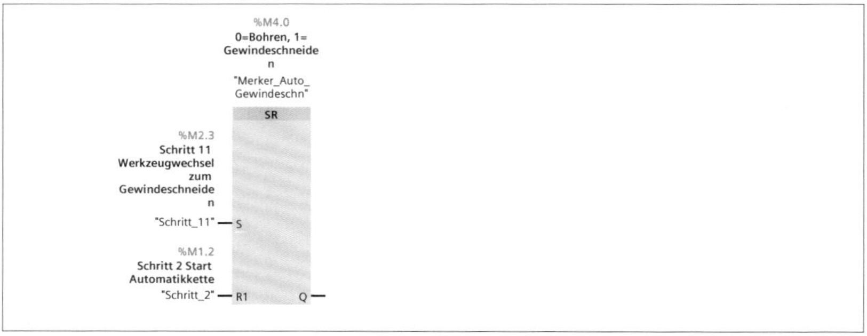

Netzwerk 4: Merker_Bohrmotor_Rechtslauf in BA Automatik

Totally Integrated Automation Portal

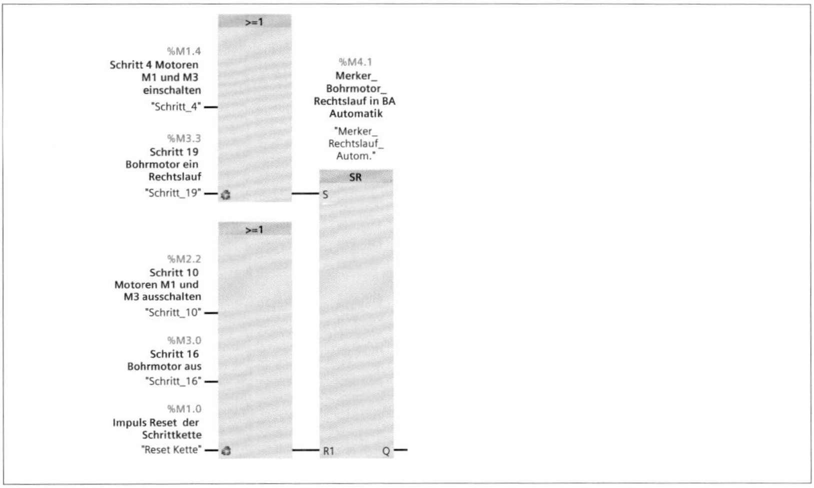

Netzwerk 5: Merker_Bohrmotor_Linkslauf in BA Automatik

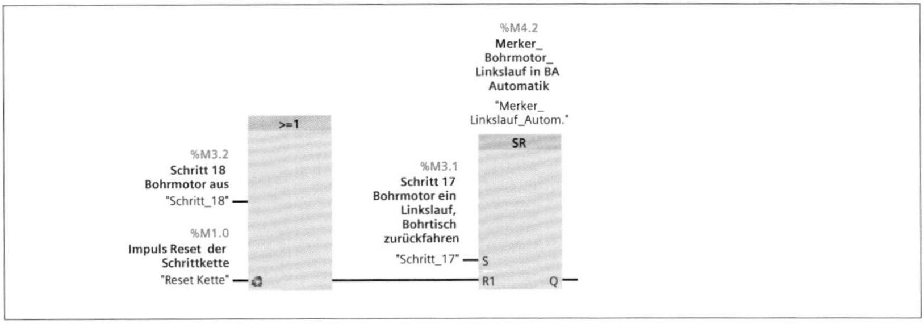

Netzwerk 6: MM1_ausfahren, Spannvorrichtung spannen

Totally Integrated Automation Portal

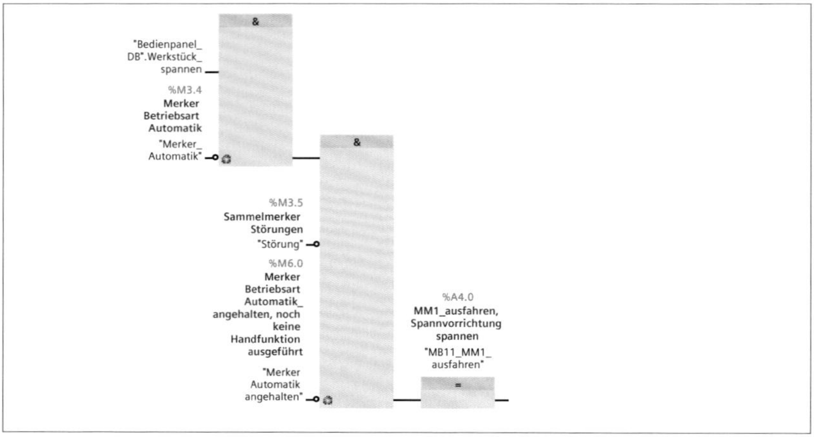

Netzwerk 7: MM1_einfahren, Spannvorrichtung lösen

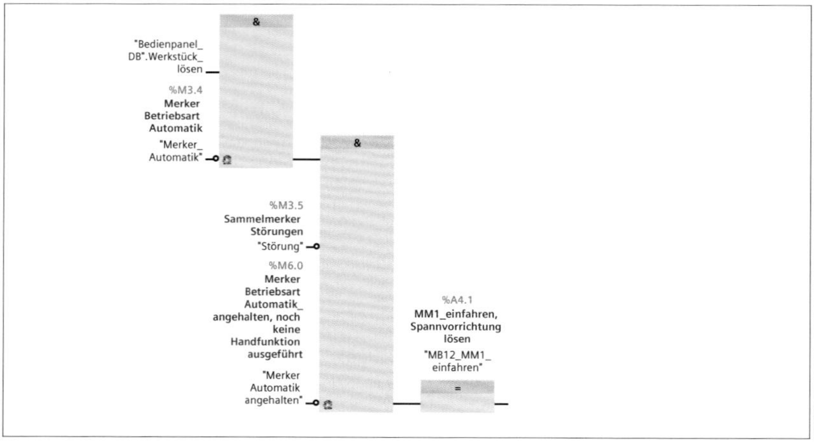

Netzwerk 8: MM2_ausfahren, Drehtisch 90° drehen

Totally Integrated
Automation Portal

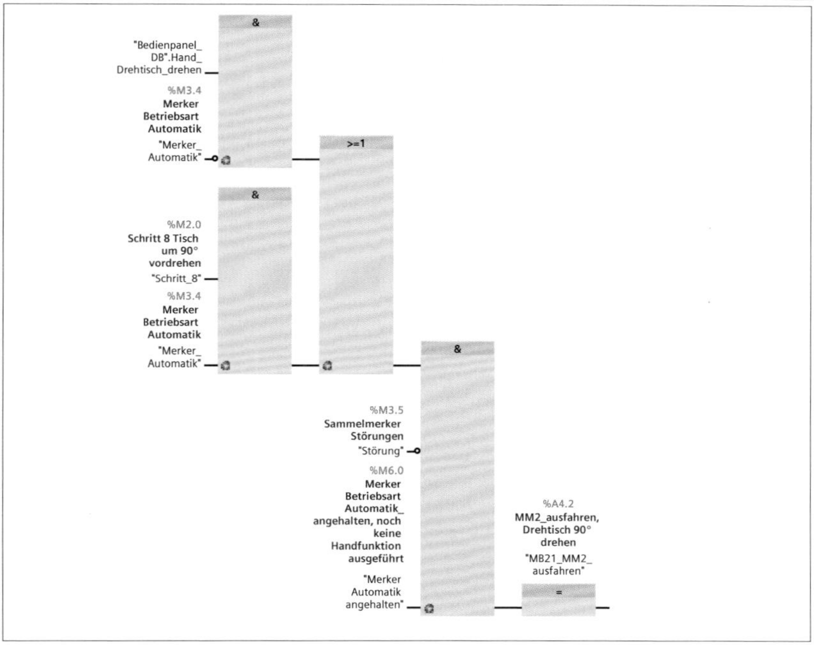

Netzwerk 9: MM2_einfahren, Dreheinrichtung Zahnstange wieder einfahren

Totally Integrated Automation Portal

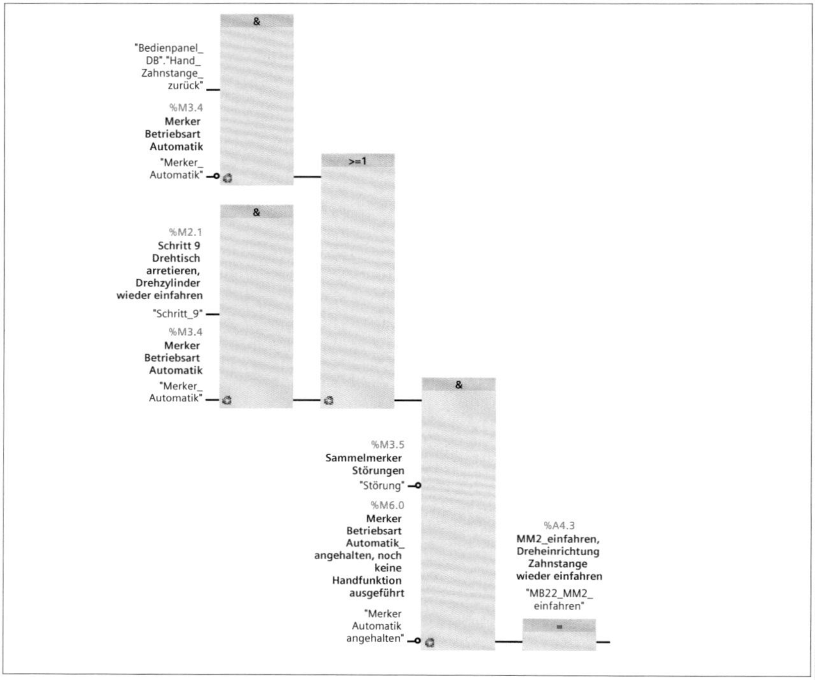

Netzwerk 10: MM3_ausfahren, Drehtisch arretieren

Totally Integrated Automation Portal		

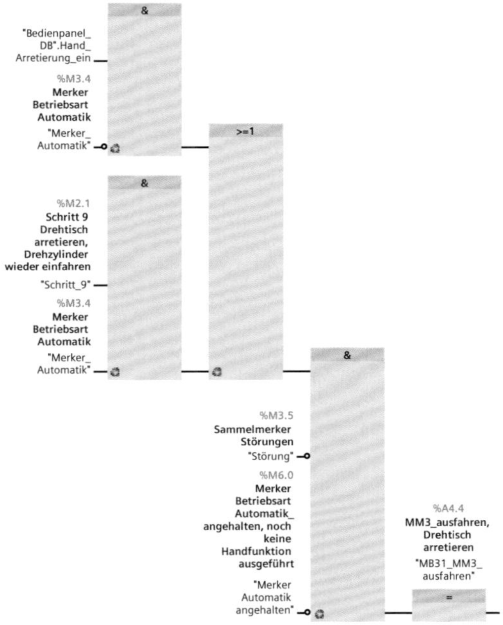

Netzwerk 11: MM3_einfahren, Drehtich freigeben

Totally Integrated Automation Portal		

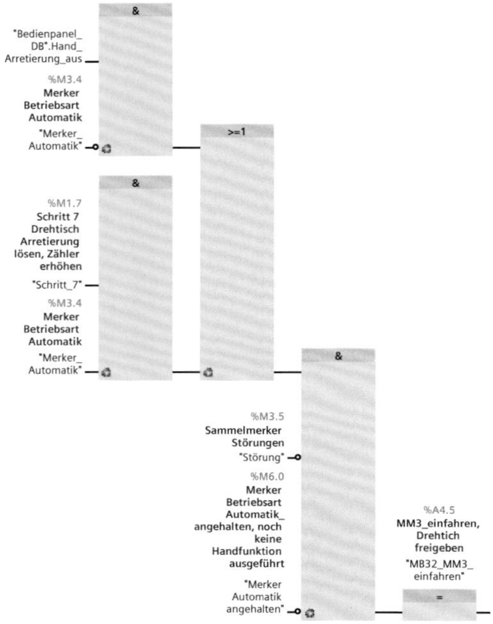

Netzwerk 12: MM4_ausfahren, Werkzeug Gewindeschneider einwechseln

Totally Integrated Automation Portal

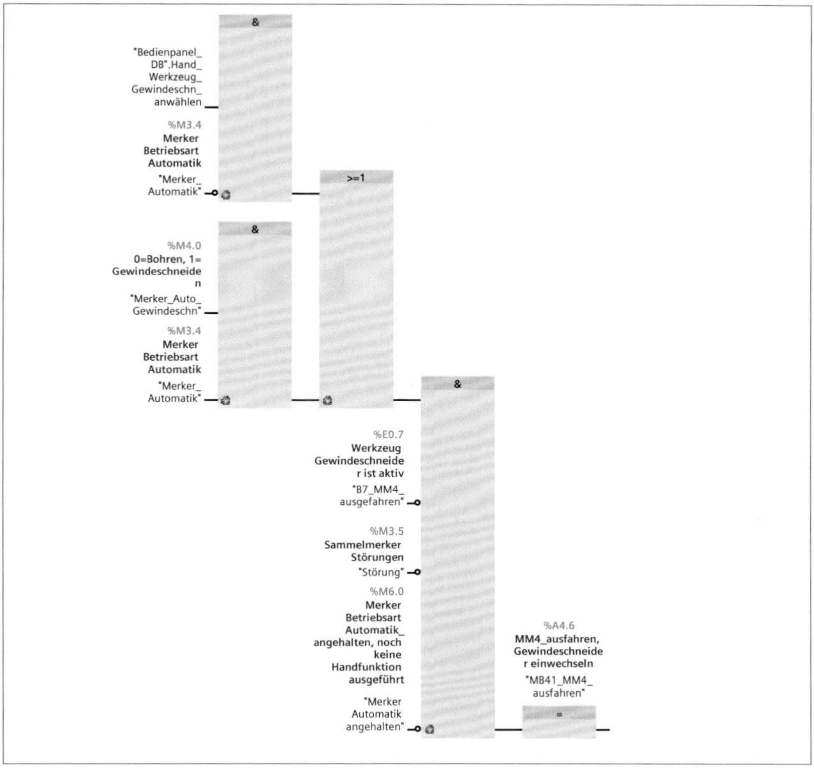

Netzwerk 13: MM4_einfahren, Werkzeug Bohrer einwechseln

Totally Integrated Automation Portal

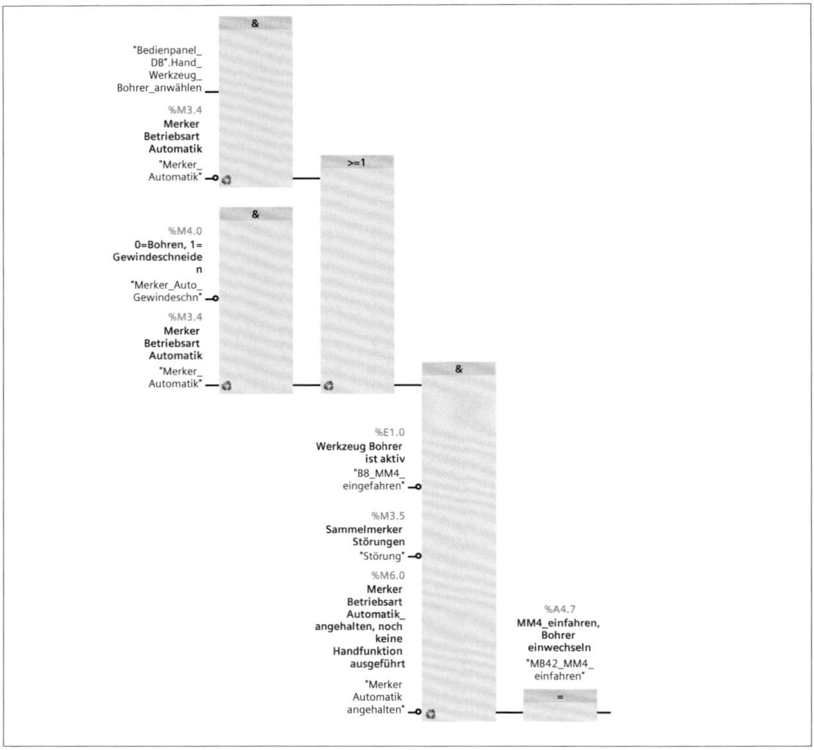

Netzwerk 14: Übergabe-Merker_an_FU_Bohrmotor_M1_Rechtslauf

Totally Integrated Automation Portal

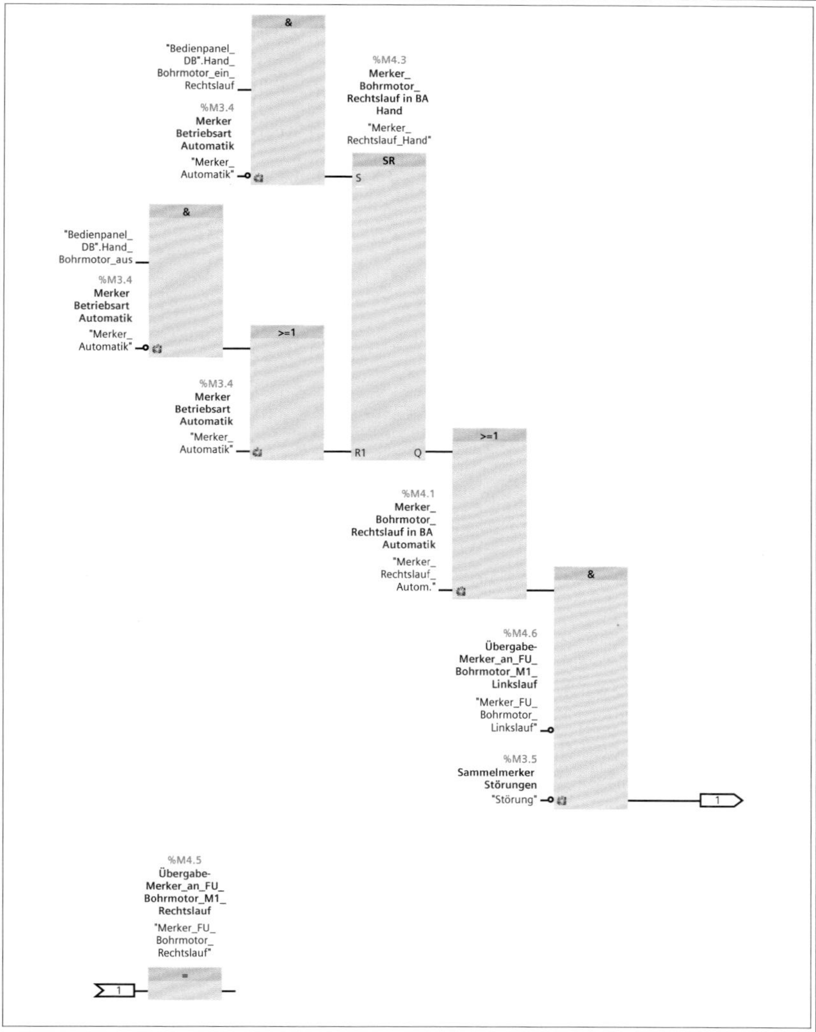

Netzwerk 15: Übergabe-Merker_an_FU_Bohrmotor_M1_Linkslauf

Totally Integrated Automation Portal

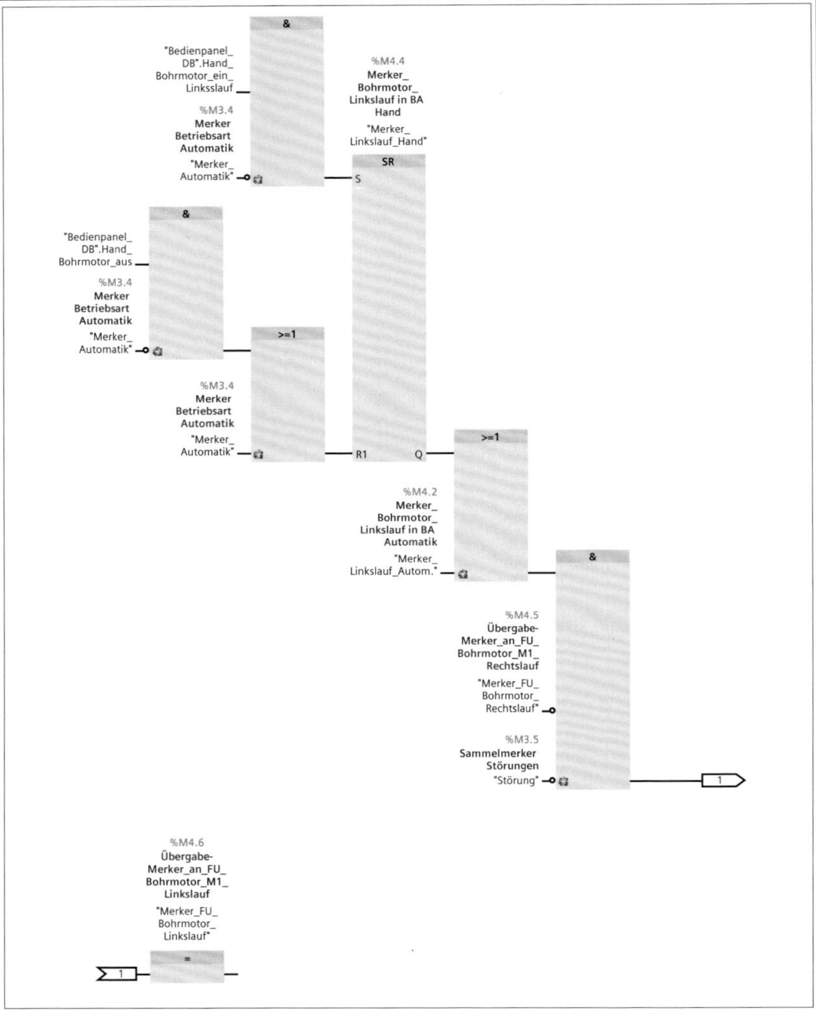

Netzwerk 16: Übergabe-Merker_an_FU_Bohrschlittenmotor_M2_Vorfahren

Totally Integrated Automation Portal

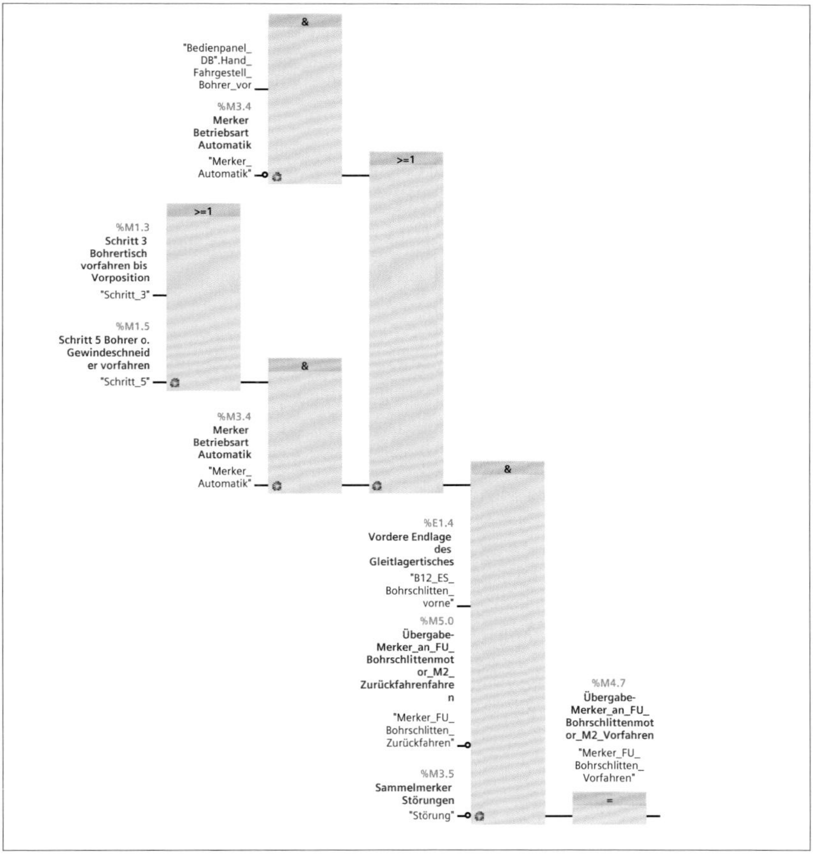

Netzwerk 17: Übergabe-Merker_an_FU_Bohrschlittenmotor_M2_Zurückfahrenfahren

Totally Integrated
Automation Portal

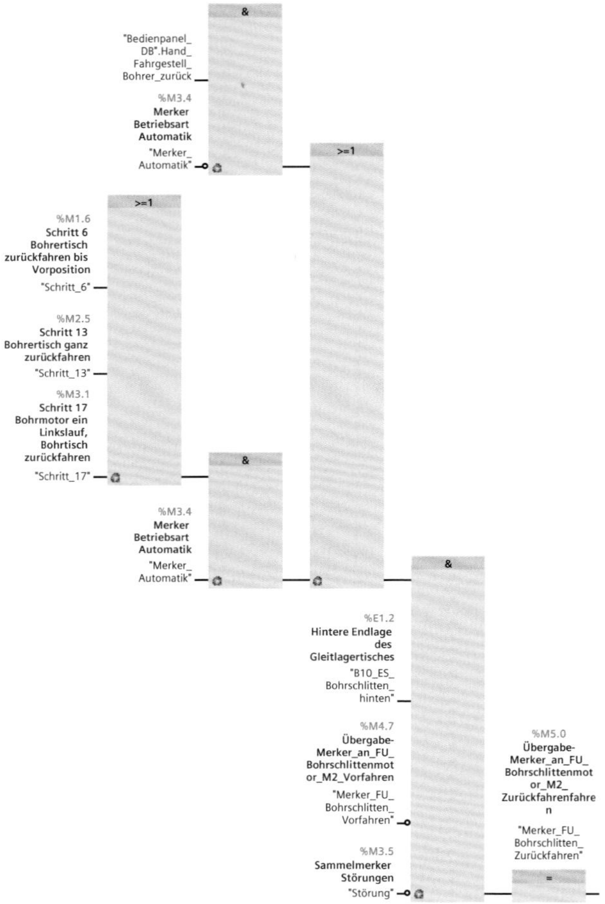

Netzwerk 18: M3 Kühl-/Schmiermittelpumpe

Totally Integrated Automation Portal		

Netzwerk 18: M3 Kühl-/Schmiermittelpumpe (1.1 / 2.1)

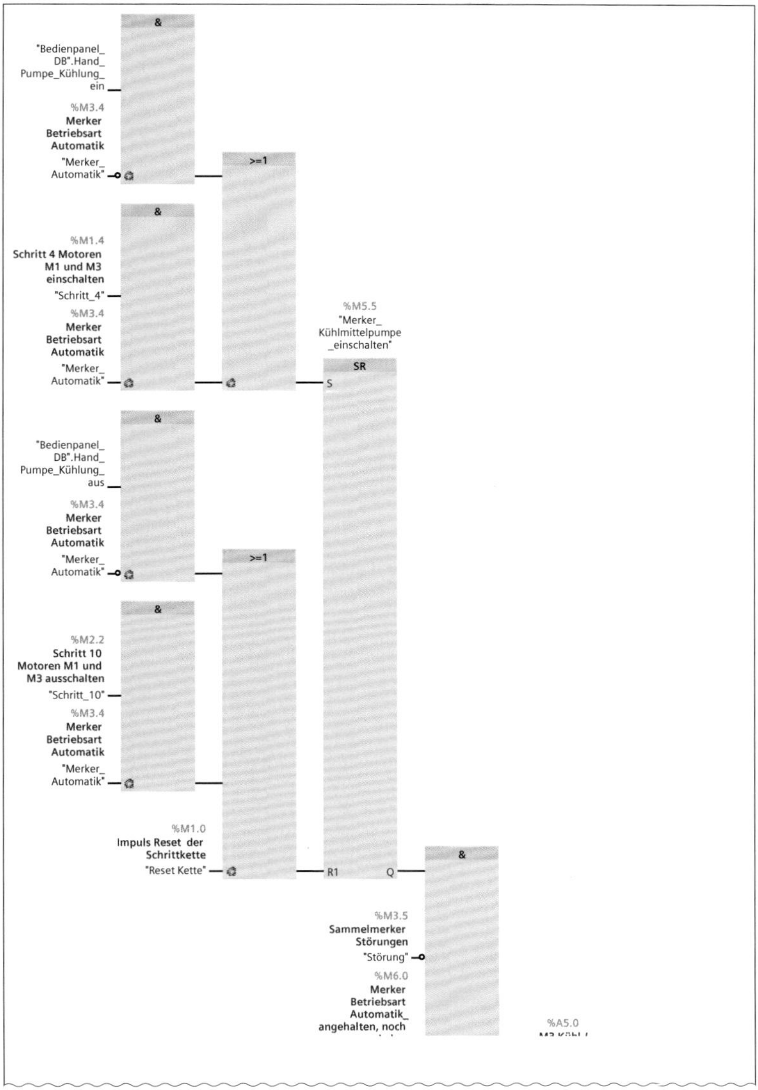

2.1 (Seite1 - 16)

Totally Integrated Automation Portal

Netzwerk 18: M3 Kühl-/Schmiermittelpumpe (2.1 / 2.1)

1.1 (Seite1 - 15)

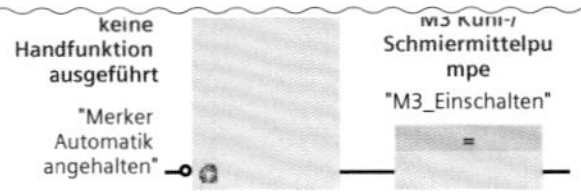

Totally Integrated Automation Portal

Netzwerk 19: Übergabe-Merker_an_FU_Bohrmotor_M1_Reglerfreigabe

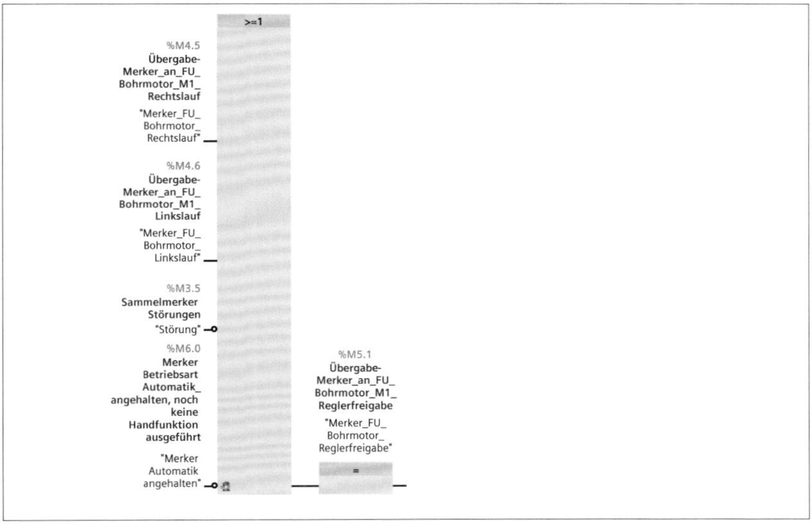

Netzwerk 20: Übergabe-Merker_an_FU_Bohrschlittenmotor_M2_Reglerfreigabe

Totally Integrated Automation Portal

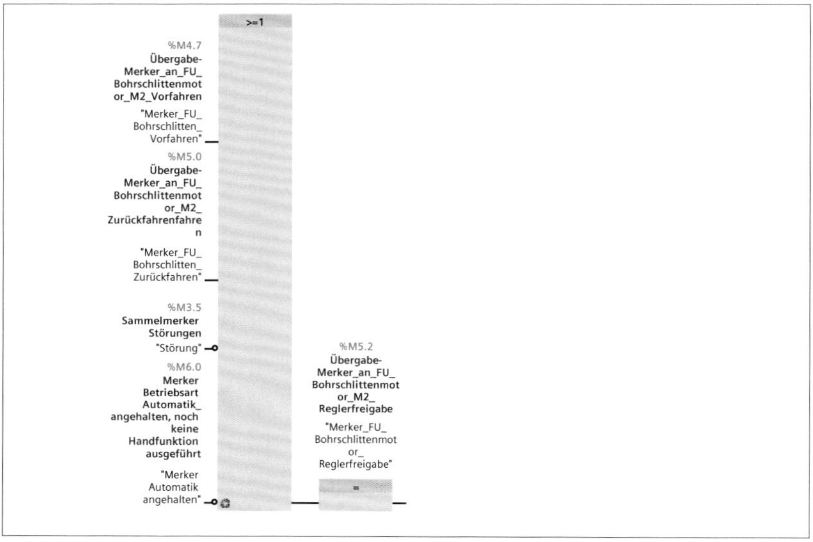

Netzwerk 21: Merker_Hand_Drehzahl, 0=Bohren, 1=Gewindeschneiden

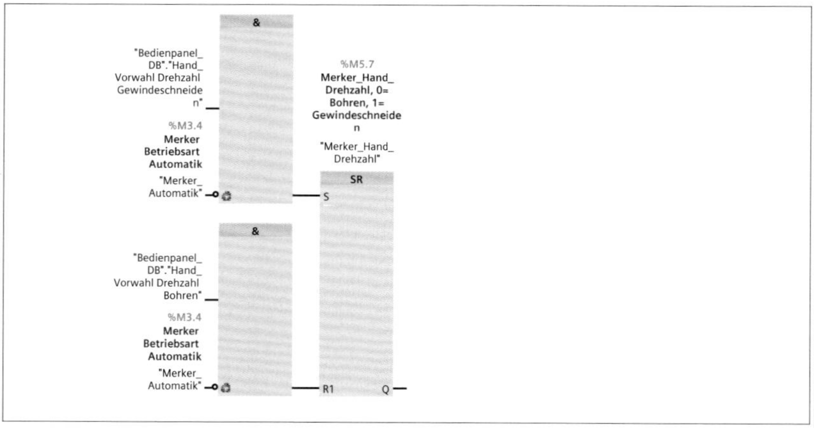

Netzwerk 22: Übergabe-Merker_an_FU_Drehzahl_zum_Bohren

Totally Integrated Automation Portal		

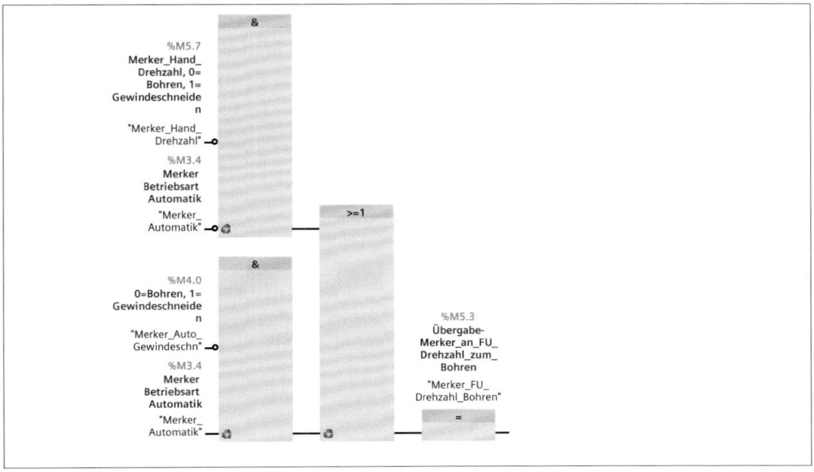

Netzwerk 23: Übergabe-Merker_an_FU_Drehzahl_zum_Gewindechnieden

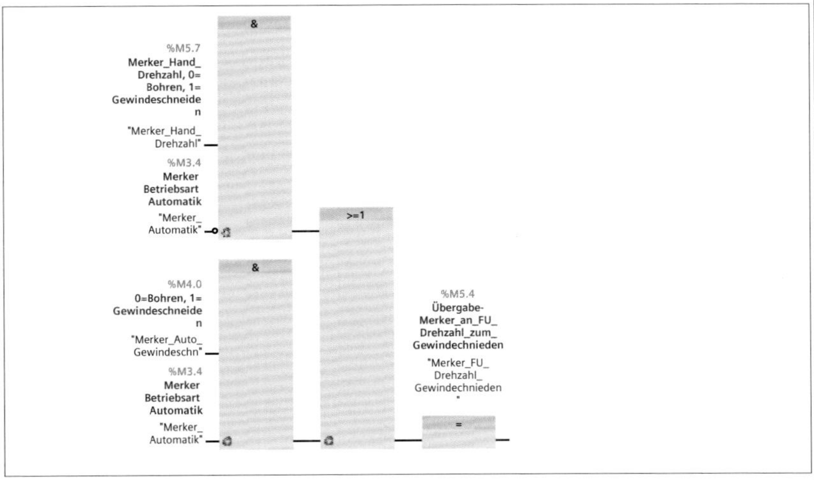

Totally Integrated Automation Portal		

EMA_2025 / PLC_1 [CPU 1516F-3 PN/DP] / Programmbausteine

Schrittkett Automatischer Ablauf [FC1]

Schrittkett Automatischer Ablauf Eigenschaften					
Allgemein					
Name	Schrittkett Automatischer Ablauf	**Nummer**	1	**Typ**	FC
Sprache	FUP	**Nummerierung**	Automatisch		
Information					
Titel		**Autor**		**Kommentar**	
Familie		**Version**	0.1	**Anwenderdefinierte ID**	

Schrittkett Automatischer Ablauf			
Name	**Datentyp**	**Defaultwert**	**Kommentar**
Input			
Output			
InOut			
Temp			
Constant			
▼ Return			
Schrittkett Automatischer Ablauf	Void		

Netzwerk 1: Schritt 1 Initialschritt

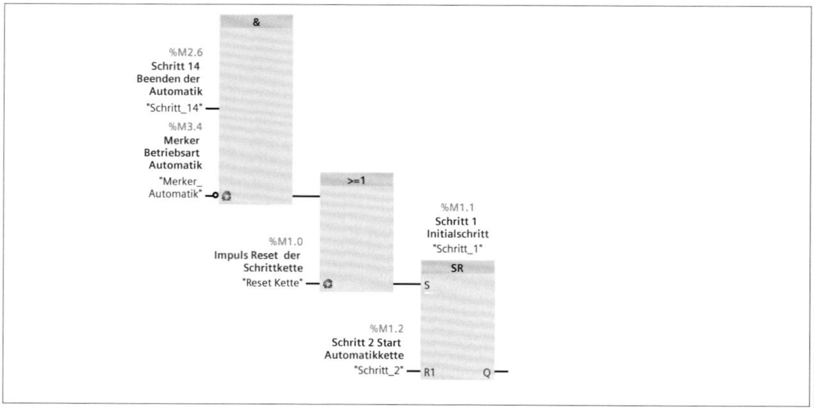

Netzwerk 2: Schritt 2 Start Automatikkette

Totally Integrated Automation Portal

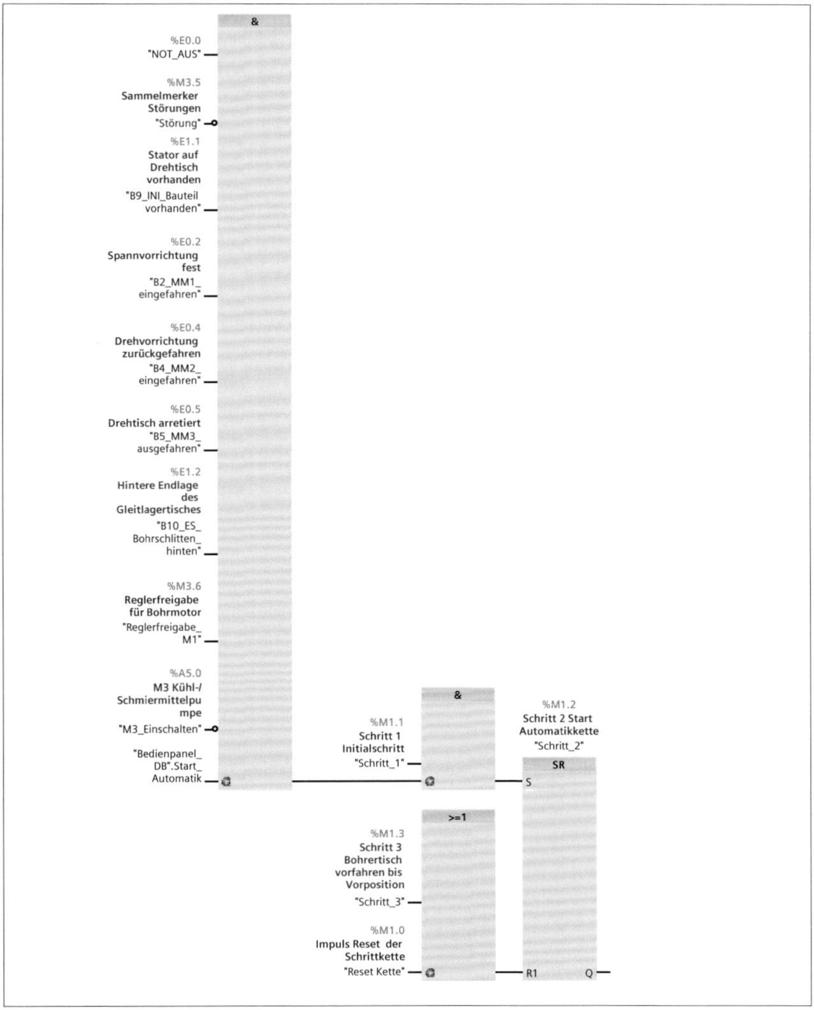

Netzwerk 3: Schritt 3 Bohrertisch vorfahren bis Vorposition

Totally Integrated
Automation Portal

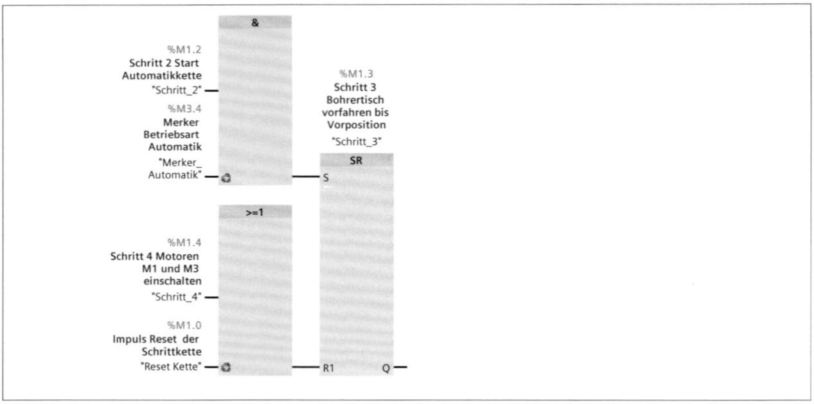

Netzwerk 4: Schritt 4 Motoren M1 und M3 einschalten

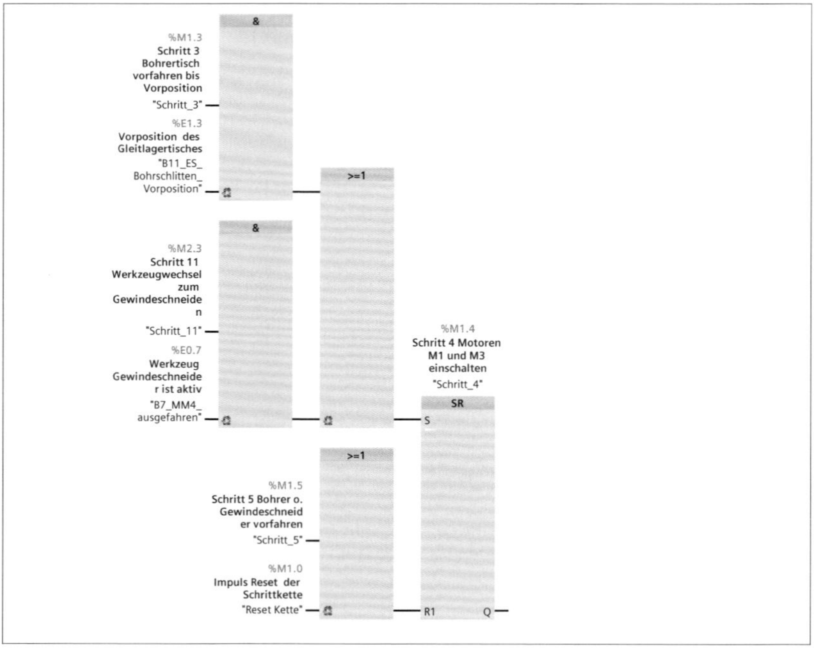

Totally Integrated Automation Portal		

Netzwerk 5: Schritt 5 Bohrer o. Gewindeschneider vorfahren

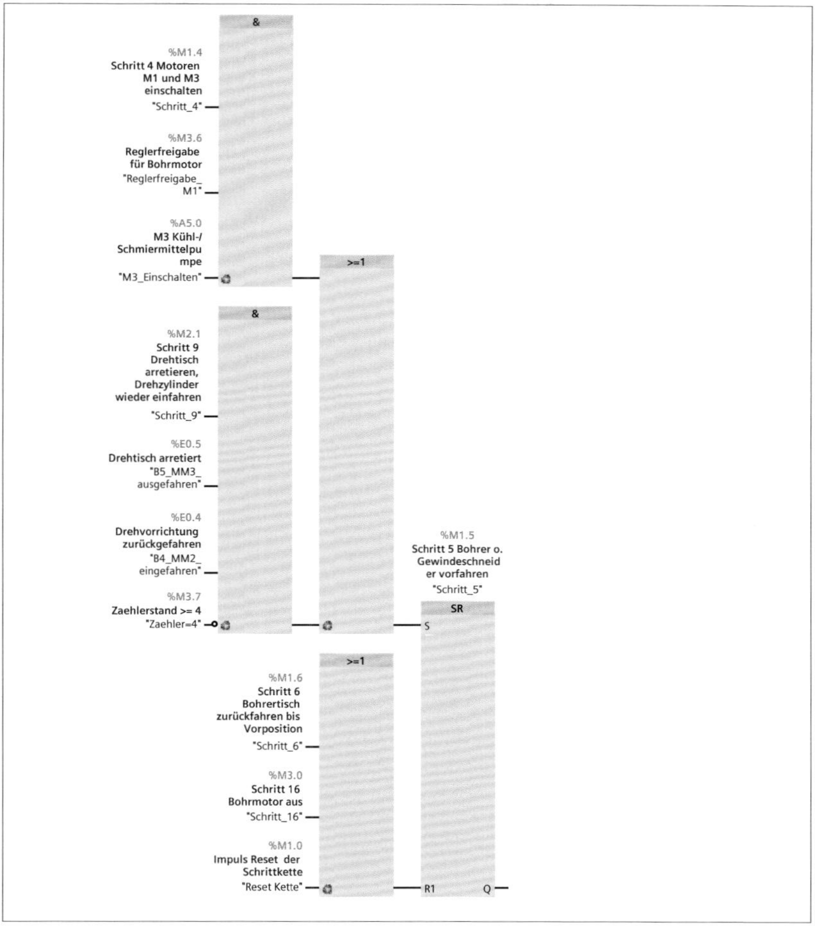

Netzwerk 6: Schritt 6 Bohrertisch zurückfahren bis Vorposition

Totally Integrated Automation Portal

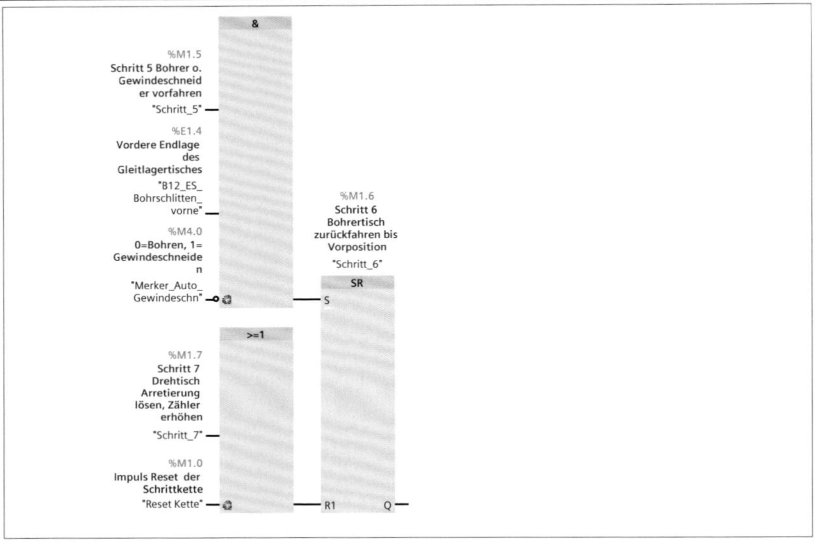

Netzwerk 7: Schritt 7 Drehtisch Arretierung lösen, Zähler erhöhen

Totally Integrated Automation Portal

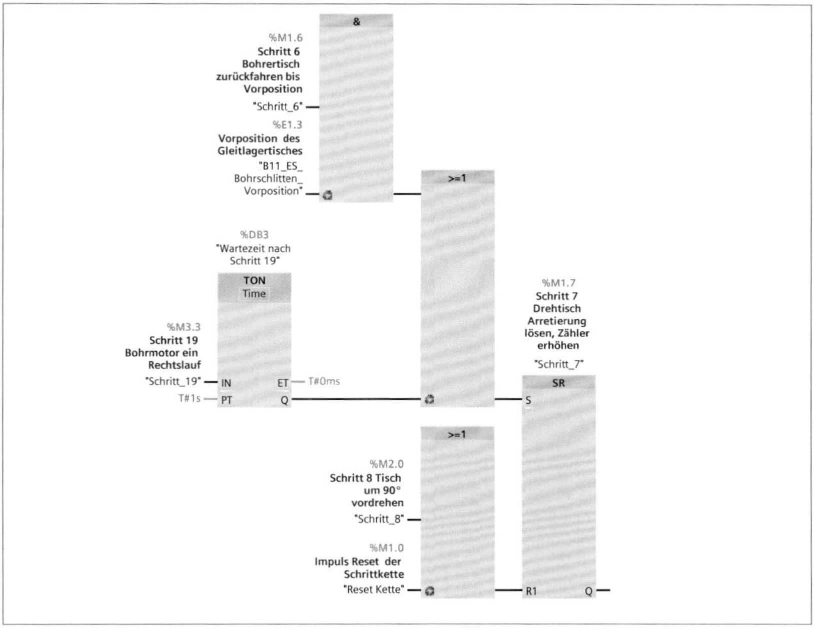

Netzwerk 8: Schritt 8 Tisch um 90° vordrehen

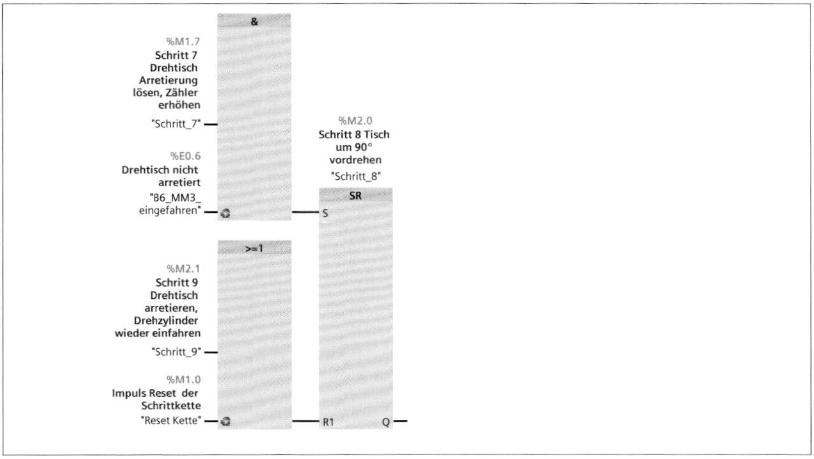

Totally Integrated Automation Portal		

Netzwerk 9: Schritt 9 Drehtisch arretieren, Drehzylinder wieder einfahren

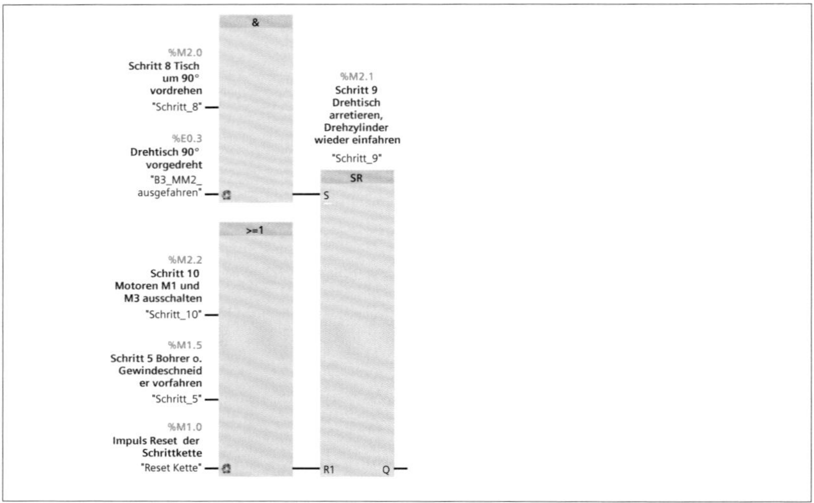

Netzwerk 10: Schritt 10 Motoren M1 und M3 ausschalten

Totally Integrated Automation Portal

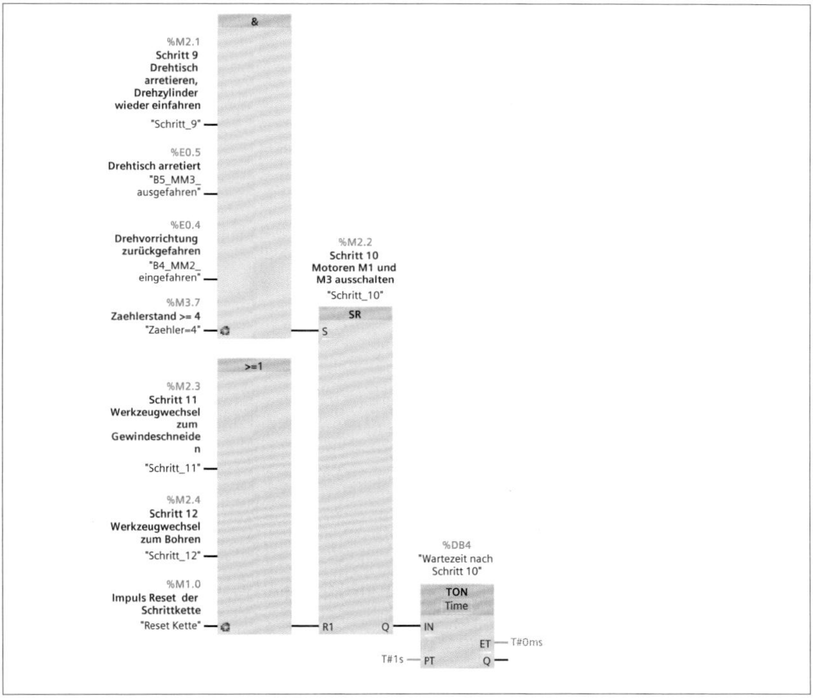

Netzwerk 11: Schritt 11 Werkzeugwechsel zum Gewindeschneiden

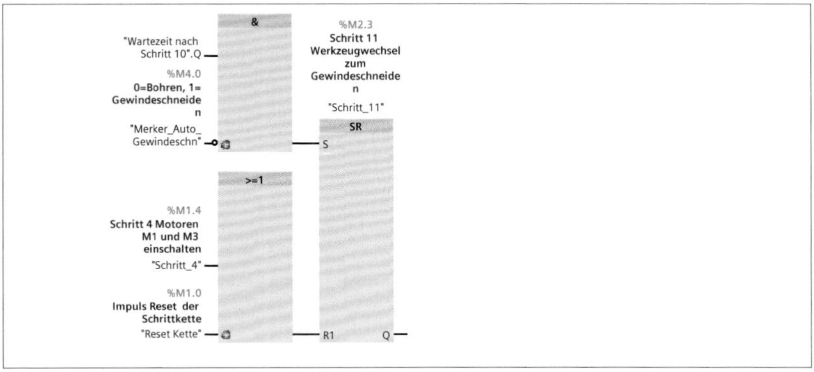

Totally Integrated Automation Portal

Netzwerk 12: Schritt 12 Werkzeugwechsel zum Bohren

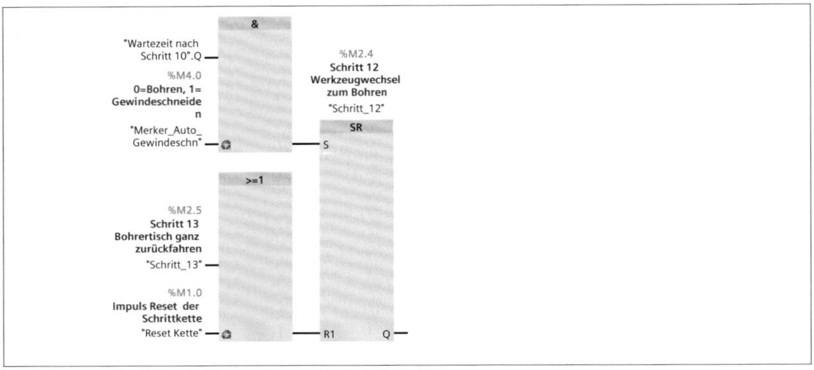

Netzwerk 13: Schritt 13 Bohrertisch ganz zurückfahren

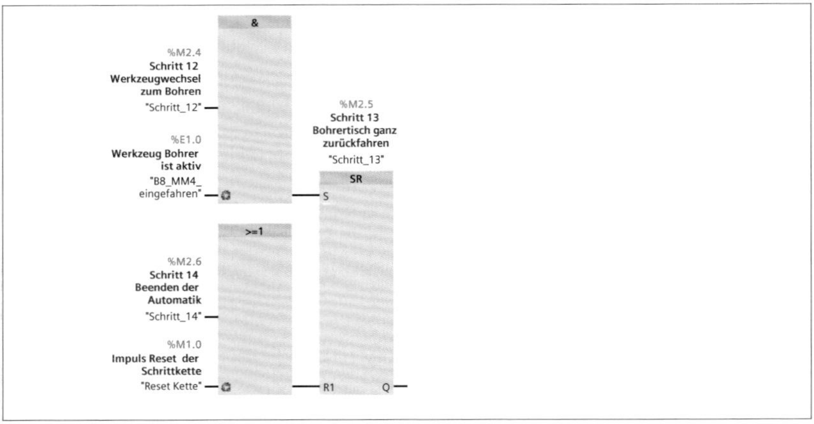

Netzwerk 14: Schritt 14 Beenden der Automatik

Totally Integrated Automation Portal

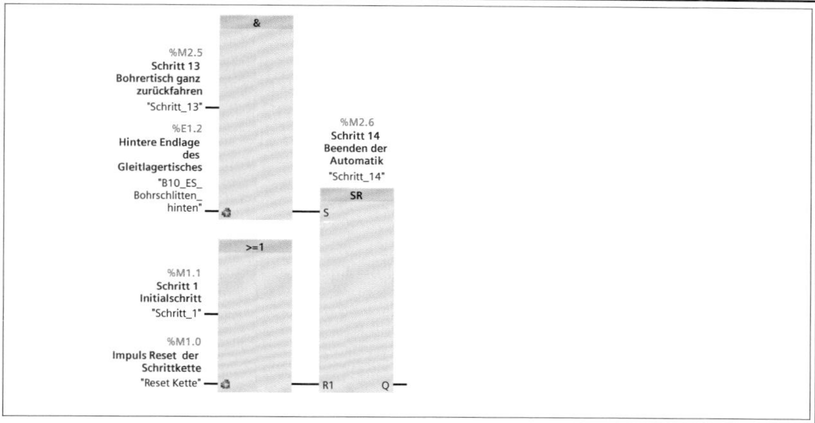

Netzwerk 15: Schritt 16 Bohrmotor aus

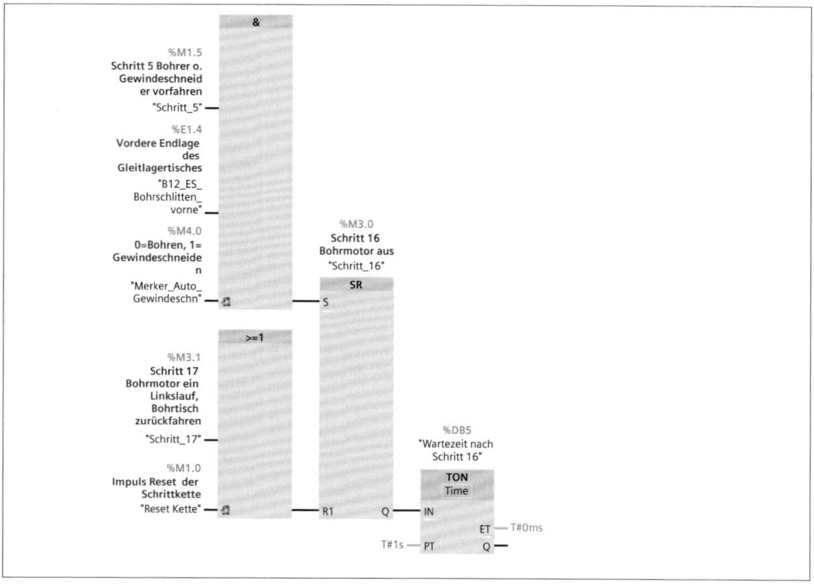

Netzwerk 16: Schritt 17 Bohrmotor ein Linkslauf, Bohrtisch zurückfahren

Totally Integrated Automation Portal

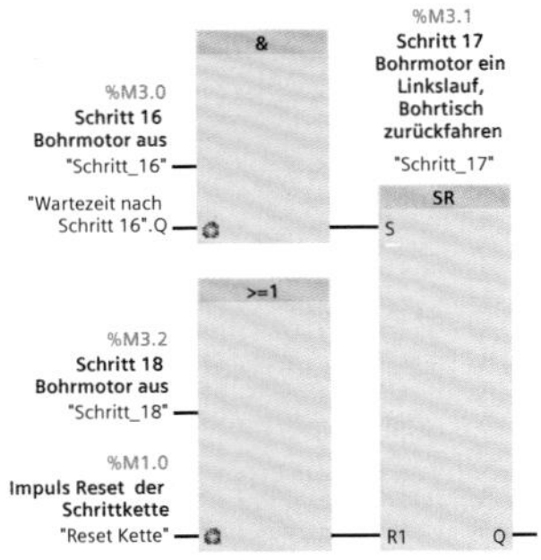

Netzwerk 17: Schritt 18 Bohrmotor aus

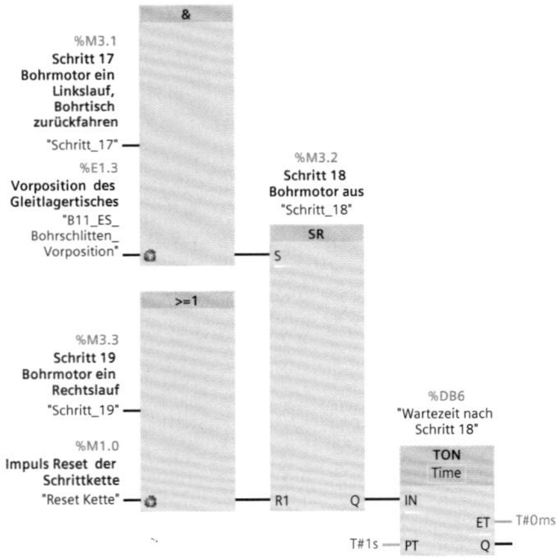

Netzwerk 18: Schritt 19 Bohrmotor ein Rechtslauf

Totally Integrated Automation Portal		

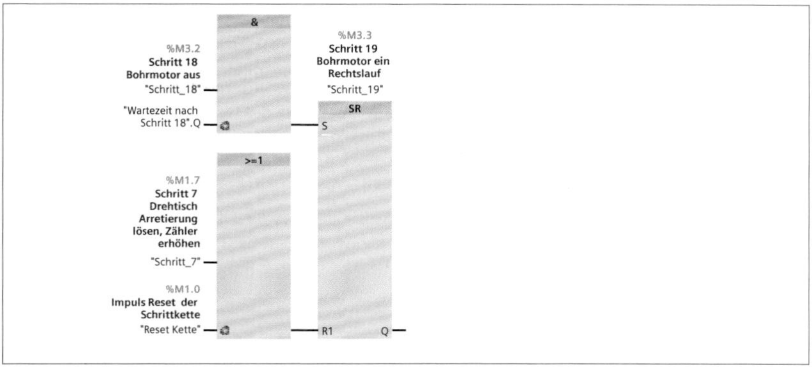

Totally Integrated Automation Portal		

EMA_2025 / PLC_1 [CPU 1516F-3 PN/DP] / Programmbausteine

Bedienpanel_DB [DB1]

Bedienpanel_DB Eigenschaften					
Allgemein					
Name	Bedienpanel_DB	**Nummer**	1	**Typ**	DB
Sprache	DB	**Nummerierung**	Automatisch		
Information					
Titel		**Autor**		**Kommentar**	
Familie		**Version**	0.1	**Anwenderdefinierte ID**	

Name	Datentyp	Startwert	Remanenz	Erreichbar aus HMI/OPC UA/Web API	Schreibbar aus HMI/OPC UA/Web API	Sichtbar in HMI Engineering	Einstellwert
▼ Static							
Werkstück_spannen	Bool	false	False	True	True	True	False
Werkstück_lösen	Bool	false	False	True	True	True	False
Hand_Drehtisch_drehen	Bool	false	False	True	True	True	False
Hand_ Zahnstange_zurück	Bool	false	False	True	True	True	False
Hand_Arretierung_ein	Bool	false	False	True	True	True	False
Hand_Arretierung_aus	Bool	false	False	True	True	True	False
Hand_Werkzeug_Bohrer_anwählen	Bool	false	False	True	True	True	False
Hand_Werkzeug_Gewindeschn_anwählen	Bool	false	False	True	True	True	False
Hand_Bohrmotor_ein_Rechtslauf	Bool	false	False	True	True	True	False
Hand_Bohrmotor_ein_Linksslauf	Bool	false	False	True	True	True	False
Hand_Bohrmotor_aus	Bool	false	False	True	True	True	False
Hand_Fahrgestell_Bohrer_vor	Bool	false	False	True	True	True	False
Hand_Fahrgestell_Bohrer_zurück	Bool	false	False	True	True	True	False
Hand_Pumpe_Kühlung_ein	Bool	false	False	True	True	True	False
Hand_Pumpe_Kühlung_aus	Bool	false	False	True	True	True	False
Hand_Vorwahl Drehzahl Bohren	Bool	false	False	True	True	True	False
Hand_Vorwahl Drehzahl Gewindeschneiden	Bool	false	False	True	True	True	False
Start_Automatik	Bool	false	False	True	True	True	False
Automatik_anhalten	Bool	false	False	True	True	True	False
Automatik_beenden	Bool	false	False	True	True	True	False
Störung_Quittieren	Bool	false	False	True	True	True	False
Anzeige_Istwert_Sollwert_Bohrmotor_M1_Bohren	Int	0	False	True	True	True	False

Totally Integrated Automation Portal

Name	Datentyp	Startwert	Remanenz	Erreichbar aus HMI/OPC UA/Web API	Schreibbar aus HMI/OPC UA/Web API	Sichtbar in HMI Engineering	Einstellwert
Anzeige_Istwert_Sollwert_Bohrmotor_M1_Gewindeschneiden	Int	0	False	True	True	True	False
Anzeige_Istwert_Sollwert_Fahrgestellmotor_M2_Bohren	Int	0	False	True	True	True	False
Anzeige_Istwert_Sollwert_Fahrgestellmotor_M2_Gewindeschneiden	Int	0	False	True	True	True	False
Eingabe_Sollwert_Bohrmotor_M1_Bohren	Int	0	False	True	True	True	False
Eingabe_Sollwert_Bohrmotor_M1_Gewindeschneiden	Int	0	False	True	True	True	False
Eingabe_Sollwert_Fahrgestellmotor_M2_Bohren	Int	0	False	True	True	True	False
Eingabe_Sollwert_Fahrgestellmotor_M2_Gewindeschneiden	Int	0	False	True	True	True	False
Übernahme_Sollwert_Bohrmotor_M1_Bohren	Bool	false	False	True	True	True	False
Übernahme_Sollwert_Bohrmotor_M1_Gewindeschneiden	Bool	false	False	True	True	True	False
Übernahme_Sollwert_Fahrgestellmotor_M2_Bohren	Bool	false	False	True	True	True	False
Übernahme_Sollwert_Fahrgestellmotor_M2_Gewindeschneiden	Bool	false	False	True	True	True	False

Totally Integrated Automation Portal		

EMA_2025 / PLC_1 [CPU 1516F-3 PN/DP] / PLC-Variablen

Eingänge [17]

PLC-Variablen

	Name	Datentyp	Adresse	Remanenz	Erreichbar aus HMI/OPC UA/Web API	Schreibbar aus HMI/OPC UA/Web API	Sichtbar in HMI Engineering	Überwachung	Kommentar
	NOT_AUS	Bool	%E0.0	False	True	True	True		
	B1_MM1_ausgefahren	Bool	%E0.1	False	True	True	True		Spannvorrichtung lose
	B2_MM1_eingefahren	Bool	%E0.2	False	True	True	True		Spannvorrichtung fest
	B3_MM2_ausgefahren	Bool	%E0.3	False	True	True	True		Drehtisch 90° vorgedreht
	B4_MM2_eingefahren	Bool	%E0.4	False	True	True	True		Drehvorrichtung zurückgefahren
	B5_MM3_ausgefahren	Bool	%E0.5	False	True	True	True		Drehtisch arretiert
	B6_MM3_eingefahren	Bool	%E0.6	False	True	True	True		Drehtisch nicht arretiert
	B7_MM4_ausgefahren	Bool	%E0.7	False	True	True	True		Werkzeug Gewindeschneider ist aktiv
	B8_MM4_eingefahren	Bool	%E1.0	False	True	True	True		Werkzeug Bohrer ist aktiv
	B9_INI_Bauteil vorhanden	Bool	%E1.1	False	True	True	True		Stator auf Drehtisch vorhanden
	B10_ES_Bohrschlitten_hinten	Bool	%E1.2	False	True	True	True		Hintere Endlage des Gleitlagertisches
	B11_ES_Bohrschlitten_Vorposition	Bool	%E1.3	False	True	True	True		Vorposition des Gleitlagertisches
	B12_ES_Bohrschlitten_vorne	Bool	%E1.4	False	True	True	True		Vordere Endlage des Gleitlagertisches
	B20_Luftdruck vorhanden	Bool	%E1.5	False	True	True	True		
	F1 Überstrom M1	Bool	%E1.6	False	True	True	True		
	F2 Überstrom M2	Bool	%E1.7	False	True	True	True		
	F3 Überstrom M3	Bool	%E2.0	False	True	True	True		

Totally Integrated Automation Portal		

EMA_2025 / PLC_1 [CPU 1516F-3 PN/DP] / PLC-Variablen

Ausgänge [9]

PLC-Variablen

	Name	Datentyp	Adresse	Kommentar
	MB11_MM1_ausfahren	Bool	%A4.0	MM1_ausfahren, Spannvorrichtung spannen
	MB12_MM1_einfahren	Bool	%A4.1	MM1_einfahren, Spannvorrichtung lö-sen
	MB21_MM2_ausfahren	Bool	%A4.2	MM2_ausfahren, Drehtisch 90° drehen
	MB22_MM2_einfahren	Bool	%A4.3	MM2_einfahren, Dreheinrichtung Zahnstange wieder einfahren
	MB31_MM3_ausfahren	Bool	%A4.4	MM3_ausfahren, Drehtisch arretieren
	MB32_MM3_einfahren	Bool	%A4.5	MM3_einfahren, Drehtich freigeben
	MB41_MM4_ausfahren	Bool	%A4.6	MM4_ausfahren, Gewindeschneider einwechseln
	MB42_MM4_einfahren	Bool	%A4.7	MM4_einfahren, Bohrer einwechseln
	M3_Einschalten	Bool	%A5.0	M3 Kühl-/Schmiermittelpumpe

Totally Integrated Automation Portal		

EMA_2025 / PLC_1 [CPU 1516F-3 PN/DP] / PLC-Variablen

Merker [43]

PLC-Variablen									
Name	Datentyp	Adresse	Remanenz	Erreichbar aus HMI/OPC UA/Web API	Schreibbar aus HMI/OPC UA/Web API	Sichtbar in HMI Engineering	Überwachung	Kommentar
Reset Kette	Bool	%M1.0	False	True	True	True		Impuls Reset der Schrittkette
Schritt_1	Bool	%M1.1	False	True	True	True		Schritt 1 Initialschritt
Schritt_2	Bool	%M1.2	False	True	True	True		Schritt 2 Start Automatikkette
Schritt_3	Bool	%M1.3	False	True	True	True		Schritt 3 Bohrertisch vorfahren bis Vorposition
Schritt_4	Bool	%M1.4	False	True	True	True		Schritt 4 Motoren M1 und M3 einschalten
Schritt_5	Bool	%M1.5	False	True	True	True		Schritt 5 Bohrer o. Gewindeschneider vorfahren
Schritt_6	Bool	%M1.6	False	True	True	True		Schritt 6 Bohrertisch zurückfahren bis Vorposition
Schritt_7	Bool	%M1.7	False	True	True	True		Schritt 7 Drehtisch Arretierung lösen, Zähler erhöhen
Schritt_8	Bool	%M2.0	False	True	True	True		Schritt 8 Tisch um 90° vordrehen
Schritt_9	Bool	%M2.1	False	True	True	True		Schritt 9 Drehtisch arretieren, Drehzylinder wieder einfahren
Schritt_10	Bool	%M2.2	False	True	True	True		Schritt 10 Motoren M1 und M3 ausschalten
Schritt_11	Bool	%M2.3	False	True	True	True		Schritt 11 Werkzeugwechsel zum Gewindeschneiden
Schritt_12	Bool	%M2.4	False	True	True	True		Schritt 12 Werkzeugwechsel zum Bohren
Schritt_13	Bool	%M2.5	False	True	True	True		Schritt 13 Bohrertisch ganz zurückfahren
Schritt_14	Bool	%M2.6	False	True	True	True		Schritt 14 Beenden der Automatik
Schritt_15	Bool	%M2.7	False	True	True	True		Schritt 15 Reserve
Schritt_16	Bool	%M3.0	False	True	True	True		Schritt 16 Bohrmotor aus
Schritt_17	Bool	%M3.1	False	True	True	True		Schritt 17 Bohrmotor ein Linkslauf, Bohrtisch zurückfahren
Schritt_18	Bool	%M3.2	False	True	True	True		Schritt 18 Bohrmotor aus
Schritt_19	Bool	%M3.3	False	True	True	True		Schritt 19 Bohrmotor ein Rechtslauf
Merker_Automatik	Bool	%M3.4	False	True	True	True		Merker Betriebsart Automatik
Störung	Bool	%M3.5	False	True	True	True		Sammelmerker Störungen

Totally Integrated Automation Portal

	Name	Datentyp	Adresse	Remanenz	Erreichbar aus HMI/OPC UA/Web API	Schreibbar aus HMI/OPC UA/Web API	Sichtbar in HMI Engineering	Überwachung	Kommentar
	Reglerfreigabe_M1	Bool	%M3.6	False	True	True	True		Reglerfreigabe für Bohrmotor
	Zaehler=4	Bool	%M3.7	False	True	True	True		Zaehlerstand >= 4
	Merker_Auto_Gewindeschn	Bool	%M4.0	False	True	True	True		0=Bohren, 1=Gewindeschneiden
	Merker_Rechtslauf_Autom.	Bool	%M4.1	False	True	True	True		Merker_Bohrmotor_Rechtslauf in BA Automatik
	Merker_Linkslauf_Autom.	Bool	%M4.2	False	True	True	True		Merker_Bohrmotor_Linkslauf in BA Automatik
	Merker_Rechtslauf_Hand	Bool	%M4.3	False	True	True	True		Merker_Bohrmotor_Rechtslauf in BA Hand
	Merker_Linkslauf_Hand	Bool	%M4.4	False	True	True	True		Merker_Bohrmotor_Linkslauf in BA Hand
	Merker_FU_Bohrmotor_Rechtslauf	Bool	%M4.5	False	True	True	True		Übergabe-Merker_an_FU_Bohrmotor_M1_Rechtslauf
	Merker_FU_Bohrmotor_Linkslauf	Bool	%M4.6	False	True	True	True		Übergabe-Merker_an_FU_Bohrmotor_M1_Linkslauf
	Merker_FU_Bohrschlitten_Vorfahren	Bool	%M4.7	False	True	True	True		Übergabe-Merker_an_FU_Bohrschlittenmotor_M2_Vorfahren
	Merker_FU_Bohrschlitten_Zurückfahren	Bool	%M5.0	False	True	True	True		Übergabe-Merker_an_FU_Bohrschlittenmotor_M2_Zurückfahrenfahren
	Merker_FU_Bohrmotor_Reglerfreigabe	Bool	%M5.1	False	True	True	True		Übergabe-Merker_an_FU_Bohrmotor_M1_Reglerfreigabe
	Merker_FU_Bohrschlittenmotor_Reglerfreigabe	Bool	%M5.2	False	True	True	True		Übergabe-Merker_an_FU_Bohrschlittenmotor_M2_Reglerfreigabe
	Merker_FU_Drehzahl_Bohren	Bool	%M5.3	False	True	True	True		Übergabe-Merker_an_FU_Drehzahl_zum_Bohren
	Merker_FU_Drehzahl_Gewindechnieden	Bool	%M5.4	False	True	True	True		Übergabe-Merker_an_FU_Drehzahl_zum_Gewindechnieden
	Merker_Kühlmittelpumpe_einschalten	Bool	%M5.5	False	True	True	True		
	Hilfsmerker Reset Kette	Bool	%M5.6	False	True	True	True		
	Merker_Hand_Drehzahl	Bool	%M5.7	False	True	True	True		Merker_Hand_Drehzahl, 0=Bohren, 1=Gewindeschneiden
	Merker Automatik angehalten	Bool	%M6.0	False	True	True	True		Merker Betriebsart Automatik_angehalten, noch keine Handfunktion ausgeführt
	Rückmeldung_FU_M1_Sammelstörung	Bool	%M6.1	False	True	True	True		

Totally Integrated Automation Portal		

	Name	Datentyp	Adresse	Remanenz	Erreichbar aus HMI/OPC UA/Web API	Schreibbar aus HMI/OPC UA/Web API	Sichtbar in HMI Engineering	Überwachung	Kommentar
	Rückmeldung_FU_M2_Sammelstörung	Bool	%M6.2	False	True	True	True		

© Wang An Qi/shutterstock.com

Prüfungen an Leistungstransformatoren 144

Wechselspannungsprüfungen am Transformator 165

Prüfungen an Leistungstransformatoren

Stefan Seibel

Hochspannungstransformatoren gehören zu den größten Einzelkomponenten in der Energieübertragung. Ihre Lebensdauererwartung liegt im Bereich von mehr als 40 Jahren, deren Erreichung besonders bei kritischen Komponenten einer regelmäßigen Wartung und Überprüfung bedarf.

Transformatoren sind im Betrieb hohen Spannungsbelastungen ausgesetzt. Die elektrische Isolation muss nicht nur die betriebsbedingten hohen elektrischen Felder sicher trennen, sondern auch transiente Überspannungen durch beispielsweise Blitzeinschläge oder Schalthandlungen. Im Designprozess wird bei der Isolationskoordination entsprechend ein hoher Sicherheitsfaktor bei der Auslegung berücksichtigt. Mit zunehmender Betriebsdauer steigt das Risiko eines Fehlers naturgemäß an. Viele Alterungsmodelle sprechen hier von einer „Badewannenkurve“, bei der die Wahrscheinlichkeit eines Ausfalls zu Beginn auf Grund von herstellungsbedingten Fehlern hoch ist, dann mit einigen Wochen bis Monaten Betriebsdauer auf ihren Minimalwert sinkt und erst mit steigender Lebensdauer auf Grund von Alterung wieder ansteigt. Faktoren für eine rapide Alterung können u. a. sein:

- eindringende Feuchte durch defekte Dichtungen,
- temporäre Überlastung, z. B. durch einen lokalen Fehler,
- zyklische Überlastung,
- Korrosion,
- Zersetzung von Isolierstoff durch z. B. Teilentladungen (TE).

Viele Netzbetreiber führen aber beispielsweise schon nach der halben prognostizierten Lebensdauer eine präventive Revision durch, bei der je nach Wartungsplan beispielsweise der Stufenschalter gewartet wird und Hochspannungsdurchführungen getauscht werden können.

Überwachungssysteme für Transformatoren

Seit einigen Jahren geht der Trend immer mehr zur permanenten Überwachung von Transformatoren, z. B. durch DGA- oder TE-Monitoring-Systeme. Vorteile bei DGA-Monitoring-Systemen liegen u. a. in der geringeren Störanfälligkeit gegenüber externen Einflüssen wie z. B. durch wetterbedingte Koronaentladung, jedoch nachteilig bzgl. ihrer relativ langen Ansprechdauer, bis ein gelöstes Gas einen signifikanten Anstieg erzeugt. Bei TE-Monitoring-Systemen verhält es sich genau umgekehrt – bei hoher Feuchte, Beregnung oder stark verschmutzten Isolatoren der Hochspannungsdurchführungen können Oberflächenentladungen oder Koronaentladungen das System zum Ansprechen bringen, ohne dass eine kritische Entladung im Transformator vorhanden ist. Dafür sind die Reaktionszeiten hier sehr gering, auftretende TE werden unmittelbar erkannt. Durch geeignete Maßnahmen können externe Störer wirkungsvoll unterdrückt werden – sei es durch zusätzliche Schirmung, Gating oder anlernen einer KI, die im TE-Pattern Fehler systematisch erkennt und dann „Entwarnung“ gibt.

Einen besonders „groben“, aber schon lange etablierten Schutzmechanismus für Transformatoren stellt das Buchholz-Relais (auch Buchholzschalter genannt) dar (**Bild 1**). Der Buchholzschalter befindet sich meistens an einer Ölleitung im oberen Bereich des Transformators, wo Gase typischerweise hin entweichen würden. Er hat ein kleines Reservoir, um diese Gase auffangen zu können. Im Schalter selbst befindet sich ein sogenannter Schwimmer, der im Normalfall im Ölpegel aufschwimmt. Steigen nun im Transformator Gasblasen auf, sammeln diese sich im Buchholzschalter und sorgen dafür, dass der Schwimmer absinkt. Moderne Transformatoren haben dann eine Warnstufe, bei der nur ein Warnsignal ausgegeben wird, und bei weiterem Absinken die zweite Stufe, bei der automatisch abgeschaltet wird. Zusätzlich zum Schwimmermechanismus gibt es noch eine Staudruckklappe. Diese schaltet den Transformator sofort ab, sobald der Öldruck aus dem Kessel rapide ansteigt. Die Schaltsignale werden typischerweise überwacht und sind dem Netzbetreiber zugänglich, bzw. können durch Remote-Zugriff in Leitstellen visualisiert werden.

Werden nun Fehler in einem Transformator entdeckt, wird es wichtig diese einzugrenzen und zu bewerten. Hierfür stehen verschiedenste Verfahren zur Auswahl, die je nach Anwendungs- bzw. Schadensfall und je nach Größe/Art der Komponente in den Fokus der Diagnose rücken.

Diese Untersuchungen können mit grundsätzlichen Prüfungen beginnen, wie beispielsweise Messung des Wicklungswiderstands – gibt es hier zu hohe Abweichungen bei einer Wicklung, ist diese auffällig und könnte z. B. durch Überhitzung beschädigt worden, oder es könnte ein Kontaktproblem vorhanden sein. Weiterhin können Isolationswiderstände gemessen werden, das Übersetzungsverhältnis und die Schaltgruppe, der Verlustfaktor der Hauptisolation bestimmt werden usw. Ein besonderes diagnostisches Tool ist die SFRA (sweep frequency response analysis), in der an

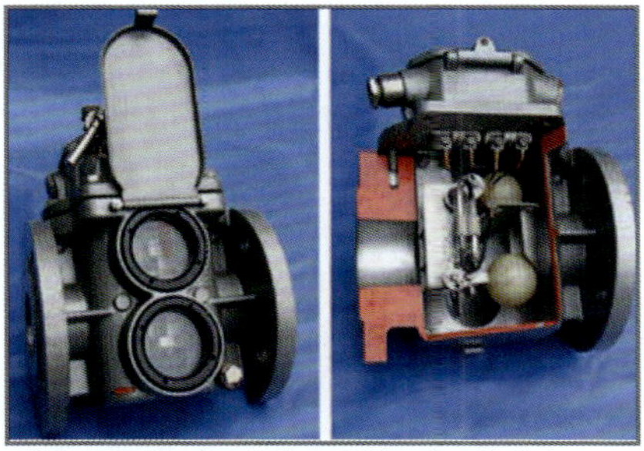
Quelle: Technik-Museum Kassel

Bild 1: Buchholzschalter: Sichtglas (links), innerer Aufbau mit Schwimmerschalter (rechts) [1]

jeder Hochspannungsdurchführung ein Signal angelegt wird, das aus einer Wobbelfrequenz besteht und deren Antwort in einem Diagramm dargestellt wird. Hierbei ergeben sich charakteristische Resonanzen, und in bestimmten Bereichen des Diagramms können bei Abweichungen von der Referenzmessung vor Auslieferung dann grobe Fehler eingegrenzt werden, wie Windungsschlüsse, Wicklungsverschiebungen (z.B. durch Transportschäden) oder Wicklungsdeformationen [2] [3].

Eingrenzen der Fehler durch TE-Messung

All diese Methoden helfen, Fehler auf bestimmte Bereiche des Transformators einzugrenzen. Es können jedoch nicht alle Fehler – vor allem Isolationssystembasierte Fehler – damit sicher detektiert werden. Hierfür bietet dich die TE-Messung an. Dieses diagnostische Verfahren gehört zu den zerstörungsfreien Prüfverfahren [4], und kann isolationsversagen im „Anfangsstadium“ erkennen. Eine TE ist ein teilweises, aber nicht vollständiges Versagen der elektrischen Isolation, bei der ein Teil der Isolationstrecke die angelegte Spannung nicht mehr halten kann, und es dann dort lokal zu einer Entladung kommt [5]. Ein Beispiel für eine TE zeigt **Bild 2.** Hier befindet sich ein Hohlraum in einem Feststoff – beispielsweise eine Gasblase in einem Epoxidharzkörper. Das elektrische Feld wird hier auf Grund der höheren Dielektrizitätszahl aus dem Feststoff in die Gasblase verdrängt, die auch noch eine geringere elektrische Festigkeit aufweist.

Bei der TE entlädt sich ein hochfrequenter, aber sehr kleiner Stromimpuls (wenige Pico-Coulomb bis einige Nano-Coulomb), der mit speziellen Messkreisen detektiert und sichtbar gemacht werden kann. Eine TE ist auch jedem Laien schon einmal begegnet – und zwar unter einer Freileitung. Hier hört man häufig ein Knistern, das daher rührt, dass nahe des hochspannungsführenden Leiters die elektrische Feldstärke die Durchschlagfeldstärke der Luft überschreitet und die Luft ionisiert wird. Es entsteht eine sogenannte Koronaentladung. Auf Grund der großen Distanz zum Gegenpotenzial (Mast, Boden) wird es aber nie zu einem Durchschlag kommen – es bleibt bei einer TE. In Luft ist das Phänomen nicht weiter dramatisch, da sich die Isolation „selbst heilt“ – es strömt einfach frische Luft nach. In einem Feststoff wiederum, wie der Papierisolation eines Leistungstransformators, kann es jedoch durch die anhaltende „Bombardierung“ des Isolierstoffes mit geladenen Teilchen zu einer nachhalti-

Quelle: S. Sibel

Bild 2: Beispiel für eine Teilentladung

gen Degradation der Isolierfähigkeit kommen – die Schadstelle vergrößert sich. Nach einiger Zeit führt das unweigerlich zum Ausfall der Komponente.

Die Messkreise für TE-Prüfungen bestehen in der Regel aus einer Koppelkapazität, mit der der Stromimpuls der Entladung von der Hochspannung entkoppelt werden kann. Daran angeschlossen ist ein Ankoppel-Vierpol, der den hochfrequenten Impuls aus dem Wechsel- oder Gleichspannungskreis auskoppelt und für die Messtechnik zur Verfügung stellt. Ein entsprechender Aufbau für die Prüfung an einem Hochspannungstransformator ist in **Bild 3** schematisch dargestellt.

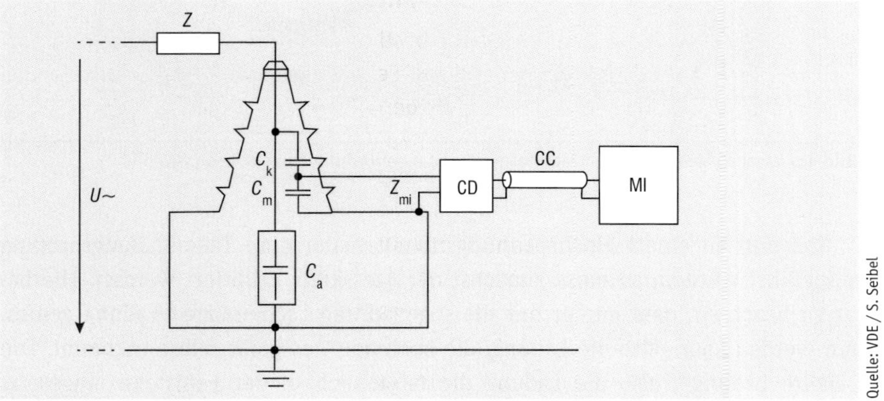

Bild 3: Prüfkreis zur Teilentladungsmessung an einer Hochspannungsdurchführung [5]

Exemplarischer Messaufbau mit Beispiel

An den Messabgriff der Durchführung wird ein Ankoppelvierpol (engl.: coupling device, kurz „CD“) angeschlossen, welcher über das Verbindungskabel (CC) an das Messgerät (MI) das Signal weiterleitet. Das Signal wird dann in der Regel analog aufbereitet, digitalisiert und mittels EDV verarbeitet und in einem phasenaufgelösten Teilentladungsmuster dargestellt, das sogenannten PRPD Pattern (phase-resolved partial discharge pattern). Entsprechende Messkreise sind in der Normung, z. B. IEC60270 [5] beschrieben und werden daher hier nicht näher erläutert.

Ein Beispiel für ein PRPD-Pattern zeigt **Bild 4** – hier ist das zu Bild 2 passende Muster einer TE in einem einzelnen, geschlossenen Hohlraum ohne Kontakt zu einer Elektrode dargestellt. Es bildet sich ein symmetrisches Muster heraus, das vor dem Nulldurchgang beginnt und nahe der Einsatzspannung (d. h. wenn die Spannung beim Hochfahren so gerade reicht, die TE zu zünden) einen sinusförmigen Verlauf annehmen kann.

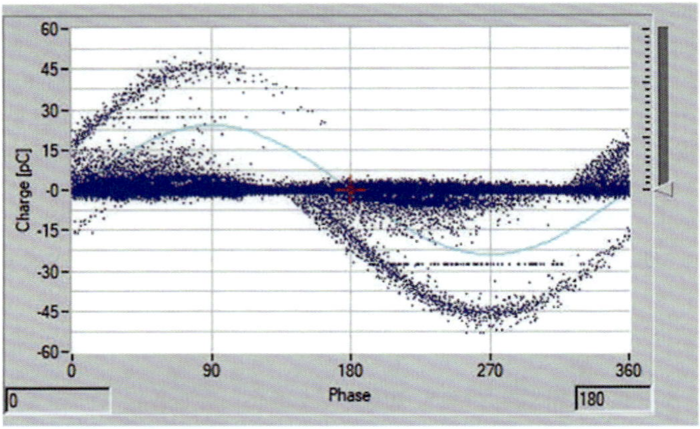

Quelle: S. Seibel

Bild 4: Phasenaufgelöstes Teilentladungsmuster zu einer Hohlraumentladung (vgl. Bild 2)

Soll nun an einem Hochspannungstransformator eine Teilentladungsprüfung ausgeführt werden, so muss zunächst der Messkreis kalibriert werden. Hierbei ist zu beachten, dass immer nur die sogenannten „scheinbare" Ladung gemessen werden kann, also die Ladung, die auch am Messgerät selbst ankommt. Die „wahre Ladung", also die Ladung die tatsächlich in der Fehlstelle umgesetzt wird, teilt sich in den parasitären Kapazitäten rund um die Fehlstelle und der Koppelkapazität sowie dem restlichen Messkreis auf. Die Berechnung der wahren Ladung ist nicht ohne genaue Kenntnis des Prüfkreises, der exakten Größe der Fehlstelle und vielen weiteren Einflussfaktoren möglich, und selbst dann ergibt sich immer noch eine hohe Ungenauigkeit. Sämtliche Normen definieren ihre Bestehensgrenzen aus diesem Grund grundsätzlich auf die gemessene „Scheinbare Ladung".

Die Kalibrierung geschieht mit einem sogenannten Kalibrator, der einen kalibrierten Stromimpuls mit bekannter Entladestärke in den Signalpfad zwischen Hochspannung und Erde einspeist. Entsprechende Kalibratoren gibt es bei vielen namhaften Herstellern (z. B. die in **Bild 5** dargestellte Variante der Firma Power Diagnostix).

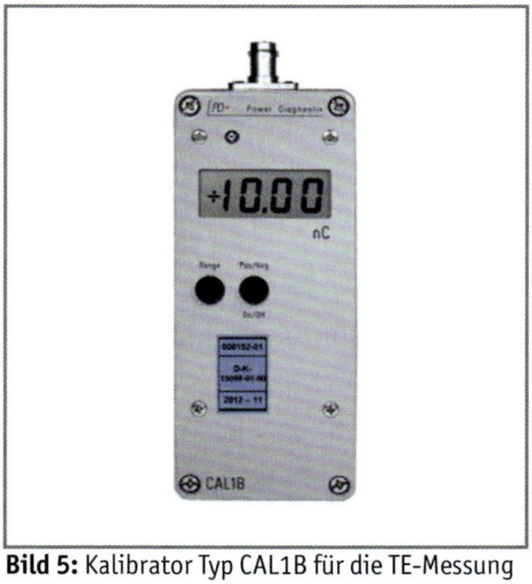

Quelle: Power Diagnostix

Bild 5: Kalibrator Typ CAL1B für die TE-Messung

Das eingespeiste Signal wird vom Messgerät erfasst und grafisch dargestellt. Bei der Kalibrierung sollte darauf geachtet werden, dass das Kalibriersignal deutlich vom Grundrauschen unterschieden werden kann (vgl. **Bild 6**). Das Messgerät wird dann auf den Einspeisewert kalibriert.

Mit einem Linearitätsabgleich kann dann überprüft werden, ob beispielsweise der nächsthöhere oder nächstkleinere Impulswert korrekt dargestellt wird. Wurde zum Beispiel mit 200 pC kalibriert, so kann mit Einspeisewerten 100 pC und bei 500 pC überprüft werden, ob das System linear arbeitet. Hierdurch wird sichergestellt, dass die Höhe der TE über einen breiten Messbereich sauber detektiert und abgebildet werden. Vor allem wenn es um eine Prüfung geht, in der ein bestimmter Grenzwert eingehalten werden soll, kann es hilfreich sein, nachweisen zu können, dass das Gerät korrekt arbeitet.

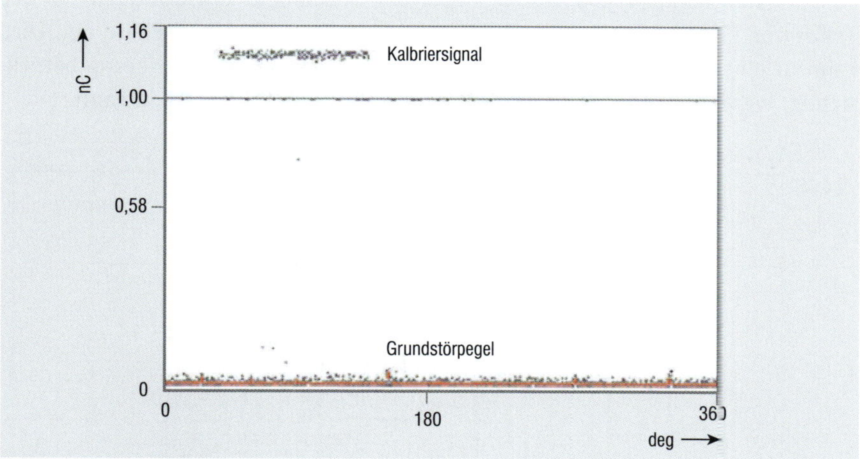

Bild 6: Exemplarische Darstellung von Kalibriersignal (hier 1 nC) im Vergleich zum Grundstörpegel

Einfluss des Hintergrundstörpegels

Für die Teilentladungsmessung ist weiterhin essenziell, dass der Hintergrundstörpegel möglichst gering ausfällt. Der Signal-Rausch-Abstand spielt hier eine entscheidende Rolle. Für Prüfungen sollte der Hintergrundstörpegel maximal den halben Bestehenspegel aufweisen, je niedriger, umso besser, um auch kleinere Entladepegel sicher detektieren zu können. In geschirmten Laboren mit guten Filtereinrichtungen ist das in der Regel kein Problem. Bei vor Ort-Prüfungen empfiehlt es sich, das Frequenzspektrum von Kalibrierimpuls und Rauschpegel zu betrachten, und ein günstiges Frequenzband für die Prüfung zu wählen. Ein exemplarisches Spektrum einer Kalibrierung ist in **Bild 7** dargestellt. Die rote Kurve zeigt das Frequenzspektrum eines Kalibierimpulses, dessen Maximum der Signalstärke im niedrigen Frequenzbereich zu finden ist, und dann zu höheren Frequenzen hin abnimmt. Die blaue Kurve zeigt den Hintergrundstörpegel. Im Bereich von 10 kHz bis etwa 150 kHz ergibt sich der höchste Störwert, dann zwischen den beiden grünen Linien ein Minimum, und dann steigt der Störpegel wieder leicht an. Der Bereich zwischen den beiden grünen Linien ist ideal für die Teilentladungsmessung, da wir hier einen sehr hohen Pegel beim Kalibriersignal und ein niedriges Störband finden. In diesem Fall hier ist das ca. 300 kHz Mittenfrequenz und ca. 270 kHz bis 300 kHz Bandbreite.

Bei Leistungstransformatoren muss an jeder Phase ≥ 72,5 kV eine Teilentladungsprüfung ausgeführt und diese für die Prüfung einzeln kalibriert werden [6]. Teilentladungsimpulse koppeln aber über den Sternpunkt sowie Induktivität des Trafos von Oberspannung zu Unterspannung, und von Phase zu Phase ein. Dies kann in einer Kreuzkoppelmatrix (**Tabelle 1**) während der Kalibrierung berücksichtigt werden, die bei einer möglichen Fehleranalyse hilfreich sein kann.

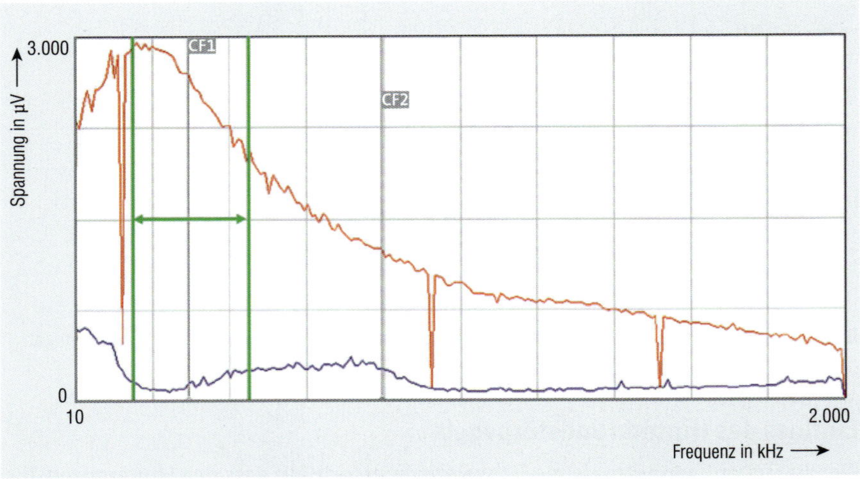

Quelle: S. Seibel

Bild 7: Frequenzspektrum eines Kalibrierimpulses (rot) und Hintergrundstörpegel (blau)

	1U	1V	1W	1N	2U	2V	2W	2N
1U	49,8	47,3	20,5	34,6	32,2	17,6	16,0	47,1
1V	58,7	491	42,8	53,6	17,5	34,1	17,8	47,9
1W	23,3	51,1	489	49,9	15,7	15,4	28,1	39,1
1N	115	120	124	500	150	175	185	94,6
2U	19,6	12,0	9,46	36,7	501	91,2	11,1	15,1
2V	11,2	21,7	10,6	41,2	15,2	499	11,0	15,5
2W	9,79	11,3	17,6	41,3	10,5	26,4	500	16,9
2N	247	247	218	207	169	160	153	487

Quelle: Power Diagnostix

Tabelle 1: Kreuzkoppelmatrix der TE-Kalibrierung in pC

Spannungsversorgung für Vor-Ort-Prüfungen

Soll nun ein Transformator in einem Umspannwerk oder Kraftwerk auf TE hin untersucht werden, muss dieser unter Spannung gesetzt werden, um die TE auslösen zu können. Dazu bieten sich verschiedene Ansätze an, die jeweils ihre eigenen Vor- und Nachteile haben:

- temporäre Online-Messung,
- permanente Online-Messung,
- Offline-Messung.

Bei der temporären Online-Messung wird der Transformator abgeschaltet und vom Netz isoliert. Es kann nun ein Messsystem installiert werden, mit dem beispielsweise an den Hochspannungsdurchführungen, aber auch durch temporär installierte Hochfrequenzsensoren (Stromwandler an der Erdungsklemme, Fenstersensoren, Antennen, die durchs Ölablassventil eingeführt werden, …) Teilentladungssignale entkoppelt werden können. Die Systeme und Sensoren werden kalibriert und der Transformator wieder für einige Zeit online geschaltet. Vorteilhaft ist hier die vergleichsweise einfache Installation und schnelle Wiederverfügbarkeit im Netz, allerdings liegt hier nur die Nennspannung während der Prüfung an. TE, die erst nach sehr langer Zeit bei Nennspannung oder bei Überspannung getriggert werden, könnten während der temporären Online-Messung nicht auftreten. Außerdem ist hier mit sehr starker Koronaentladung zu rechnen, gerade in den Spannungsebenen ab 220 kV.

Für temporäre Offline-Messungen bietet es sich daher an, die Speisung während der Prüfung von der Unterspannungsseite des Trafos her vorzunehmen, die Oberspannungsseite von Freileitungen zu trennen und die Durchführungen mit geeigneten Abschirmungen, z. B. große Hauben, Toroide o. ä. auszustatten. Bei der Einrichtung des Systems vor der Prüfung kann der wirkliche Störpegel und das günstigste Frequenzband in der Regel nicht genau bestimmt werden.

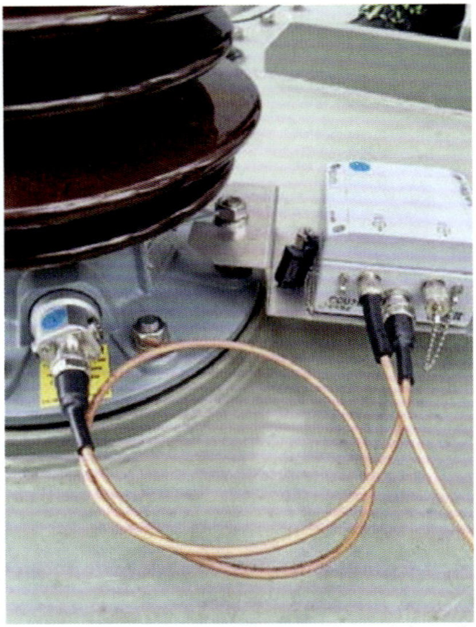

Quelle: Megger

Bild 8: Permanent installierter Ankoppelvierpol an einer Transformatordurchführung

Daher bietet es sich an, zunächst eine „grobe“ Vorkalibrierung zu machen, und dann während der Prüfung die Messung in einigen Frequenzbereichen vorzunehmen. Nachträglich (wenn der Transformator wieder offline ist) kann dann der günstigste Bereich „nachkalibriert“ werden, um eine Schätzung über die Sensitivität der Prüfung zu erhalten.

Ein Sonderfall bei der temporären Online-Messung stellt die Messung mit bereits vorinstallierten Sensoren, wie beispielhaft in **Bild 8** dargestellt, dar. Immer mehr Netzbetreiber lassen sich an kritischen Transformatoren Sensoren an z. B. die Messanschlüsse der Hochspannungsdurchführungen installieren, um dann in regelmäßigen Abständen TE messen zu können, ohne den Transformator abschalten zu müssen. Hierbei muss zwar immer noch ein Team vor Ort fahren, es kann aber innerhalb kurzer Zeit eine Übersicht über den aktuellen Zustand des Transformators erhalten. Außerdem können so auch TE gemessen werden, die ggf. durch das Abschalten und spätere Wiedereinschalten erlöscht wären.

Die permanente Online-Messung stellt die Erweiterung dieser Methode dar. Die Sensoren und die Messtechnik mit Auswerteeinheit sind dauerhaft installiert. Über einen Remote-Zugriff kann zu jeder Zeit die Teilentladungsaktivität überwacht werden. Aufzeichnungen sind in der Regel vorhanden, und es können bestimmte Level als „Alarmpegel“ definiert werden, so dass beim Überschreiten weitere Aktionen getriggert werden, wie z. B. Benachrichtigungen an den Betreiber. Auch bei der permanenten Onlinemessung stellt der Hintergrundstörpegel eine große Herausforderung dar. Wenn beispielsweise durch Regen Koronaentladungen an der Durchführung entstehen, steigt zunächst der gemessene Teilentladungspegel. Bei der Überwachung und Auswertung dieser Systeme muss das natürlich berücksichtigt werden. Diese Effekte können durch sinnvoll eingerichtete Maßnahmen zur Störunterdrückung reduziert, z. B. durch Gating und durch verbesserte Schirmung, aber nie ganz vermieden werden.

Bei der Offline-Messung wird der Transformator ganz vom Netz getrennt, und mit einer separaten Spannungsversorgung erregt. Der Aufwand für eine solche Prüfung ist enorm, es muss ein Umrichtersystem mit Hochspannungstransformator auf den zu prüfenden Transformator angepasst werden. In der Regel wird dafür auch ein Dieselgenerator benötigt, um die entsprechende Leistung bereit zu stellen. Der Transformator wird freigeschaltet und komplett vom Netz abgetrennt, um vom mobilen Prüfsystem versorgt zu werden.

Ein entsprechendes System zeigt **Bild 9** während einer Vor-Ort-Prüfung. Mit dem hier gezeigten mobilen Wechselspannungsprüfsystem der Firma Power Diagnostix können sowohl Routine-Abnahmeprüfungen als auch Diagnosemessungen an Ort und Stelle durchgeführt werden. Im Bild dargestellt ist der Aufbau für eine angelegte Spannungsprüfung an einer Phase eines Phasenschiebertransformators. Dazu wurde hier die Serienresonanzanlage verwendet, die einphasig bis zu 500 kV erzeugen kann.

Für eine induzierte Spannungsprüfung ist ein dreiphasiges Umrichtersystem mit jeweils 450 kVA pro Phase verfügbar. Die Frequenz kann frei zwischen 15 Hz bis 200 Hz eingestellt werden, so dass auch die für die induzierte Prüfung notwendige Frequenzerhöhung auf 100 Hz oder 120 Hz gewährleistet werden kann, die eine Sättigung des Transformatorkerns oberhalb der Nennspannung verhindert. Die Einspeisung geschieht dann über einen Step-up-Transformator, der bis zu 90 kV erzeugen kann und an die Sekundär- oder Tertiärwicklung des

Quelle: Power Diagnostix

Bild 9: Mobiles AC-Prüfsystem für Transformatorprüfung vor Ort

zu prüfenden Transformators angeschlossen wird. Ein System aus HF-Filtern unterdrückt dabei zusätzlich Störungen aus der Umrichterquelle. Die Ausgangsspannung sollte mit einem akkreditiert-kalibrierten Spannungsteiler gemessen werden, um eine möglichst präzise Spannungseinspeisung zu garantieren. Über das angelegte Wechselfeld induziert der Transformator auf den anderen Phasen eine mit dem Windungsverhältnis proportionale Spannung, so dass die während der Prüfung notwendige Prüfspannung erzeugt wird.

Anschluss und Kalibrierung der Teilentladungsmessung vor Ort

Bevor nun eine Teilentladungsprüfung an einem Transformator ausgeführt werden kann, muss zunächst der Ankoppelvierpol mit ggf. Vorverstärker ausgewählt und installiert werden. Exemplarisch ist in **Bild 10** der Anschluss an eine Hochspannungsdurchführung bei einer Vor-Ort-Offline-Messung dargestellt. Hier wurde das „ICMsystem" von Power Diagnostix verwendet. Der Ankoppelvierpol Typ „CIL4M" wurde dabei auf die Kapazität C1 der Durchführung abgestimmt. Es gibt einen Ausgang für eine über das kapazitive Verhältnis proportional geteilte Wechselspannung sowie einen Ausgang für ein Teilentladungssignal. Ein angeschlossener aktiver Vorverstärker Typ „RPA1" bereitet das analoge Signal auf, so dass das Messsystem einige 10 m entfernt vom Transformator in sicherer Distanz aufgebaut werden kann. Kurze Anschlusskabel und die unmittelbare Nähe zur Durchführung

Quelle: dieses und alle folgenden Bilder S. Seibel

Bild 10: Anschluss eines Ankoppel-Vierpoles und eines Vorverstärkers an der Durchführung eines Transformators vor Ort

sind hier essenziell, um Wanderwelleneffekte zu vermeiden und eine bestmögliche Signalqualität zu gewährleisten. Die Verbindungen sollten einen sehr guten elektrischen Kontakt haben, was gerade bei älteren Transformatoren auf Grund von Korrosion nicht immer einfach umzusetzen ist.

Ein besonderes Augenmerk sollte man auch auf die Erdung der Anlagen haben. Gerade über die Erdungsverbindung koppeln häufig Störimpulse ein. Es kann für die Offline-Prüfung sinnvoll sein, die Betriebserde des Trafos zu entfernen, und diesen ausschließlich über das Prüfsystem zu Erden, um Erdschleifen zu vermeiden. Bei Online-Messungen verbietet sich das selbstverständlich.

Vor-Ort-Prüfungen (Auswahl)

Einige Netzbetreiber wollen nach Aufbau neuer Transformatoren eine erneute elektrische Prüfung vor Ort ausführen lassen, um mögliche Transportschäden oder einen Fehler bei der Installation ausschließen zu können. Erst eine „offline" durchgeführte Hochspannungsprüfung kann sicher beweisen, dass bei Wiederholung der Ergebnisse aus dem FAT auch der Transport und die Installation vor Ort erfolgreich waren, und dass der Transformator für die nächsten Jahre betriebsbereit ist.

Wichtige Prüfungen sind dabei vor allem die angelegte Spannungsprüfungen an die Wicklungen gegen Erde bzw. die kurzgeschlossene(n) und geerdete(n) andere(n) Wicklung(en) und die induzierte Spannungsprüfung mit Teilentladungsmessung.

Angelegte Spannungsprüfung

Die angelegte Spannungsprüfung gilt immer nur für einen Teil des Transformators, d. h. eine Wicklung. Die anderen Wicklungen werden kurzgeschlossen und geerdet. Die zu prüfende Wicklung wird ebenfalls kurzgeschlossen und mit einer Hochspannungsquelle verbunden (**Bild 11**). Gibt es einen herausgeführten Sternpunkt, der betriebsmäßig geerdet ist, wird dieser ebenfalls an Hochspannung gelegt [4], wie in der Abbildung exemplarisch dargestellt. Ein Aufbau vor Ort ist in Bild 9 zusehen. Hier versah man die Hochspannungsdurchführungen mit Doppeltoroiden zur Vermeidung von Koronaentladungen während der Prüfung. Die Zuleitung wurde über einen flexiblen Aluminiumschlauch teilentladungsfrei ausgeführt.

Die Prüfspannung ist dabei vom Hersteller vorgegeben, je nach Größe der Sternpunktdurchführung kann die Prüfspannung aber erheblich von der Prüfspannung der induzierten Prüfung abweichen. Bei der Vorbereitung zur Prüfung ist weiterhin wichtig, von den Durchführungen mögliche Funkenhörner und parallel angeschlossenen Überspannungsableiter zu entfernen, da diese mögli-

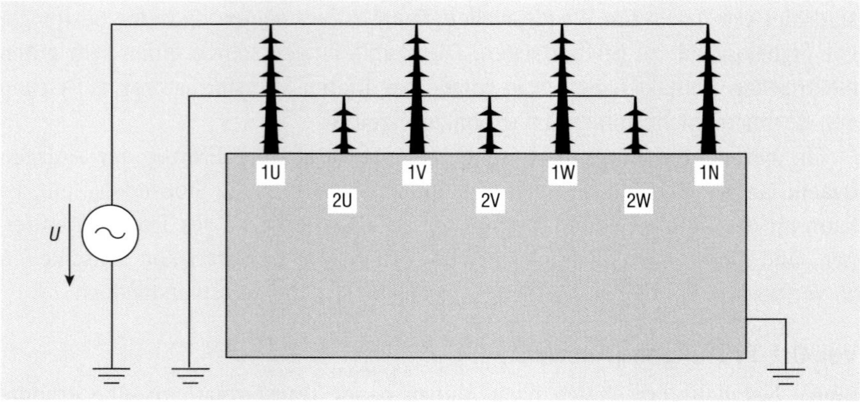

Bild 11: Schaltbild angelegte Spannungsprüfung an der Oberspannungswicklung eines Transformators

cherweise eine Ansprechspannung unterhalb der Prüfspannung haben könnten. Ebenso sollte das Buchholzrelais entgast werden, um später mögliche Gase, die während der Prüfung entstehen könnten, analysieren zu können.

Grundsätzlich gilt bei der angelegten Spannungsprüfung nur das Kriterium *bestanden* oder *nicht bestanden*, eine Teilentladungsprüfung ist nicht gefordert. Dennoch kann es aus diagnostischen Zwecken sinnvoll sein, zuvor eine TE-Kalibrierung vorzunehmen, den Aufbau möglichst teilentladungsfrei zu gestalten und während der Prüfung den Pegel im Auge zu behalten.

Zu Beginn der Prüfung sollte die Spannung zunächst nur auf ca. 25 % der Prüfspannung erhöht werden. Danach sollte man die Spannung zügig, z. B. innerhalb von 15 s, aber nur so schnell, dass die Messeinrichtung verlässliche Werte zeigt, auf die Prüfspannung erhöhen. Die Prüfdauer beträgt nach IEC 60076 eine Minute (60 s). Nach Ablauf der Prüfdauer soll die Spannung zügig, beispielsweise innerhalb von 5 s, auf null reduziert werden.

Die Prüfung gilt als bestanden, wenn

1. die Spannung während der Prüfung nicht zusammenbricht oder es hörbare Überschläge im Tank gibt,
2. kein Rauch aufsteigt und
3. der Prüfstrom nicht plötzlich stark ansteigt.

Wird die Prüfung nicht bestanden, und der Fehler kann in einer der Hochspannungsdurchführungen nachgewiesen werden, so ist es möglich, die Durchführung gegen eine andere temporäre Durchführung zu tauschen und die Prüfung zu wiederholen. Gleiches gilt für mögliche Teilentladungen aus einer der Durchführungen [7].

Induzierte Spannungsprüfung mit Teilentladungsmessung

Bei der induzierten Spannungsprüfung mit Teilentladungsmessung wird der Transformator im Leerlauf geprüft. Das heißt, es ist keine Last angeschlossen, und es müssen nur die Leerlaufverluste gedeckt werden. Nach IEC60076-1 wird ab $U_m > 72{,}5$ kV bei der induzierten Spannungsprüfung die Teilentladungsmenge bestimmt, bei geringerer Bemessungsspannung ist eine Teilentladungsmessung nicht erforderlich. Für den Spannungsbereich bis $U_m < 170$ kV wird nur eine kurze Stehwechselprüfung (ACSD – alternating current short duration) ausgeführt, bis $U_m < 300$ kV ACLD (alternating current long duration) mit 30 min Prüfdauer. Ab $U_m > 300$ kV verlängert sich die Prüfzeit auf eine Stunde (1 h) [6], [7].

In **Bild 12** ist der Prüfaufbau für eine induzierte Spannungsprüfung schematisch dargestellt. Es gibt eine dreiphasige Spannungsquelle, die beispielsweise ein Motor-Generatorsatz sein kann, oder aber auch eine auf einem elektronischen Umrichter basierte Spannungsquelle. Diese speist unterspannungsseitig den Transformator mit um 120° versetztem Wechselstrom. Der Transformator in diesem Beispiel hat nur eine Wicklung mit $U_m > 72{,}5$ kV, daher wird nur an 1U, 1V und 1W die Teilentladungsmenge gemessen. Der Sternpunkt der Wicklung 1N ist herausgeführt und wird für die Prüfung wie auch im Betrieb geerdet. Eine Teilentladungsmessung kann hier zunächst entfallen, da sie nach Norm für Routineprüfungen nicht vorgesehen ist.

Während der Prüfung muss nun eine bestimmte Prüfsequenz eingehalten werden (**Bild 13**). Die Sequenz ist für ACSD und ACLD immer gleich, lediglich einige Parameter unterscheiden sich, wie in **Tabelle 2** erläutert. Zu beachten ist

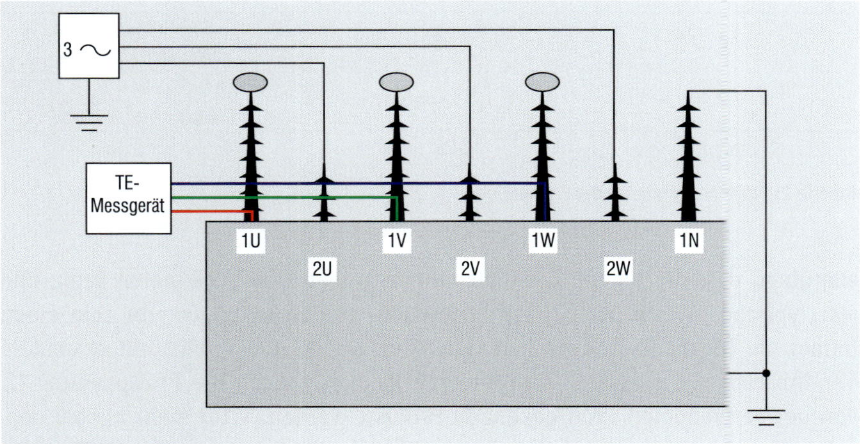

Bild 12: Beispielhafter Aufbau für eine dreiphasige induzierte Spannungsprüfung mit TE-Messung an der Oberspannungsseite

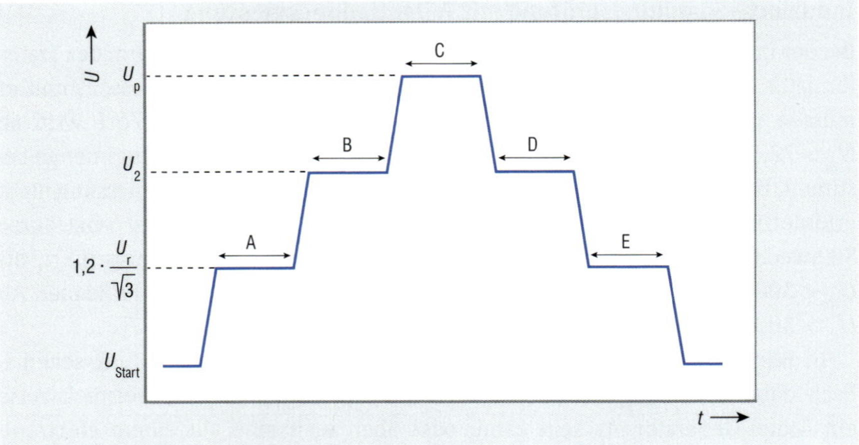

Bild 13: Prüfsequenz als Spannungs-Zeit-Diagramm für ACSD und ACLD [4]

Parameter	ACSD	ACLD
U_{start}	$< 0{,}4 \cdot \frac{U_r}{\sqrt{3}}$	$< 0{,}4 \cdot \frac{U_r}{\sqrt{3}}$
U_2	$1{,}58 \cdot \frac{U_r}{\sqrt{3}}$	$1{,}58 \cdot \frac{U_r}{\sqrt{3}}$
U_p	$2 \cdot \frac{U_r}{\sqrt{3}}$	$1{,}8 \cdot \frac{U_r}{\sqrt{3}}$
Zeit „A“	min. 1 min	min. 1 min
Zeit „B“	5 min	5 min
Zeit „C“	60 s	60 s für $U_m \leq 800$ kV 300 s für $U_m > 800$ kV
Zeit „D“	5 min	30 min für 72,5 kV $< U_m \leq 170$ kV 60 min für $U_m > 170$ kV
Zeit „E“	min. 1 min	min. 1 min

Quelle: IEC60076 [6]

Tabelle 2: Typische Parameter der Prüfsequenz

allerdings, dass die Tabelle 2 lediglich einen groben Überblick bieten kann, und als „typische“ Werte nach Norm angesehen werden sollte. Es gibt zum einen immer die Möglichkeit, zwischen Hersteller, Kunde und Prüfinstitut besondere Vereinbarungen zu treffen. Zum anderen kann z. B. auch die Prüfspannung U_p von der verwendeten Prüffrequenz beeinflusst werden. Wird mehr als die doppelte Nennfrequenz verwendet, ist es möglich die Prüfdauer t zu reduzieren gemäß der Formel:

$$t = 120 \frac{\text{Nennfrequenz}}{\text{Prüffrequenz}}$$

Solange die Prüfdauer t größer als 15 s bleibt [4]. Im Folgenden wird der Prüfablauf für einen Transformator mit $U_m > 170$ kV exemplarisch beschrieben:

1. Zu Beginn der Prüfung wird zunächst mit geringer Spannung gestartet, um den Hintergrundstörpegel während der Teilentladungsmessung aufzuzeichnen. Gerade bei inverterbasierten Quellen können sich hier ggf. höhere Grundstörpegel im Vergleich zum Rest der Prüfung ergeben, da die Spannungsquelle nur gering belastet ist und dadurch mehr Störungen aussendet. Für die Routineprüfung sollte der maximale TE-Störpegel bei 50 pC liegen, um eine ausreichende Sensitivität während der Prüfzeit „E“ am Ende der Prüfung zu haben.
2. Die Spannung wird dann auf 120 % der Nennspannung ($1{,}2 \cdot U_r/\sqrt{3}$) erhöht, und eine Minute gehalten. Hier muss ebenfalls eine Messung der Teilentladungsmenge erfolgen, so dass es einen Referenzwert zum Vergleich am Ende der Prüfung gibt.
3. Danach wird im Intervall „B“ die Spannung auf den eigentlichen Prüfdauerpegel erhöht, und für 5 min gehalten. Hierbei soll die Teilentladungsmenge vor der Prüfspannung ermittelt werden.
4. Die Prüfspannung selbst wird dann im Intervall „C“ für eine Minute gehalten. Eine Teilentladungsmessung ist nicht erforderlich, und es dürfen sogar Teilentladungen entstehen, solange diese nach der Reduzierung der Spannung im Intervall „D“ wieder erlöschen.
5. Im Intervall „D“ wird nun die Spannung bei $1{,}58 \cdot U_r/\sqrt{3}$ für eine Stunde gehalten. Es soll auf mindestens einem Kanal permanent die Teilentladungsmenge überwacht und alle 5 min auf allen Kanälen kontrolliert und aufgezeichnet werden. Für eine tiefere Analyse kann es sinnvoll sein, die phasenaufgelösten Teilentladungsmuster anzeigen zu lassen und zu speichern, sollte mehr als das Grundrauschen detektiert werden. Im Idealfall sieht der Prüfer nur das Grundrauschen, das in **Bild 14** zu sehen ist.
6. Nach Ablauf der Stunde Prüfdauer wird die Spannung im Abschnitt „E“ wieder auf 120 % reduziert, und mit den Werten zu Beginn der Prüfung verglichen. Die Spannung wird für 1 min gehalten, anschließend wird die Spannung auf den Startwert reduziert, eine letzte Messung der Teilentladungsmenge ausgeführt, um zu verifizieren ob sich der Grundstörpegel verändert hat, und dann die Spannung abgeschaltet.

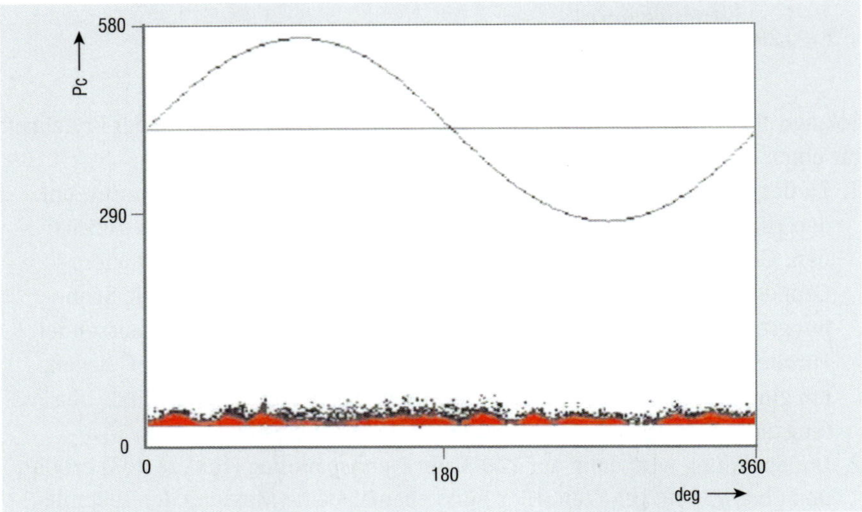

Bild 14: Phasenaufgelöstes TE-Muster während einer Transformatorprüfung (nur Grundrauschen erkennbar)

Die Prüfung gilt als bestanden, wenn alle der folgenden Kriterien erfüllt werden [4]:

a. kein Einbruch der Prüfspannung,
b. keine Teilentladungen > 250 pC während der einstündigen Prüfdauer,
c. es wird kein ansteigender Trend des Teilentladungspegels während der Stunde Prüfdauer beobachtet und es gibt keinen plötzlichen Anstieg während der letzten 20 min der Prüfung,
d. während der Stunde Prüfdauer gibt es insgesamt keinen Anstieg um mehr als 50 pC,
e. die Teilentladungsmenge während des Intervalls „E“ ($1{,}2 \cdot U_r/\sqrt{3}$) am Ende der Prüfung übersteigt nicht 100 pC.

Können die Kriterien c) oder d) nicht erfüllt werden, darf die Prüfdauer verlängert werden, bis sie für eine Stunde kontinuierlich erfüllt wurden. Dies kann z. B. der Fall sein, falls es externe Entladungen während der Prüfung gab [4].

Identifikation und Ortung von Teilentladungen

Wurden während der Prüfungen Teilentladungen gemessen, gilt es nun, den Ort der Entstehung zu bestimmen. Hierzu wird das TE-Muster analysiert, um eine Idee über die Art der Entladung zu erhalten, d. h. ist es

a. eine externe Entladung an einem der Isolatoren der Hochspannungsdurchführungen,

b. ein Kontaktrauschen durch fehlerhafte Montage eines Teils oder
c. doch eine innere Teilentladung?

Korona- und Oberflächenentladungen außen an einer Hochspannungsdurchführung können mittels Richtmikrofon oder UV-Kamera geortet werden Ein Beispiel dazu zeigt **Bild 15**: Hier wurde während einer Transformatorprüfung eine Teilentladung gemessen. Diese deutete auf eine Spitze auf Erdpotential hin (Entladung nur im Maximum der positiven Halbwelle). Mit einem Richtmikrofon mit Parabolspiegel konnte ein Baugerüst, welches für die Überarbeitung des Transformators und die Montage der Ankoppelvierpole benötigt wurde, als Fehlerquelle identifiziert werden. Die Aktivität beruhigte sich jedoch nach wenigen Minuten, und die Prüfung wurde erfolgreich beendet.

Innere TE oder Kontaktrauschen im Trafo müssen aufwändiger über die Signalanalyse lokalisiert werden. Dabei sollte zunächst die gemessene Signalstärke je Phase verglichen werden, d. h. an welcher Phase gibt es den höchsten Entladepegel. Gibt es mehrere Wicklungen an denen gemessen wird, kann auch die betroffene Wicklung identifiziert werden. Zusätzlich könnte, falls eine Wicklung mit Sternpunkt betroffen ist, dieser in die Messung mit aufgenommen werden. Eigentlich wird am Sternpunkt nicht gemessen. Wird dieser aber niederinduktiv geerdet, z. B. über eine Luftspule mit 50 bis 100 Windungen, kann dort ebenfalls mit zumindest geringer Sensitivität eine TE-Messung stattfinden. Über die Zuordnung der Phasen-Synchronisierung des TE-Musters kann die Entstehung näher

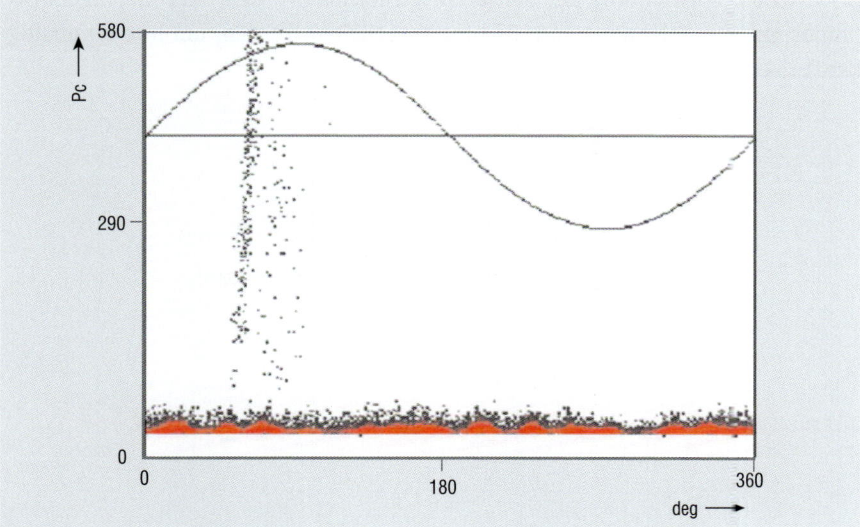

Bild 15: Phasenaufgelöstes TE-Bild einer externen Entladung (Spitze auf Erdpotenzial)

eingegrenzt werden: zu welcher Phase gehört das Muster? Ist die Entladestärke am Sternpunkt höher als an der Hochspannungsdurchführung?

Kann die Entladung nun auf eine Phase an einer Wicklung eingegrenzt werden, und sind Baupläne vom Hersteller vorhanden, kann versucht werden, mittels Körperschallsensoren eine akustische Ortung der Teilentladungen durchzuführen. Dabei werden Sensoren außen am Tank angebracht, die kleinste Schallsignale auffangen und in elektrische Signale umwandeln können (**Bild 16**). Zu beachten ist dabei, dass die Ölstrecke vom Ort der vermuteten Entladung zum Sensor möglichst „frei“ sein sollte, da diverse Einbauten im Trafo das Schallsignal abschwächen oder reflektieren könnten. Wird ein akustisches Signal „empfangen“, kann dieses mit dem elektrischen Signal über ein Oszilloskop synchronisiert werden, und so die Laufzeit bestimmt werden.

Mit Hilfe der Schallgeschwindigkeit in Öl kann so der Ort der Entstehung eingegrenzt werden. Kommen mehrere Kanäle an verschiedenen Orten am Tank zum Einsatz, erhöht sich die Genauigkeit der Fehlerortung. In der Praxis hat es sich als hilfreich erwiesen, drei Kanäle zu verwenden, um ein „überbestimmtes“ System zu erhalten. Ein exemplarisches Diagramm ist in **Bild 17** dargestellt, in dem in Kanal 1 das elektrische Signal, und in den anderen Kanälen das akustische Signal symbolhaft dargestellt sind. Mit der genauen Kenntnis des Abstands der Sensoren ist es nun möglich, eine Fehlerortung „in die Tiefe“ des Trafos vorzunehmen. Diese Vorgehensweise sollte einmal in horizontaler und einmal in vertikaler Ausrichtung der Sensoren wiederholt werden, und die Ergebnisse immer mit den Zeichnungen des Trafos abgeglichen werden, um ihre Sinnhaftigkeit zu verifizieren.

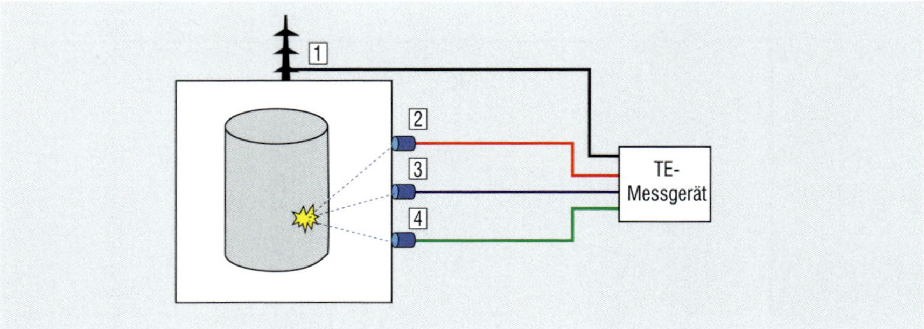

Bild 16: Akustische Teilentladungsortung mit drei Körperschallsensoren

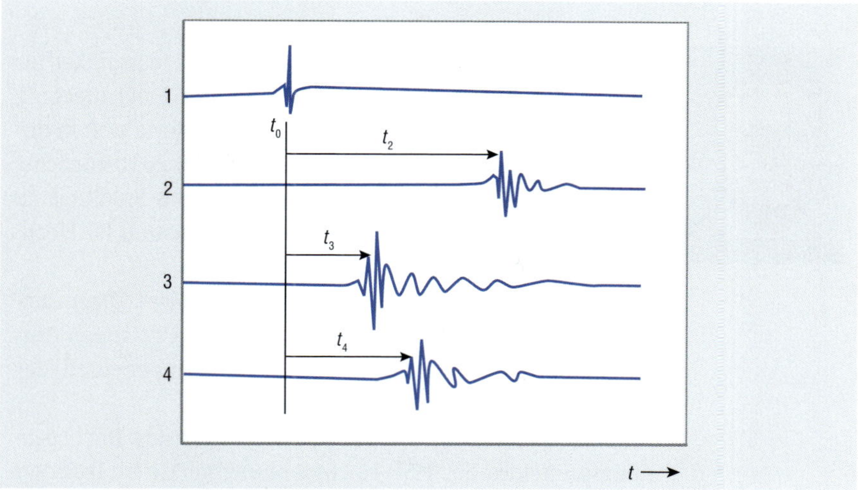

Bild 17: Laufzeitunterschiede vom elektrischen Signal (Kanal1) zu akustischen Signalen (Kanal 2 bis 4)

Quellen

[1] *W. Dünkel,* „Technik Museum Kassel,“, www.tmkkassel.de (11.5.2025)

[2] *A. Küchler,* Hochspannungstechnik, Heidelberg: Springer, 2009

[3] „Sweep frequency response analysis – Wikipedia,“ (21.4.2025)

[4] I. e. commission, IEC 60076-3 Power transformers – Insulation levels, dielectric tests and external clearances in air, Geneva, 2013

[5] DIN EN 60270 – Hochspannungs-Prüftechnik – Teilentladungsmessungen, Berlin: VDE Verlag GmbH, 2016

[6] I. E. Commission, IEC60076-1 – Power transformers Part 1: General, 2011

[7] ABB Service Handbook for Transformers, 1st international edition Hrsg., 2006

[8] *A. C. e. al.*, ABB Testing of Power Transformers, Düsseldorf: Pro Print GmbH, 2003

Autor

Stefan Seibel hat nach seiner Ausbildung als Elektroniker für Geräte und Systeme 2007 das Studium der Elektrotechnik an der RWTH Aachen begonnen. Er spezialisierte sich in der Fachrichtung Energietechnik und arbeitete ab 2010 zunächst als studentische Hilfskraft, nach Abschluss des Studiums ab 2014 als wissenschaftlicher Mitarbeiter am Institut für Hochspannungstechnik an der RWTH Aachen.

Anfang 2019 wechselte Herr *Seibel* zur Power Diagnostix als Serviceingenieur und führte dort Vor-Ort-Prüfungen (insbesondere Teilentladungsprüfungen) an Komponenten der Hochspannungstechnik in Europa aus.

Seit November 2021 ist Herr *Seibel* Leiter des Hochspannungsprüffeldes der HSP Hochspannungsgeräte in Troisdorf und ist dort verantwortlich für die Routine- und Typprüfungen der Hochspannungsdurchführungen.

Wechselspannungsprüfungen am Transformator

Jörn Hollje

Transformatoren sind das Herzstück elektrischer Energieübertragung – doch ihr Verhalten unter Prüffeldbedingungen offenbart weit mehr als bloße Effizienzwerte. Dieser Beitrag bietet fundierte Einblicke in die komplexen Zusammenhänge zwischen Konstruktion, magnetischem Verhalten und dem Einfluss der Erregerspannung bei Wechselspannungsprüfungen. Die folgenden Abschnitte zeigen, wie physikalische Grundlagen und technische Praxis bei der Prüfung ineinandergreifen.

Betriebszustände und Wirkungsgrad

Wird der Transformator am Netz betrieben nimmt dieser unterschiedliche Betriebszustände an. Das Systemverhalten hängt von der zeitlichen Veränderung der Amplituden der sinusförmigen Ströme, Spannungen und Frequenz ab. Ein stationärer Betriebszustand existiert in der Praxis nicht, da sich elektrische Größen aufgrund von wechselwirkenden Vorgängen im Netz zeitlich verändern. Beispielsweise wirkt sich das Belastungsverhalten auf den Wirkungsgrad des Transformators aus (η_T). Aus Sicht des Betriebsmittels hängt der Bemessungswirkungsgrad η_N von den konstruktiven Eigenschaften der Bemessungsleistung S_N, den Leerlaufverlusten Pound den Kurzschlussverlusten P_k ab. Aus Sicht des Netzes von der Belastung cos φ_{Last} (Gl. 1):

$$\eta_N = \frac{S_N \cdot \cos\varphi_{Last}}{S_N \cdot \cos\varphi_{Last} + P_o + P_k} \quad \text{(Gl.1)}$$

In jedem Betriebszustand prägen sich unterschiedliche charakteristische Größen (elektrische Betriebsgrößen) mehr oder weniger aus. In **Bild 1** ist die Wirkung der Konstruktion auf die elektrischen Betriebsgrößen dargestellt. Im Allgemeinen darunter Kurzschluss (rot), Belastung (grün) und Leerlauf (blau).

Im Leerlaufbetrieb eines Betriebsmittels treten Erscheinungen auf, die mit der Dimensionierung der magnetischen Komponenten (Eisen) zusammenhängen. Hierbei stehen neben dem technischen Nutzen für den Betreiber auch wirtschaftliche Aspekte im Vordergrund.

Die EU-Ökodesign-Richtlinie 2009/125/ EG verordnete in Abhängigkeit der Bauart und Nennleistung maximal zulässige Kurzschluss- und Leerlaufverluste, abweichend, wenn bestimmte Kriterien erfüllt sind, Mindestanforderungen an die Energieeffizienz. In Abhängigkeit der Dimensionierung des Eisenkerns wird der fließende Leerlaufstrom I_0, bestehend aus der Wirbelstromkomponente I_W und des Magnetisierungsstroms I_μ, beeinflusst.

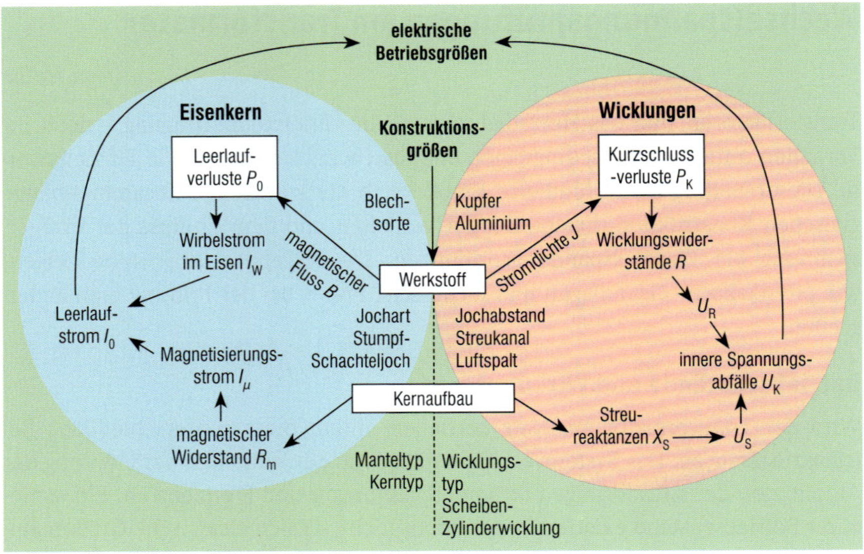

Bild 1: Wirkung der Konstruktion auf die elektrischen Betriebsmittelgrößen, vgl. [1]

Diese Stromkomponenten wirken sich auf den Teillastbetrieb aus. Wird der Teillastfaktor n (Gl. 2, in Bild 2) mit betrachtet zeigt sich die Auswirkung von P_o und P_k auf den Wirkungsgrad (Gl. 3, in Bild 2).

Die Rolle des Eisenkerns im Leerlaufbetrieb

Der Anteil von Kurzschlussverlusten ist immer deutlich höher und hat damit mehr Wirkung im Lastbetrieb. Im Teillastbetrieb oder Leerlauf hat die Eisenkomponente mehr Einfluss. Am Beispiel eines Trockentransformators (20 kV / 0,4 kV / 2.500 kVA / Dyn5) liegt das Verhältnis der Kurzschluss- und Leerlaufverlusten bei 1:5. Im Allgemeinen ist der Wirkungsgrad eines Transformators im Teillastbetrieb besser und nimmt mit der Belastung ab (**Bild 2**).

Wirkungsweisen lassen sich im energietechnischen Ersatzschaltbild (ESB) betrachten und zeigen welche äquivalenten Komponenten den Strom aus Sicht des Betriebsmittels beeinflussen (**Bild 3**). Ausgehend vom gesamten ESB ist der Transformator im Leerlauf zu betrachten, wenn auf der Primärseite keine Belastung herrscht bzw. die Belastungsimpedanz Z_L vernachlässigbar groß ist (ideal $Z_L \rightarrow \infty$). Dann fließt auf der Primärseite kein Strom und das ESB erhält eine vereinfachte Form. In Anlehnung an Bild 1 erhält das ESB eine weitere Vereinfachung, in dem die Längselemente auf der Sekundärseite vernachlässigt werden.

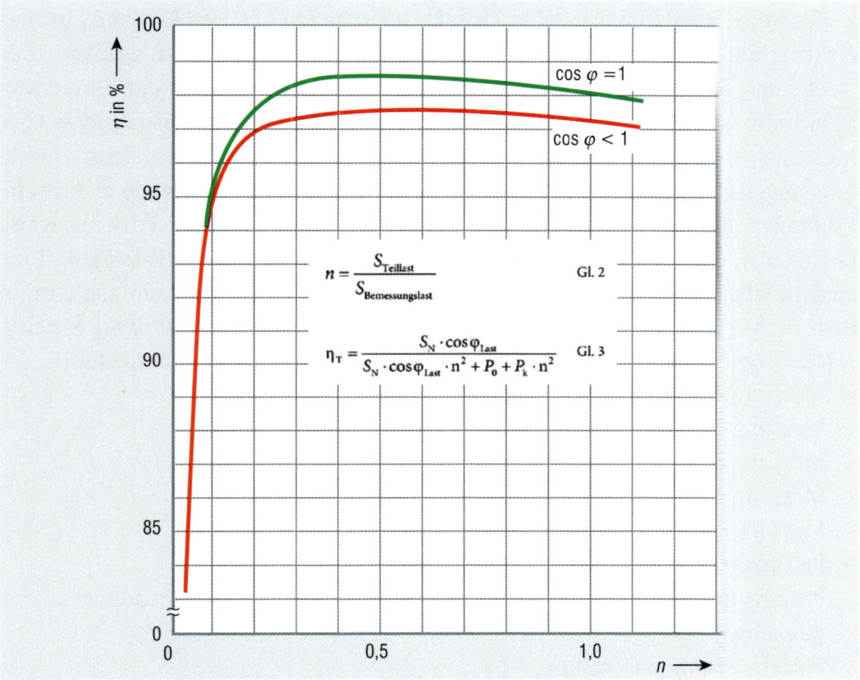

Quelle: J. Hollje

Bild 2: Wirkungsgrad des Transformators in Abhängigkeit der Belastung

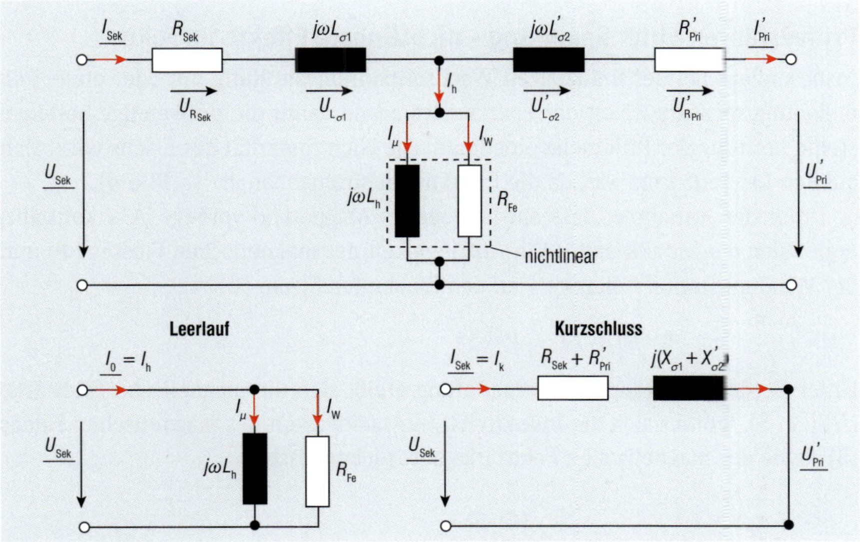

Quelle: J. Hollje

Bild 3: Energietechnisches Transformator-Ersatzschaltbild (ESB) und abgeleitete Lastfälle

Teilweise werden dargestellte charakteristische Größen des Aktivteils bei der elektrischen Prüfung von Transformatoren zur Beurteilung herangezogen. Der Strom und Spannungszeiger im Ersatzschaltbild sind aus Sicht der Unterspannungsseite zu betrachten, weil z. B. bei der Überprüfung des Isoliersystems oder Messung der Leerlaufverluste eine Prüfspannung an der Unterspannungswicklung angelegt wird. Im Allgemeinen werden vom Hersteller folgende elektrische Prüfungen durchgeführt [2] [3]. Darunter dienen erstere der Wirkungsweise (Aktivteils), die letzten vier der Überprüfung des Isoliersystems (Passivteil). Eine ausführliche Betrachtung einzelner Komponenten und deren Beurteilung wird in dem Artikel *„Das deterministische Betriebsmittel – elektrische Prüfung und Zustandsdiagnose von Transformatoren“* EMA-Jahrbuch 2024 [4] durchgeführt:

- Messung des Wicklungswiderstands,
- Messung der Übersetzung und Überprüfung der Phasenlage,
- Messung der Kurzschlussimpedanz und Kurzschlussverluste,
- Messung der Leerlaufverluste und des Leerlaufstromes,
- Messung der Nullimpedanz(en,)
- Prüfung mit angelegter Wechselspannung,
- Prüfung mit induzierter Wechselspannung mit und ohne Teilentladungsmessung,
- Blitzstoßspannungsprüfung,
- Schaltstoßspannungsprüfung.

Prüfverfahren unter Spannung – nichtlineare Effekte im Fokus

Insbesondere bei der induzierten Wechselspannungsprüfung mit oder ohne Teilentladungsmessung spielt der Leerlaufstrom und damit die notwendige bereitgestellte Leistung der Prüfquelle eine Rolle. Die Nichtlinearität des Eisens wirkt sich auf den Leerlaufstrom aus, da die Induktivität stromabhängig ist (**Bild 4**).

Unter der Annahme, dass ein homogenes Magnetfeld vorliegt (A = konstant) ergibt sich die Induktivität (*L*) in Abhängigkeit des magnetischen Flusses (*Φ*) und der Windungszahl (*N*) bezogen auf den fließenden Strom (Gl. 4):

$$L = \frac{N \cdot \Phi}{I} \quad \text{mit} \quad \Phi = B \cdot A \qquad \text{(Gl. 4)}$$

Unter Berücksichtigung der Durchflutung ergibt sich die magnetische Feldstärke (*H*) (Gl. 5), woraus sich die Induktivität in Abhängigkeit des magnetischen Feldes (B) sowie der magnetischen Feldstärke ausdrücken lässt:

$$H = \frac{I \cdot N}{l_{\mathrm{m}}} \qquad \text{(Gl. 5)}$$

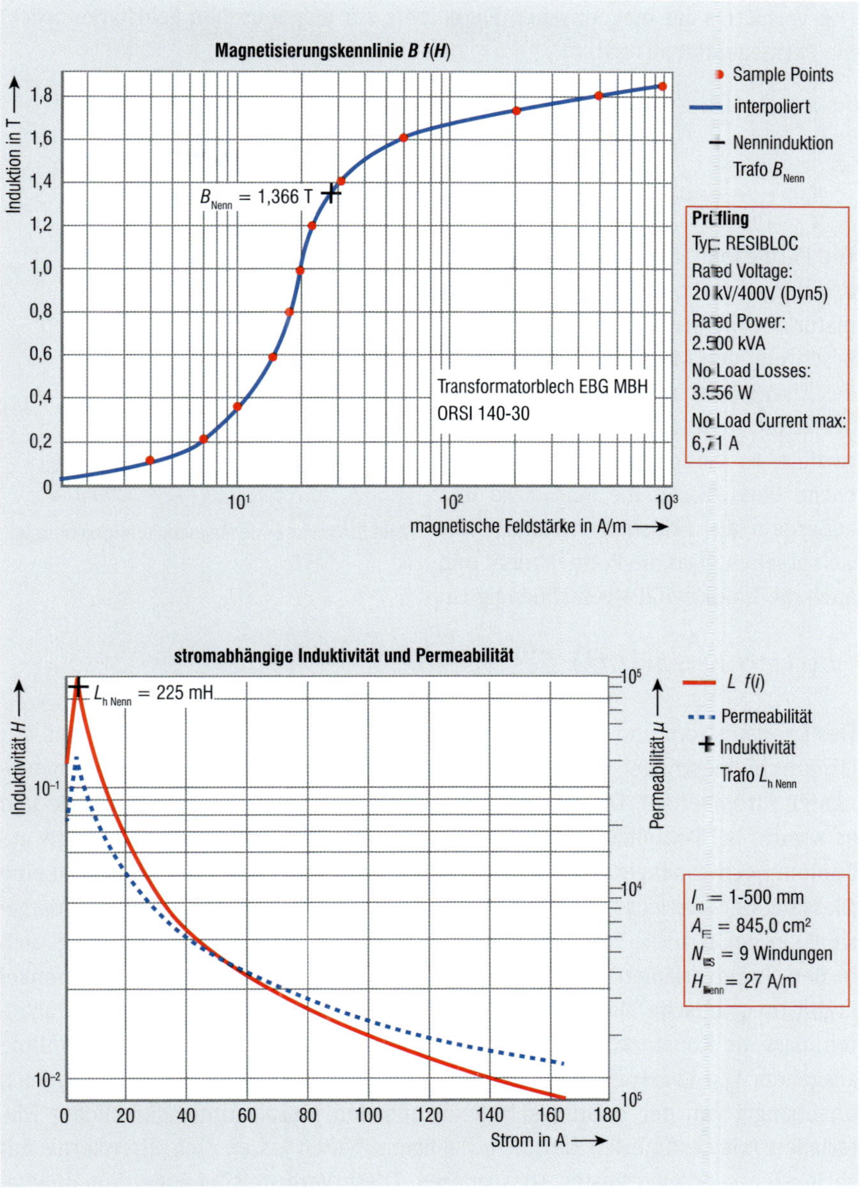

Bild 4: Stromabhängigkeit der Induktivität ausgehend der Magnetisierungskennlinie

Quelle: J. Hollje

Das Verhältnis der magnetischen Flussdichte zur magnetischen Feldstärke drückt die Permeabilität aus (Gl. 6):

$$L = \frac{N^2 \cdot A}{l_m} \cdot \frac{B}{H} \qquad \text{(Gl. 6)}$$

$$L = \frac{N^2 \cdot A}{l_m} \cdot \mu$$

Die Permeabilität wird über die Magnetisierungskennlinie (MKL) von Transformatorblechherstellern angegeben und beschreibt den Magnetisierungsvorgang des Eisens (vereinfacht in **Bild 5**). Wird der Strom in einer Spule mit Eisenkern variiert, so verändert sich der magnetische Fluss, damit die Feldstärke und außerdem die Feldstärke. Daraus lässt sich ableiten, dass die Permeabilität und auch die Induktivität stromabhängig ist:

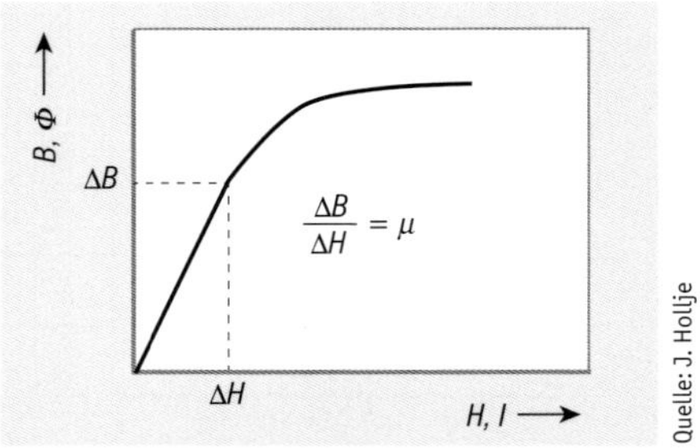

Bild 5: Vereinfachte Magnetisierungskennlinie (MKL)

$$L(i) = N^2 \cdot \frac{A}{l_m} \cdot \mu\left(i, H\right) \qquad \text{(Gl. 7)}$$

Der Leerlaufstrom und auch die Durchflutung setzen sich aus Harmonischen der Grundschwingung der Erregerfrequenz zusammenund verursachen einen nichtlinearen Stromverlauf. Die Ordnungszahlen der Harmonischen sind ungerade und es kommt bei Dreiphasensystemen zu unterschiedlichen Erscheinungen, die außerdem noch abhängig von der jeweiligen Schaltgruppe sind [5]. In **Bild 6** ist eine Messung der Leerlaufströme an einem Dreiphasendrehstromtransformator dargestellt, in der sich die Nichtlinearität deutlich im Verlauf zeigt. Zudem zeigt sich in den Stromverläufen eine Asymmetrie, die sich aus dem Rückschlussschenkel ergibt (magnetische Flussverteilung). Aus der Stromabhängigkeit lässt sich ableiten, dass die Konstruktion der Leerlaufströme von der Magnetisierungskennlinie ausgehen. Die Leerlaufströme können unterschiedliche Höhen annehmen, auch unabhängig von der Leistungsklasse. Durch den Einsatz unterschiedlicher Materialien mit bestimmten Kernmaterialeigenschaften lassen sich Eisenkerne mit geringsten Leerlaufverlusten konstruieren. Diese Verluste sind außerdem quadratisch von der Flussdichte abhängig. Bei einer Erhöhung der Flussdichte kann der Querschnitt reduziert werden, um so den Materialeinsatz zu mindern und in der Folge die wirtschaftlichste Konstruktion zu erhalten [1] [5].

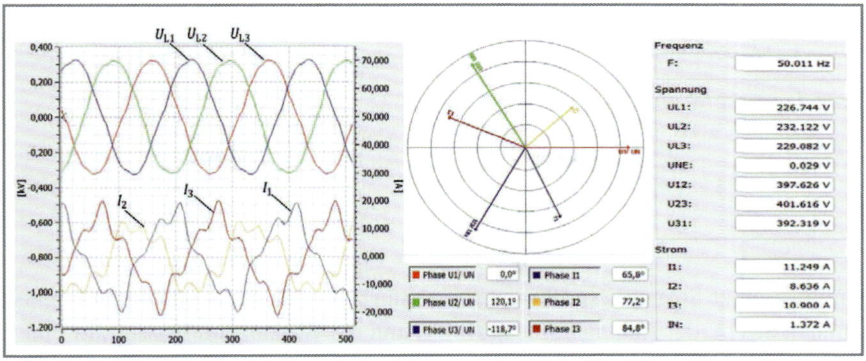

Quelle: J. Hollje

Bild 6: Messung Leerlaufstrom bei angelegter Bemessungsspannung (Dyn5-Transformator)

Die Magnetisierungskennlinien des Trafobleches sind in Abhängigkeit der spezifische Verlustleistung des Kernbleches P_S (W/kg) aufgetragen, wonach der Hersteller gemäß Kundenspezifikationen oder EU-Regulierungen den Trafo konstruiert. Ausgehend der Konstruktionsgleichung (Gl. 8) wird der Kernquerschnitt von

$$U_{\mathrm{Eff}} = \sqrt{2} \cdot \pi \cdot f \cdot N \cdot \hat{B} \cdot A_{\mathrm{FE}} \qquad \text{(Gl. 8)}$$

$$A_{\mathrm{FE}} = k_{\mathrm{FE}} \cdot \sqrt{\frac{S_{\mathrm{N}}}{nf}} \qquad \text{(Gl. 9)}$$

der Nennleistung S_N bestimmt.

Durch Multiplikation des Nennstrom I_N und Umformung sowie Einführung einer Konstruktionskonstante (k_{FE}) ergibt sich der effektive Kernquerschnitt zu (Gl. 9) Dabei ist die Bemessungsfrequenz und der Kerntyp (z. B. Dreischenkelkern $n = 3$) [1].

Betrachtet man die Konstruktionsgleichung und wandelt diese erneut um, zeigt sich die magnetische Flussdichte in Abhängigkeit der Spannung und der Frequenz (Gl.10):

$$U_{\mathrm{Eff}} = \sqrt{2} \cdot \pi \cdot f \cdot N \cdot \hat{B} \cdot A_{\mathrm{FE}} \leftrightarrow$$
$$\hat{B} = \frac{1}{A_{\mathrm{FE}} \cdot \sqrt{2} \cdot \pi \cdot N} \cdot \frac{U_{\mathrm{Eff}}}{f} \qquad \text{(Gl.10)}$$

Wird die Spannung erhöht steigt der magnetische Fluss und damit auch der fließende Leerlaufstrom. Dieser Zusammenhang spiegelt sich in Gl. 11 – mit vorweg gezeigter Herleitung. Dabei werden die konstruktiven Eigenschaften als Konstante k_{Trafo} zusammengefasst:

$$\hat{B} = \frac{1}{A_{\mathrm{FE}} \cdot \sqrt{2} \cdot \pi \cdot N} \cdot \frac{U_{\mathrm{Eff}}}{f}$$

mit $\hat{B} = \mu_0 \cdot \mu_r \cdot \hat{H}$ und $\hat{H} = \frac{I \cdot N}{l_{\mathrm{m}}}$ ergibt sich

$$\frac{I \cdot N}{l_{\mathrm{m}}} \mu_0 \cdot \mu_r = \frac{1}{A_{\mathrm{FE}} \cdot \sqrt{2} \cdot \pi \cdot N} \cdot \frac{U_{\mathrm{Eff}}}{f} \leftrightarrow$$

$$I = k_{\mathrm{Trafo}} \cdot \frac{U_{\mathrm{Eff}}}{f} \qquad \text{(Gl.11)}$$

Im Zuge einer Spannungsprüfung am Transformator hat diese Spannung Einfluss auf den Strom, der sich nichtlinear erhöht und die Wicklungen belastet. In **Bild 7** zeigt sich in welchem Verhältnis sich der Leerlaufstrom bei gleichbleibender Frequenz und erhöhter Spannung verändert. Bereits bei geringer Spannungserhöhung steigt der Strom an.

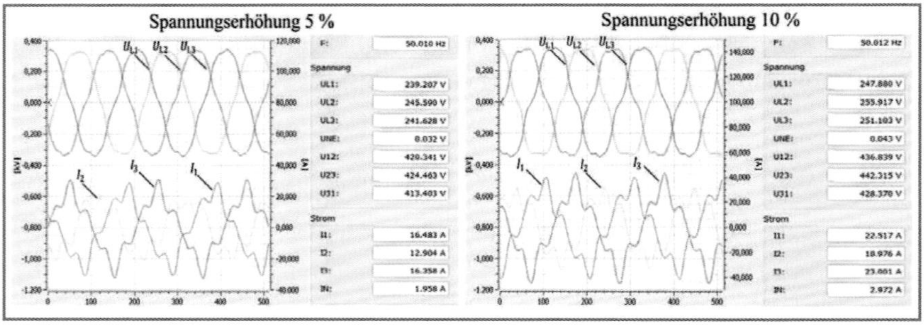

Bild 7: Messung der Leerlaufströme bei Spannungserhöhung

Quelle: J. Hollje

Frequenz als Stellhebel – Kompensation und kapazitive Effekte

Im Rahmen der induzierten Wechselspannungsprüfung mit oder ohne Teilentladungsmessung kann mit der Frequenz diesem Verhalten entgegengewirkt werden. Eine Verdopplung der Frequenz führt zu einem Leerlaufstrom, der sich in der Größenordnung des „Bemessungsleerlaufstromes" befindet.

Der Strom sinkt, die Verluste steigen. Ursache ist die Nichtlinearität sowie eine Spannungs- und Frequenzabhängigkeit der Wirbelstromverluste. Diese steigen mit dem Quadrat des Effektivwertes der Erregerspannung, während die Hystereseverluste vom Scheitelwert des magnetischen Flusses abhängen und somit vom arithmetischen Mittelwert [6].

Bei der Prüfung von Transformatoren mit erhöhten Prüfspannungen kann eine Begrenzung des magnetischen Flusses und damit zusammenhängende Leerlaufströme nur mittels Frequenzanhebung erfolgen. Die Betriebsmittel als solche sind keine linearen Lasten und sind zudem stark spannungs- und frequenzabhängig. In **Bild 8** ist eine beispielhafte Frequenzabhängigkeit dargestellt, in der die Wirk- bzw. Scheinleistung aufgetragen ist.

Der Transformator verhält sich im niedrigen Frequenzbereich induktiv und geht bei hohen Frequenzen in kapazitives Verhalten über. Der Schnittpunkt spiegelt den kompensierten Punkt des Trafos wider (Selbstkompensation) [7] [8]. Erklären lässt sich dieses Phänomen über parasitäre Kapazitäten, die bedingt durch den konstruktiven Aufbau zwischen den Bauteilen und Erde bestehen und im Trafo-ESB durch die Kapazität (**Bild 9**) ausgedrückt wird [8]. Bedingt durch die Frequenz nimmt der fließende Strom induktives oder kapazitives Verhalten ein, das sich durch die Blindwiderstände veranschaulichen lässt (Gl. 12):

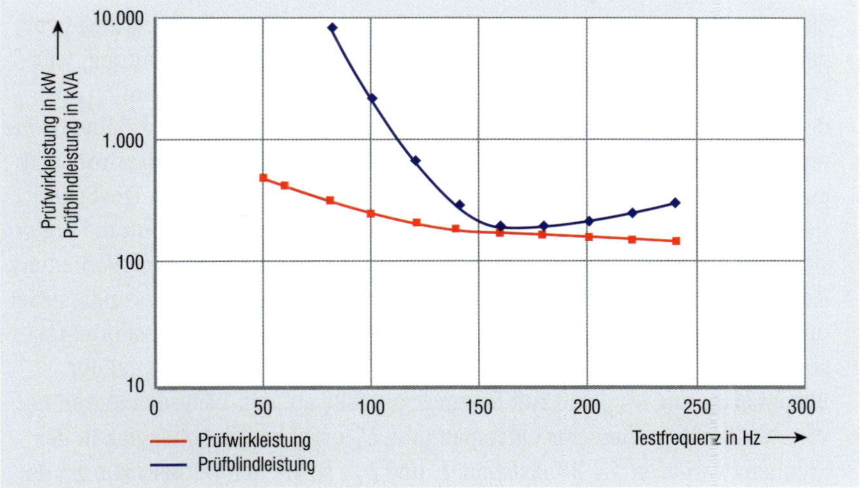

Quelle: Hauschild und Lemke (2014) [7]

Bild 8: Frequenzabhängigkeit des Transformators

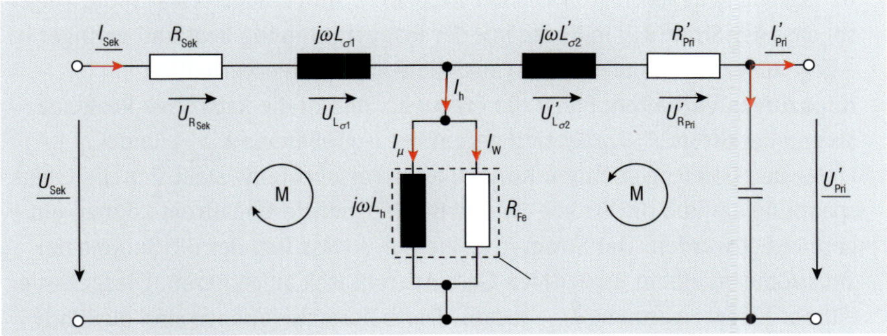

Quelle: J. Hollje

Bild 9: Erweitertes Transformator-ESB

$$X_{Lh} = j \cdot \omega \cdot L_h \qquad X'_{C_E} = \frac{1}{j \cdot \omega \cdot C'_E} \qquad \text{(Gl. 12)}$$

Diese Zusammenhänge werden zu einem Zeigerdiagramm konstruiert – dies erfolgt ausgehend der Spannung U'_{Pri}:

- **Induktives Verhalten**: Wird von niedrigen Frequenzen ausgegangen, sodass gemäß Gl. 12 die Reaktanz X_{Lh} gegenüber X'_{CE} geringer ist, ist der Strom I_μ größer als der kapazitive Strom. Der Strom I'_{CE} steht ⊥ (senkrecht und voreilend) auf der Bezugsspannung U'_{Pri}. Dieser Strom fließt durch die Längselemente und ruft einen Spannungsabfall U'_{RPri} hervor, der || (parallel) zum Strom liegt sowie eine Spannung $U'_{L\sigma 2}$ dazu. Durch Addition der Zeiger ergibt sich die Querspannung U_h an den Querelementen. Ausgehend von dieser Spannung lässt sich der resistive (Wirk-)Strom und der Magnetisierungsstrom zeichnen, die in Summe I_{ch} entsprechen. I_W liegt || zur Querspannung, während I_μ ⊥ dazu steht. Die Summe aller Teilströme ergibt den Strom I_{sek}, der der Querspannung nacheilt. Der zweite Maschenumlauf auf der Sekundärseite ergibt die Eingangsspannung U_{sek} (Ausgehend von). Der Sekundärstrom ruft auch hier einen Spannungsabfall an den Längselementen hervor. Die Spannung U_{RSek} liegt || zu I_{sek} und im rechten Winkel zu $U_{L\sigma 1}$ ⊥. In Summe ergibt sich die Sekundärspannung, die dem Strom vorrauseilt (induktives Verhalten).
- **Kompensation**: Wenn die Frequenz so gewählt wird, dass der Sekundärstrom mit der Erregerspannung in Phase liegt, befindet sich das Betriebsmittel im kompensierten Punkt. Der Strom I'_{CE} steht wieder ⊥ (voreilend) auf der Bezugsspannung U'_{Pri} und ruft Spannungsabfälle auf den Längselementen hervor, die sich in Summe zur Querspannung U_h ergeben. In Abhängigkeit der Frequenz variieren die Blindströme I_μ und I'_{CE} sowie der Wirbelstrom I_w, der durch das Eisen hervorgerufen wird. Ist die Summe der Teilströme I_μ und I_w betragsmäßig genauso groß wie der kapazitive Strom, addieren sich die Zeiger so, dass der Strom I_{sek} in Phase mit der Erregerspannung liegt und geringer ist – gegenüber dem induktiven als auch dem kapazitiven Verhalten.
- **Kapazitives Verhalten**: Steigt die Frequenz, nimmt die kapazitive Reaktanz ab und der Strom I'_{CE} prägt sich gegenüber I_μ größer aus $X'_{C_E}\downarrow$ und $X_{Lh}\uparrow$. Unter den bereits genannten Konstruktionsvorschriftenw stellt sich die Querspannung ein und die Ströme *I*w und der Magnetisierungsstrom können eingezeichnet werden. Der Strom I_μ ist kleiner, sodass sich der die Summe der Teilströme zu einem kapazitiven Gesamtstrom Isek aufaddieren. Dieser Strom eilt der Erregerspannung U_{sek} voraus. Diese Zusammenhänge sind qualitativ im Zeigerdiagramm (**Bild 10**) dargestellt.

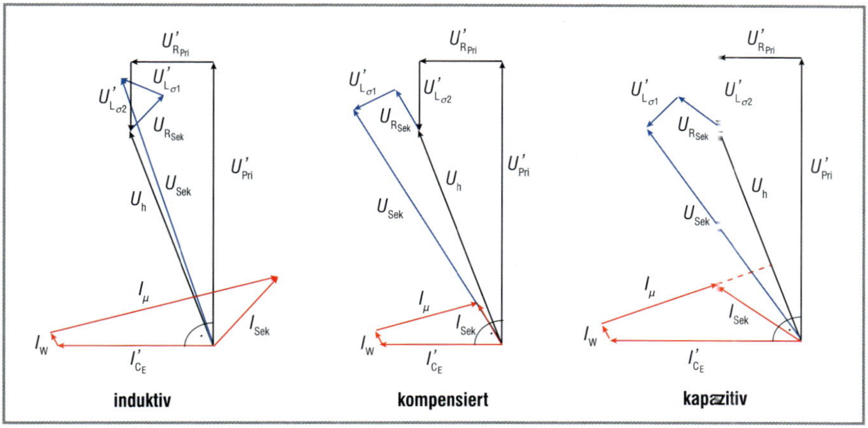

Bild 10: Frequenzabhängigkeit des Transformators (Zeigerdiagramme)

Nehmen konstruktive Ausprägungen (z. B. steigende Leistungsklasse) zu, steigt die Induktivität sowie Kapazität. Infolgedessen ist bei Trafos mit hoher Leistungsübertragung das kapazitive Verhalten eher vorhanden – ansonsten erst bei höheren Frequenzen.

Quellenangaben

[1] *Spanneberg, H.* (1983), „Ruhende elektrische Maschinen – Transformatoren und Wandler", Pflaum Verlag KG, München

[2] DIN EN 60076-1:2012-03 „Leistungstransformatoren – Allgemeines"

[3] DIN EN 60076-3:2019-03 „Leistungstransformatoren – Isolationspegel Spannungsprüfung und äußere Abstände in Luft"

[4] *Hollje, J.* (2023), „Das deterministische Betriebsmittel, elektrische Prüfung und Zustandsdiagnose von Transformatoren", aus dem Jahrbuch 2024 „Elektromaschinen und Antriebe", Hüthig, Hrsg. *Peter Behrends*, 2023

[5] *Baier, P.* „Dreiphasen-Leistungstransformatoren", Berlin, VDE Verlag, 2010

[6] *Mössner, K.*, und *Leibfried, T.* (2009), „Leerlaufmessung an Leistungstransformatoren mit statischen Frequenzumrichtern" ETG-Kongress Düsseldorf, VDE Verlag

[7] *Hauschild, W.,* und *Lemke, E.* (2014), „High-Voltage Test and Measuring", Springer, Berlin

[8] *Martin, F.* (2008), „Hochspannungsprüfsystem auf Basis leistungselektronischer Frequenzkonverter", Cuvillier Verlag, Göttingen

spainter_vfx/shutterstock.co

Systemübergreifende Gerätekommunikation – wann ist ein Smart Home eigentlich smart? 178

Systemübergreifende Gerätekommunikation – wann ist ein Smart Home eigentlich smart?

Stefan Meinders

Angesichts steigender Energiekosten stellt sich für viele Mieter und Eigenheimbesitzer die Frage, wie sich diese Ausgaben reduzieren lassen. Discounter haben auf diese Nachfrage reagiert und bieten inzwischen Balkonkraftwerke – teils sogar mit Batteriespeicher – zu günstigen Preisen für die Selbstinstallation an.

Die bürokratischen Hürden sind dabei überraschend gering: Die Anmeldung eines solchen Mini-Solarkraftwerks beim Energieversorger erfordert lediglich die Beantwortung von fünf Fragen. Doch lohnt sich die Anschaffung tatsächlich finanziell? Kann man mit einem Balkonkraftwerk nennenswert sparen?

Untersuchungen zeigen, dass bei vielen Mikrowechselrichtern über 70 % der erzeugten Energie nicht direkt genutzt werden, sondern in Form von Abwärme verloren gehen. Bleibt also die Frage: Ist der Kauf eines Balkonkraftwerks primär eine wirtschaftliche Entscheidung – oder eher ein Beitrag zur Energiewende, der vor allem das eigene Umweltbewusstsein stärkt?

Die Wahrheit liegt, wie so oft, in der Mitte. Einerseits ermöglicht Solarenergie eine erhebliche Stromproduktion, andererseits stellt sich die Frage nach einer effizienten Nutzung. Viele PV-Anlagen werden bewusst überdimensioniert geplant, da der Wunsch nach Unabhängigkeit bei den Eigentümern groß ist. Doch was passiert an sonnigen Tagen, wenn die 10-kWp-Anlage bereits um 10:30 Uhr den 14-kWh-Batteriespeicher vollständig geladen hat, während das Elektroauto bis 17:30 Uhr ungenutzt auf dem Firmenparkplatz steht?

Zwar lässt sich derzeit eine Einspeisevergütung von rund 0,08 EUR/kWh erzielen, doch der Gedanke schmerzt: Bis zum Abend könnten etwa 40 kWh ins Netz eingespeist werden – Strom, der später für 0,35 EUR/kWh wieder aus dem Netz bezogen werden muss, um das Elektroauto zu laden. Ist das wirklich effizient oder lediglich ein Kompromiss zwischen Autarkiebestreben und wirtschaftlicher Realität?

Um effizient seinen Verbrauch zu senken, bedarf es deutlich mehr als einfach nur einem steckerfertigen Balkonkraftwerk oder einer fest installierten PV-Anlage auf dem Dach. Ein Energiemanagement muss her. Aber welches sollte ich wählen, und auf was muss ich achten? Diese Fragen stellen sich die Installateure und verkaufen in der Regel das mit dem besten Werbeversprechen. Ungeachtet, ob dieses für ihre Kunden wirklich die optimale Lösung ist. Dies ist dem Installateur auch nicht vorzuwerfen, denn der Markt verändert sich rasant, und die Produkte können vom Haus immer mehr. Hier den Überblick zu behalten und gleichzeitig auch noch die weiteren Arbeiten um Haus und Garten, wie Außenbeleuchtung, Steckdosen, Netzwerktechnik und so weiter auszuführen, ist für den Elektroniker der Energie- und Gebäudetechnik eine große Herausforderung.

Der Gebäudesystemintegrator – ein Beruf mit Zukunft

Der 2021 ins Leben gerufene neue Ausbildungsberuf für Elektroniker wird hier eine starke Ergänzung sein. Er kümmert sich um die Kommunikation der Geräte im Haus, die der Energie- und Gebäudetechniker, der Informationselektroniker, Elektroniker für Maschinen und Antriebstechnik oder der Elektroniker für Automatisierungs- und Systemtechnik in seinem Schwerpunkt jeweils installiert hat.

Von den Komponenten zu den Schnittstellen

Ein Gebäudesystemintegrator kommt oft auf die Baustelle und findet bereits installierte Komponenten vor. Natürlich ist auch er ein Fachmann im Bereich der Elektrotechnik und kann die Geräte selbst einbauen und in Betrieb nehmen.

Nun ist es aber auf der Baustelle oft anders. Wir schauen uns hierzu das Szenario eines Einfamilien-Neubaus einer 4-köpfigen Familie im Detail an.

Das (noch nicht) smarte Haus

In unserem Beispiel möchte Familie Schneider ein Einfamilienhaus in einer Wohnsiedlung auf dem Dorf bauen.

Nachdem die Gespräche mit Bank, Notar und Bauunternehmen geschehen sind, wird der Sanitär-, der Elektrofachbetrieb und weitere Gewerke einzeln angerufen und Termine vereinbart.

Der Sanitärbetrieb installiert eine Wärmepumpe in den Hauswirtschaftsraum. Der Elektroinstallateur verlegt die Leitungen rund um Energieversorgung und Gebäudeautomation. Er schließt im Carport auch die Wallbox an. Der Informationselektroniker kümmert sich um die Datennetzwerk-Infrastruktur und Gefahrenmeldeanlage. Außerdem installiert er eine Sprechanlage an der Haustür. Der Türen- und Fensterbauer installiert eine schöne Hauseingangstür und integriert dort den Fingerprint-Sensor. Der Solarteur installiert auf dem Wohnhaus eine 10-kWp-Photovoltaikanlage mit 14-kWh-Batteriespeicher und Leistungsoptimierern.

Doch obwohl alle Gewerke sauber ihre Arbeit erledigt haben, läuft das Haus der Schneiders noch nicht wie aus einem Guss. Das Ergebnis ist zwar optisch perfekt, aber energetisch unkoordiniert – jeder arbeitet für sich. Die Wärmepumpe kennt den PV-Ertrag nicht, die Wallbox wartet stur auf den Stecker und die

Waschmaschine läuft, wann es der Familie gerade passt – und nicht, wenn das Haus Energie im Überfluss hat.

Damit aus all diesen Einzelteilen ein effizientes System wird, braucht es jemanden, der die Sprache aller Geräte spricht und dafür sorgt, dass sie sinnvoll zusammenarbeiten.

Zeit dem Gebäudesystemintegrator über die Schulter zu schauen

Familie Schneider wohnt nun seit vier Wochen und überwiegend herrlichstem Sonnenschein in ihrem Haus. Der PV-Ertrag kann sich sehen lassen (**Bild 1**).

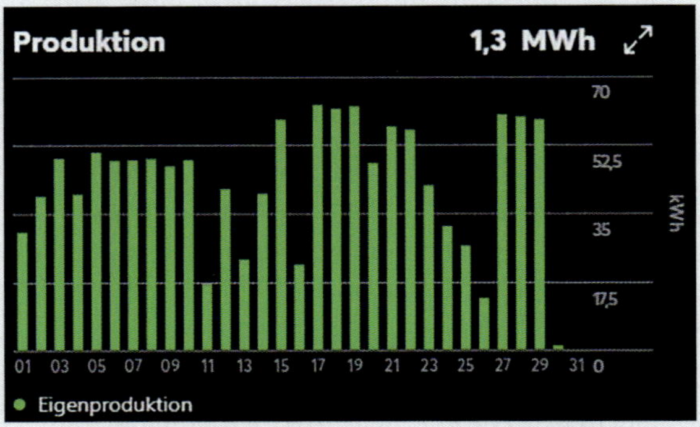

Bild 1: Ertrag einer 10kWp PV-Anlage im März 2025

Auf der Verbrauchsseite sehen wir allerdings Optimierungsbedarf. Der Netzbezug ist deutlich erhöht, und es gibt Lastspitzen im Diagramm.

Dies ist auch kein Wunder, denn die einzelnen Komponenten der Gewerke wissen nichts voneinander. Hier kommt der Gebäudesystemintegrator ins Spiel. Er sucht nach Schnittstellen der Komponenten und installiert ein zentrales Energiemanagement, um die Produktion sowie den Verbrauch zu optimieren.

Er lässt die unterschiedlichen Gewerke in einem Haus also miteinander reden, vergleichbar mit einem Projektmanager einer Großbaustelle. Je besser dieser seinen Job macht, desto effektiver wird die Baustelle fertiggestellt und umso kostengünstiger ist das Gesamt-Projekt.

Schnittstellen finden – oftmals eine Herausforderung.

Um ein Gefühl dafür zu bekommen, wie ein Gebäudesystemintegrator vorgehen könnte, schauen wir uns die Komponenten der Familie Schneider im Detail an.

Angefangen mit dem Dach und der darauf installierten Photovoltaik-Anlage. Diese hat oftmals verschiedene Schnittstellen und je nach Hersteller sogar ein eigenes Energiemanagement (EMS). Welches EMS also jetzt wählen? Das bereits verbaute im Wechselrichter oder lieber ein externes? Um diese Frage zu beantworten, sollten wir uns die Vor- und Nachteile anschauen.

Vorteile eines vorhanden EMS im Wechselrichter

Der Hersteller kümmert sich um die Schnittstellen. Bedeutet als Installateur kann ich mich auf die reine Montage fokussieren und muss mich nicht großartig weiterbilden, um Schnittstellen zu implementieren. Sei es der Batteriespeicher, die Installation für die Umsetzung zur Steuerung der Verbrauchseinrichtungen nach § 14a EnWG, der Kopplung der Wallbox usw.

Nachteile eines vorhandenen EMS im Wechselrichter

Die Energieoptimierung kann immer nur so gut sein, wie der Hersteller des Wechselrichters sein Energiemanagement programmiert. Dies muss nicht zwingend schlecht sein, allerdings benötigen wir bei Änderungen am Markt immer das Update des Herstellers, um von eventuellen Neuerungen zu profitieren.

Oft fehlt hier auch eine Anbindung an offene Systeme wie KNX, Shelly, Loxone, HomeAssistant, Symcon usw. Bedeutet also, das EMS ist oft eingeschränkt und kann somit nicht mit offenen, parametrierfähigen externen Energiemanagementsystemen mithalten.

Der Gebäudesystemintegrator wird sich daher häufig für ein externes Energiemanagementsystem entscheiden – vor allem, um flexibel auf die individuellen Wünsche seiner Kunden eingehen zu können. Doch bei der Vielzahl an verfügbaren Systemen steht er vor der Herausforderung, genau das passende auszuwählen. Damit dieses System anschließend auch die richtigen Entscheidungen treffen kann, ist eines entscheidend: Die einzelnen Geräte im Haus müssen Daten austauschen können. Wie viel Strom liefert die Photovoltaikanlage gerade? Ist der Batteriespeicher bereits voll? Wann ist der beste Zeitpunkt, um das Elektroauto zu laden?

Um solche Fragen zuverlässig beantworten zu können, braucht es standardisierte Schnittstellen. Eines der am weitesten verbreiteten Protokolle dafür ist Modbus.

Modbus – Die Schnittstelle der Wechselrichter

Die meisten Wechselrichter haben mittlerweile externe Schnittstellen wie Modbus TCP, Modbus RTU auf RS485-Basis und I/O zur direkten Steuerung. Wir schauen uns hier einmal das Modbus-Protokoll genauer an (**Bild 2**). Der Unterschied zwischen Modbus TCP und Modbus RTU liegt hauptsächlich in der Übertragungsart: Während Modbus RTU auf einer seriellen Verbindung über RS485 basiert, verwendet Modbus TCP das Ethernet-Protokoll für die Kommunikation. Modbus TCP ist daher oft einfacher in bestehende Netzwerke zu integrieren und ermöglicht eine schnellere Datenübertragung sowie eine größere Reichweite. Modbus RTU hingegen wird häufig in industriellen Anwendungen eingesetzt, bei denen eine stabile serielle Verbindung von Vorteil ist.

MODBUS message

Start	Address	Function	Data	CRC Check	End
≥ 3,5 cha	8 bits	8 bits	N x 8 bits	16 bits	≥ 3,5 char

Bild 2: Aufbau einer Modbus Datenstruktur

Modbus ist ein weit verbreitetes Kommunikationsprotokoll in der Automatisierungstechnik, das ursprünglich von Modicon entwickelt wurde. Es basiert auf einem Client-Server-Prinzip, bei dem der Client (z. B. ein Energiemanagementsystem) Anfragen stellt und der Server (z. B. Wechselrichter, Sensoren oder andere Geräte) darauf antwortet. Die Kommunikation erfolgt über sogenannte Register, die entweder lesend oder schreibend angesprochen werden können.

Ein großer Vorteil von Modbus ist seine Einfachheit und Offenheit – das Protokoll ist frei verfügbar, leicht implementierbar und wird von einer Vielzahl an Geräten unterstützt. Zudem erlaubt es eine zuverlässige Kommunikation über große Distanzen, vor allem im RTU-Modus.

Ein Nachteil ist allerdings die vergleichsweise geringe Datenrate und die begrenzte Funktionalität im Vergleich zu moderneren Protokollen. Auch ist die Fehlersuche bei Kommunikationsproblemen nicht immer trivial, da das Protokoll keine umfangreiche Diagnosefunktionen mitliefert. Zudem gibt es keine einheitlichen Register. Jeder Hersteller erstellt seine eigene Struktur.

Beispiel einer Modbus-Anfrage:

Das EMS fragt per Modbus beim Wechselrichter an: „Was ist deine aktuelle Ausgangsleistung?"

Der Wechselrichter antwortet mit dem aktuellen Wert – er agiert also wie ein klassischer Server, der nur auf Nachfrage reagiert.

In diesem Fall wird das EMS eine Anfrage mit folgendem Inhalt an den Wechselrichter senden (**Bild 3**).

I/O Adresse: 31002
Befehl: 3 – Read Holding Register
Datentyp: 16-bit signed integer

PV1 power	RO	I16	W	1	31002	1	
PV2 voltage	RO	I16	V	10	31003	1	
PV2 current	RO	I16	A	10	31004	1	
PV2 power	RO	I16	W	1	31005	1	
Grid voltageR	RO	U16	V	10	31006	1	
Grid voltageS	RO	U16	V	10	31007	1	
Grid voltageT	RO	U16	V	10	31008	1	
Inv currentR	RO	I16	A	10	31009	1	
Inv currentS	RO	I16	A	10	31010	1	
Inv currentT	RO	I16	A	10	31011	1	
Inv powerR	RO	I16	W	1	31012	1	
Inv powerS	RO	I16	W	1	31013	1	
Inv powerT	RO	I16	W	1	31014	1	
Grid Frequency	RO	U16	Hz	100	31015	1	Only L1 phase

Bild 3: Beispiel von Modbus Adressen eines FOX ESS H3 Pro Wechselrichters

Damit haben wir den Wert für PV1 power, also den Wert der aktuell erzeugten PV-Leistung aus dem ersten MPP-Tracker, in unser System geholt und können diesen Wert weiterverarbeiten. Durch Eintragen der unterschiedlichen Register erhalten wir somit die Daten des Wechselrichters sowie des DC-seitig angeschlossenen Batteriespeichers in unser System.

Wallbox – Verschiedene Schnittstellen machen uns das Leben schwerer

Im nächsten Schritt schauen wir uns die E-Mobilität an. Das wir aufgrund von Dauerstrombelastbarkeiten keine Schuko-Steckdose nehmen sollten, um unser Elektro-Fahrzeug zu laden, dürfte mittlerweile jedem bekannt sein. Zumal wir dieser Schuko-Steckdose auch nicht aktiv mitteilen können, wann diese unser Fahrzeug zu laden hat, ist es in unserem Fall auch nicht die richtige Wahl.

Wir schauen also auf eine Wallbox. Die aktuellen Modelle haben in der Regel einen Typ 2 Stecker und können die Autos je nach Anzahl der im Fahrzeug verwendeten Außenleiter intelligent umschalten und somit auch die Leistung anpassen. Aber „harte“ Umschaltungen von ca. 3,6kW auf 7,2kW oder 11kW ist nicht wirklich intelligent gelöst und viel zu starr für unser Energiemanagement. Nur die Außenleiter zu- bzw. abschalten ist also nicht unsere ideale Lösung.

Dynamisches Lastmanagement

Wir benötigen also einen dynamischen Ladeverlauf, je nach Überschuss aus unserer PV-Anlage oder günstigen Strom basierend auf Börsenpreisen oder aus dessen Kombination.

Wallboxen gibt es wie Sand am Meer – aber solche, die den Ladestrom smart und flexibel anpassen, sind noch echte Raritäten. Wenn wir dann eine Wallbox gefunden haben, die genau das macht, was wir benötigen, sei es 11 kW oder 22 kW, sei es ein- bis dreiphasiges Umschalten oder dynamisch anpassbare Leistung usw. stoßen wir auf das nächste Problem: Schnittstellen!

Viele Wallboxen laufen mittlerweile auch schon auf Modbus TCP, einige verbauen eine Modbus RTU Schnittstelle. Damit könnten wir schon etwas anfangen, da unsere PV-Anlage dieselbe Schnittstelle verbaut hat. Allerdings kommt hier das nächste Problem: Wir möchten eigentlich keinen hohen Ladestrom aus dem Netz beziehen. Da der Modbus-Server in z. B. Photovoltaik-Anlagen und Wallboxen nur auf Anfragen reagiert, muss unser EMS ein Zeitintervall für die Abfragen eingestellt bekommen.

Problem der zyklischen Datenverarbeitung

Man könnte nun meinen: „Na gut, dann stelle ich die Abtastrate eben auf 1 Sekunde ein" – und erhält so sekündlich aktuelle Messdaten.

Das funktioniert grundsätzlich, allerdings sollte man sich dabei bewusst einige wichtige Fragen stellen:

- Worauf schreibt mein EMS überhaupt?
  Viele Energiemanagementsysteme nutzen zur lokalen Datenspeicherung SD-Karten oder eMMC-Speicher – beide haben jedoch eine begrenzte Anzahl an Lese- und insbesondere Schreibzyklen. Ein sekündlicher Schreibvorgang kann diese Medien stark beanspruchen und zu vorzeitigem Verschleiß führen.
- Welche alternativen Speicherlösungen gibt es?
  RAM-basierte Pufferspeicher können Daten kurzfristig zwischenspeichern und zyklisch in größeren Blöcken sichern – ideal zur Reduzierung der Schreiblast.
  Industrielle SSDs mit höherer Schreibfestigkeit sind robuster, aber deutlich kostenintensiver.
  Netzwerkbasierte Speicherlösungen (NAS) oder direkte Cloud-Integration ermöglichen eine auslagernde Speicherung, erfordern aber stabile Netzwerkverbindungen und gegebenenfalls Datenschutzmaßnahmen.
  RING-Puffer oder FIFO-Speichertechniken können helfen, temporäre Verlaufsdaten intelligent zu begrenzen und nur relevante Informationen dauerhaft zu sichern.

Eine hohe Datenfrequenz ist also technisch machbar – sie sollte aber immer im Kontext der gewählten Speicherlösung, der erwarteten Lebensdauer des Systems und der tatsächlichen Notwendigkeit der Auflösung bewertet werden.

Alternative Schnittstellen – UDP

Anstelle der bekannten und weit verbreiteten Modbus Schnittstelle, setzen einige Hersteller auch auf eine REST API, OCPP, UDP oder eigene Protokolle wie Loxone Tree.

Im Vergleich zu Modbus baut UDP keine Verbindung zwischen Server und Client also Sender und Empfänger auf. Pakete werden über Ethernet einfach abgeschickt, ohne zu prüfen, ob der Empfänger bereit ist oder ob das Paket überhaupt ankommt.

Ein wesentlicher Nachteil von UDP besteht darin, dass es keine Garantie für die korrekte Zustellung der Datenpakete gibt:

Pakete können verloren gehen, doppelt ankommen oder in falscher Reihenfolge eintreffen.

Demgegenüber stehen jedoch mehrere entscheidende Vorteile:

UDP ermöglicht eine sehr hohe Übertragungsgeschwindigkeit, unterstützt das zyklische Senden von Daten sowie das ereignisgesteuerte Senden bei Wertänderungen. Dadurch lassen sich nahezu Echtzeitinformationen effizient und ressourcenschonend übertragen – ideal für Anwendungen mit hoher Aktualisierungsrate und geringem Latenzbedarf.

Um einen UDP-Befehl zu senden, bedarf es also wenig Informationen: lediglich die IP-Adresse des Empfangsgeräts mit dem zugehörigen UDP-Port und dem Befehl in Form von „Was soll eigentlich geschehen" (**Bild 4**).

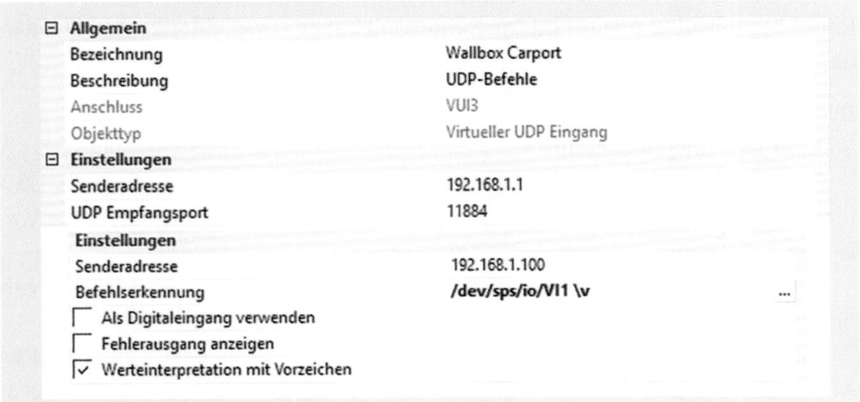

Bild 4: Beispiel: Einstellungen von UDP-Geräten

Die Wärmepumpe – Standardisierte Kommunikation ist (noch) nicht Standard

Im nächsten Schritt richten wir unseren Blick auf das Thema Wärmeerzeugung im Hause der Familie Schneider – konkret auf die Wärmepumpe, die nicht nur im Neubau, sondern zunehmend auch in Bestandsgebäuden Einzug hält. Die Effizienz dieser Technologie steht außer Frage, doch sobald wir sie in ein übergeordnetes Energiemanagementsystem (EMS) integrieren wollen, geraten wir erneut an die Grenzen der herstellerseitigen Kommunikationsfreudigkeit.

Auch hier wünschen wir uns eine flexible und dynamische Steuerung, z. B. zur Anpassung des Betriebs an günstige Strompreise oder hohe PV-Erträge. Leider sieht die Realität oft anders aus: Viele Geräte kommunizieren nur über proprietäre Protokolle oder benötigen teure Zusatzmodule für die Integration in eine smarte Infrastruktur.

EEBus – der Hoffnungsträger?

Ein vielversprechender Standard, der hier Abhilfe schaffen könnte, nennt sich EEBus. Dieser setzt auf das Protokoll SPINE (Smart Premises Interoperable Neutral-message Exchange) und ermöglicht die Kommunikation zwischen Energieverbrauchern, -erzeugern und -speichern – also genau das, was wir für ein intelligentes Energiemanagement brauchen. Ziel ist es, verschiedene Geräte wie Wallboxen, PV-Anlagen, Stromzähler und eben auch Wärmepumpen herstellerübergreifend zu vernetzen.

Doch auch hier stoßen wir in der Praxis auf Stolpersteine, denn nicht jede Wärmepumpe unterstützt EEBus von Haus aus. Teilweise ist ein separater Kommunikationsmanager notwendig und selbst wenn EEBus implementiert ist, sind die tatsächlich nutzbaren Datenpunkte und Steuerbefehle oft sehr begrenzt. Die EEBus-Spezifikation erlaubt Interpretationsspielraum – was einer echten Standardisierung im Wege steht.

Dynamik trifft Realität

Was wir eigentlich möchten:

Eine Wärmepumpe, die automatisch erkennt, wenn überschüssige PV-Leistung zur Verfügung steht und sich daraufhin selbst in Betrieb setzt oder ihre Vorlauftemperatur anpasst.

Alternativ: Eine Wärmepumpe, die erkennt, wann günstige Strompreise verfügbar sind und ihren Betrieb entsprechend optimiert.

Was wir bekommen: Teilweise fest definierte Zeitfenster oder einfache EIN/AUS-Steuerung über digitale Eingänge – kaum genug, um wirklich von intelligenter Sektorkopplung zu sprechen.

So wie bei den Wallboxen kämpfen wir auch bei der Einbindung von Wärmepumpen mit uneinheitlichen Schnittstellen, fehlender Transparenz und begrenztem Funktionsumfang. Obwohl mit EEBus ein durchdachter und zukunftsfähiger Standard zur Verfügung stünde, wird dessen Potenzial bislang nur selten vollständig genutzt.

Der Wunsch nach echter Interoperabilität bleibt bestehen – aber bis dahin ist oft noch viel individuelle Integrationsarbeit notwendig.

Beispiel einer EEBus Implementierung anhand von Vaillant Wärmepumpe und Loxone Miniserver

Für viele ist der EEBus noch etwas, das mit kritischen Augen gesehen wird, denn es ist für viele die Schnittstelle eines anderen Gewerks, dass man ungern in sein System bringen will – oft durch unbegründeten Respekt aufgrund von Unkenntnis.

Damit wir diesem entgegenwirken und aufzeigen können, dass die Angst unbegründet ist, hier ein Beispiel für die Einfachheit der Integration in ein EMS mit einer Vaillant Wärmepumpe und einem Loxone Miniserver. Auch andere EEBus Geräte lassen sich oft nach diesem Beispiel einbinden [1].

Zuerst wird die multiMATIC App (**Bild 5**) des Geräts geöffnet und EEBUS im Einstellungsmenü aktiviert.

Danach wird in Loxone Config eine Netzwerksuche gestartet (**Bild 6**), worauf das Gerät in der Suche aufscheint, wenn es nach kurzer Zeit gefunden wurde.

Das Gerät wird mit dem + Zeichen sowie Speichern der Programmierung dem Miniserver hinzugefügt. Anschließend muss am Gerät der Kommunikation mit dem Miniserver noch zugestimmt werden. Dies wird wieder in der multiMATIC App des Geräts durchgeführt (**Bild 7**), wo der Miniserver bereits unter den verfügbaren Geräten aufgelistet sein sollte. Nachdem der Miniserver ausgewählt

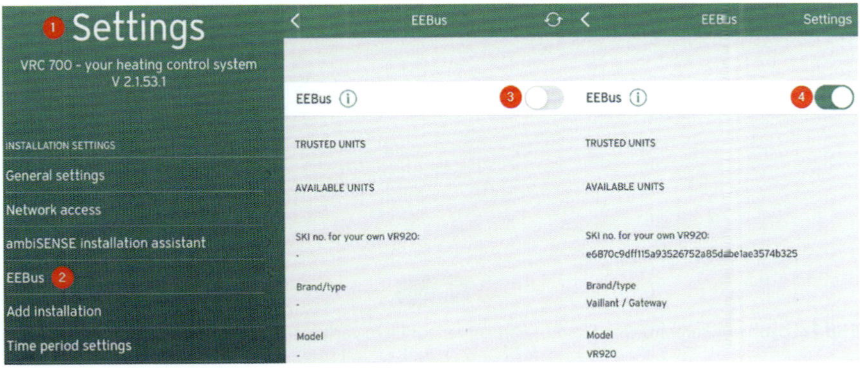

Bild 5: Loxone Dokumentation EEBus – Einstellung der multiMATIC App

wurde, wird dieser durch Drücken auf den Button der Liste der vertrauten Geräte hinzugefügt.

Im Peripheriebaum von Loxone Config sollte das Gerät nun grün gekennzeichnet sein. Anschließend lässt sich durch einen Klick auf die Schaltfläche „Peripherie finden“ (**Bild 8**) nach verfügbaren Ein- und Ausgängen suchen.

Nach dem Hinzufügen stehen die verfügbaren Ein- und Ausgänge im Peripheriebaum zur Verwendung in der Programmierung bereit (**Bild 9**).

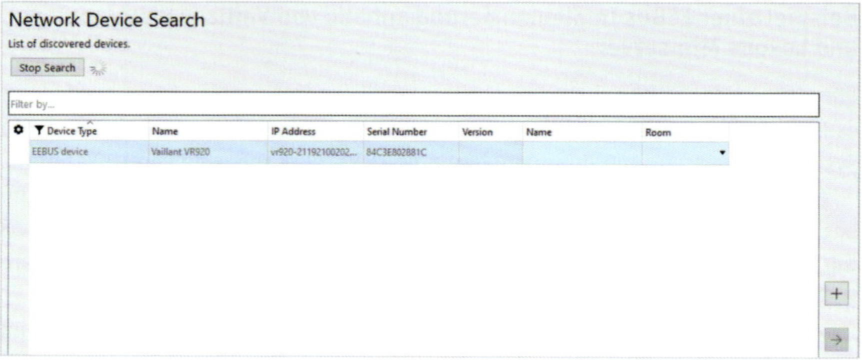

Bild 6: Loxone Dokumentation EEBus – Suche der Netzwerkgeräte

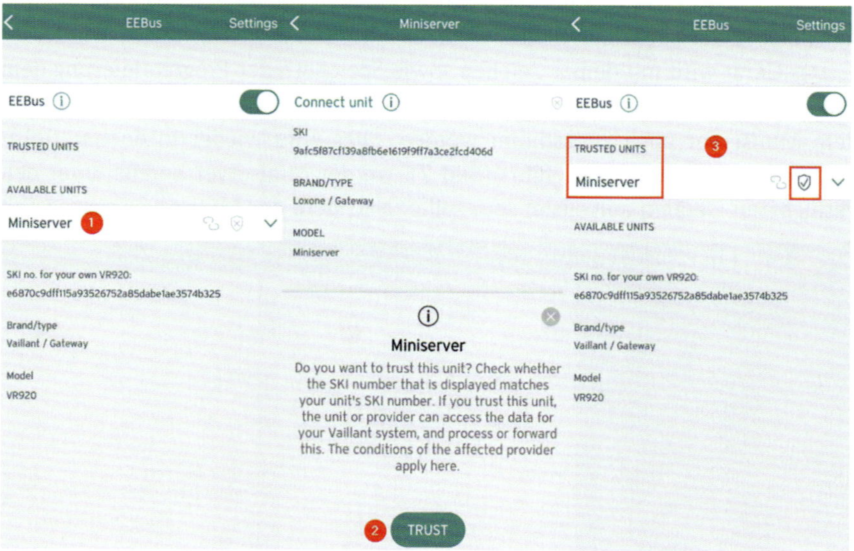

Bild 7: Loxone Dokumentation EEBus – Miniserver zur Liste vertraute Geräte hinzufügen

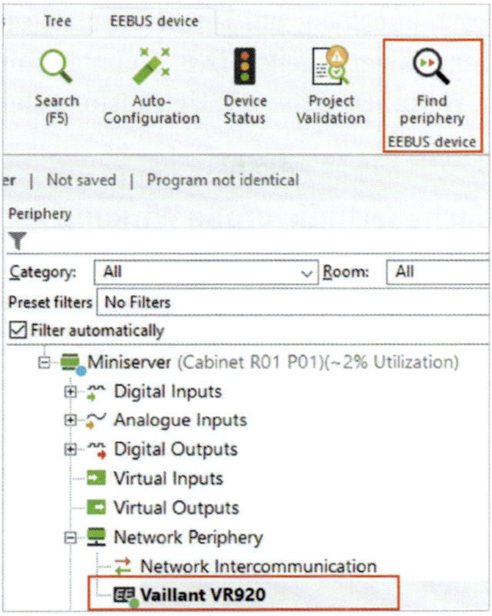

Bild 8: Loxone Dokumentation EEBus – EEBus Eingänge und Ausgänge suchen

Bild 9: Loxone Dokumentation EEBus – EEBus Eingänge und Ausgänge einer Vaillant-Wärmepumpe

Gasheizung – altbewährt, aber nicht aus der Welt

Trotz aller Fortschritte bei Wärmepumpen ist die Gasbrennwerttherme in vielen Gebäuden nach wie vor Hauptwärmeerzeuger. Auch wenn sie langfristig ersetzt werden sollte, kann sie gerade in einem hybriden System durchaus effizient betrieben werden – vorausgesetzt, sie wird richtig angebunden und entlastet.

Viele moderne Gasthermen unterstützen heute Modbus RTU oder TCP – entweder direkt über die Hauptplatine oder über ein optionales Kommunikationsmodul. Darüber lassen sich z. B. Ist- und Soll-Temperaturen auslesen, Betriebsmodi umschalten (z. B. Warmwasser/Heizung), Betriebsstunden und Fehlerzustände auswerten oder modulierende Vorgaben zur Leistungsreduzierung übermitteln.

Aber warum sollten wir denn diese Werte einer Gas-Heizung in ein elektrisches System bringen? Widerspruch oder doch sinnvoll?

Ziel könnte hier sein, die Brennerstarts zu minimieren. Jeder Start belastet den Wärmetauscher mechanisch und thermisch und sorgt damit zum Verschleiß. Häufiges Takten reduziert also folglich die Lebensdauer der Therme. Zudem erzeugt jeder unnötige Start relativ hohe Emissionen und ist ineffizient.

Als Gegenmaßnahmen könnten wir den Pufferspeicher gezielt vorheizen, um Lastspitzen abzufangen, niedrigere Rücklauftemperaturen forcieren, um die Kondensationswirkung zu maximieren, Hysteresen anpassen, um längere Laufzeiten pro Start zu ermöglichen, Priorisierung regenerativer Quellen (z.B. Heizstab mit PV-Überschuss) betreiben oder einfach per Wetter-Forecast die Heizleistung der nächsten Tage ganz abschalten.

Ergänzungsmaßnahme Heizstab – einfache Technik, große Wirkung (wenn richtig eingebunden)

Neben Wärmepumpen und Gas-Heizungen kommt in vielen Systemen auch der klassische Heizstab zum Einsatz – sei es als Backup-Heizung, zur gezielten Nutzung von überschüssigem PV-Strom oder zur Anhebung der Puffertemperatur für spätere Wärmebedarfe. Technisch gesehen ist der Heizstab ein vergleichsweise simples Gerät – doch seine Integration in ein intelligentes Energiemanagementsystem ist nicht automatisch gegeben.

Ansteuerungsmöglichkeiten von Heizstäben

Moderne Heizstäbe verfügen zunehmend über leistungsvariable Schnittstellen. Die gängigsten sind: 0–10-V-Schnittstelle für stufenlose Leistungsregelung, PWM-Steuerung (Pulsweitenmodulation) für einfache Steuerung über Taktung oder sogar Modbus TCP/RTU, wenn höhere Integrationstiefe und Rückmeldungen erforderlich sind. Einige Hersteller bieten auch LAN/WLAN-fähige Heizstäbe mit Weboberfläche oder REST API zur Netzwerkanbindung an.

Wird der Heizstab intelligent eingebunden, kann er dynamisch auf Energieüberschüsse reagieren – und genau dann Wärme erzeugen, wenn es ökologisch wie ökonomisch am sinnvollsten ist. Dadurch wird nicht nur unnötiger Netzbezug vermieden, sondern auch die thermische Speicherfähigkeit des Puffers gezielt genutzt und optimiert. In Kombination mit PV-Ertragswerten, strombörsenbasierten Preisinformationen und Wetterprognosen lässt sich der Heizstab bedarfsgerecht und vorausschauend ansteuern – als flexible, regelbare Energiesenke im Gesamtsystem Haus.

Allzweck-Protokoll MQTT – Flexibles Bindeglied für das Energiemanagement

Nachdem wir die meisten Geräte in unser Energiemanagementsystem integriert haben, werfen wir einen Blick auf ein weiteres sehr verbreitetes und vielseitig einsetzbares Protokoll: MQTT.

Ob Shelly-Sensoren und -Aktoren, günstige WLAN-Steckdosen mit Tasmota, Mähroboter, Bewässerungssysteme oder Poolsteuerungen – MQTT ist ein offenes Nachrichtenprotokoll, das speziell für die Kommunikation zwischen Maschinen

(Machine-to-Machine, M2M) entwickelt wurde und in vielen Automatisierungsszenarien zum Einsatz kommt.

Was ist MQTT?

MQTT steht für Message Queuing Telemetry Transport. Es wurde ursprünglich von IBM entwickelt, um Telemetriedaten über ressourcenschwache Netzwerke zu übertragen, und hat sich mittlerweile als Standardprotokoll im Bereich Internet of Things (IoT) etabliert.

MQTT ist leichtgewichtig und äußerst effizient – ideal für Geräte mit geringer Bandbreite oder begrenzter Rechenleistung. Als offenes Protokoll wird es von einer großen Community aktiv weiterentwickelt und unterstützt. Dank der zahlreichen verfügbaren Vorlagen und Bibliotheken lässt sich MQTT schnell und einfach in unterschiedlichste Systeme integrieren.

MQTT nutzt das Publisher-Subscriber-Modell, das sich deutlich vom klassischen Client-Server-Ansatz unterscheidet. Es gibt die Rollen des Brokers – Vermittler, der die Nachrichten zwischen Publisher und Subscriber verteilt –, des Publishers – ein Gerät oder System, das Nachrichten an bestimmte Themen (Topics) sendet – sowie des Subscriber – einem Gerät oder System, das Nachrichten von bestimmten Themen empfängt.

Man kann sich das Prinzip wie bei einen WhatsApp-Community-Chat vorstellen: Der Ersteller legt ein bestimmtes Thema fest, und interessierte Nutzer können diesem Thema beitreten. Alle Teilnehmer, die diesem Thema folgen, empfangen dann die Nachrichten, die in diesem Community-Chat geteilt werden – und können selbst ebenfalls Nachrichten an die Gruppe senden.

Die Kommunikation erfolgt also über sogenannte Topics, das sind thematische Kanäle oder Adressierungen (z. B. haus/eg/wohnzimmer/temperatur).

Ein Publisher sendet seine Daten an ein bestimmtes Topic, und jeder Subscriber, der sich auf dieses Topic abonniert hat, erhält diese Nachrichten automatisch.

Beispiel:

- Publisher: Der Temperatursensor im Wohnzimmer publiziert alle fünf Minuten den aktuellen Temperaturwert an das Topic haus/eg/wohnzimmer/temperatur.
- Subscriber: Die zentrale Steuerungseinheit des Energiemanagementsystems ist auf dieses Topic abonniert und empfängt die Temperaturdaten, um z. B. die Heizung entsprechend zu regeln.

Vom Datensammeln zum Handeln – Was passiert bei Familie Schneider als Nächstes?

Die einzelnen Geräte und Systeme im Haus der Familie Schneider sind nun über die verschiedenen Schnittstellen miteinander verbunden. Die Daten fließen – der Stromertrag der Photovoltaikanlage, die aktuelle Ladeleistung der Wallbox, die Betriebszustände der Wärmepumpe, Temperaturwerte der Räume und sogar der Füllstand des Regenwassertanks für die Gartenbewässerung. Doch was nützt all das Wissen, wenn es nicht genutzt wird?

Genau an diesem Punkt beginnt der eigentliche Mehrwert eines durchdachten Energiemanagements: Aus Daten werden Entscheidungen.

Das System der Schneiders weiß nun nicht nur, wie viel Energie gerade produziert wird, sondern kann auch steuern, wann welche Verbraucher aktiv sein sollen. Anstatt überschüssigen Solarstrom blind ins Netz einzuspeisen, priorisiert das Energiemanagement die Eigenverbraucher intelligent:

- Der Batteriespeicher wird zuerst geladen.
- Danach startet die Wärmepumpe gezielt in den Zeiten hoher PV-Erträge.
- Die Wallbox beginnt das Auto der Familie erst dann zu laden, wenn entweder ausreichend Solarüberschuss vorhanden ist oder die Strompreise am Spotmarkt niedrig sind.
- Der Heizstab wird nur dann aktiv, wenn es sinnvoll ist, den Pufferspeicher mit regenerativer Energie aufzuladen.
- Die Waschmaschine und der Geschirrspüler starten automatisch innerhalb vorher definierter Zeitfenster, angepasst an das Energieangebot.

Familie Schneider selbst muss dabei keine komplizierten Einstellungen vornehmen – das System übernimmt die Koordination im Hintergrund. Und genau das ist das Ziel: Komplexität reduzieren, ohne auf Flexibilität zu verzichten.

Natürlich bleibt es nicht bei einer einmaligen Konfiguration. Das Leben verändert sich – und so auch die Anforderungen an das Energiemanagement. Vielleicht kommt irgendwann ein zweites Elektroauto hinzu, ein Pool wird gebaut, oder die Kinder ziehen aus. Ein gutes System lernt mit, bleibt anpassbar und wächst mit den Bedürfnissen seiner Nutzer.

Denn erst wenn die Technik nicht nur Daten liefert, sondern Handlungsempfehlungen gibt und eigenständig steuert, wird aus einem „smarten Haus“ wirklich ein intelligentes Zuhause. Ein Zuhause, das hilft, Kosten zu senken, Ressourcen zu schonen und aktiv zur Energiewende beizutragen.

Und damit ist der Weg frei für das, worauf es am Ende ankommt: Eine verlässliche, nachhaltige und zugleich einfache Energielösung, die sich an den Menschen anpasst – und nicht umgekehrt.

Zukunft schon heute – Von der Vision zur gelebten Realität

Das Beispiel der Familie Schneider zeigt, was heute bereits möglich ist – und gleichzeitig, welche Chancen noch in einer ganzheitlichen Gebäudeintegration stecken. Denn echte Effizienz entsteht nicht durch einzelne smarte Geräte, sondern durch das Zusammenspiel aller Komponenten. Erst wenn Erzeugung, Speicherung und Verbrauch miteinander abgestimmt sind, wird aus einem Haus ein intelligentes, flexibles Energiesystem.

Der nächste Schritt für Familie Schneider könnte nun sein, das System weiter zu verfeinern:

- Lastverschiebung optimieren: Die Steuerung noch genauer an Wetterprognosen und dynamische Strompreise anpassen.
- Sektorkopplung erweitern: Auch die Warmwasserbereitung, die Klimatisierung oder zukünftige Verbraucher wie einen Pool oder eine zweite Wallbox intelligent einbinden.
- Visualisierung verbessern: Energiedaten nicht nur erfassen, sondern übersichtlich darstellen, um den eigenen Verbrauch transparent nachvollziehen zu können und ggf. das eigene Verbrauchsverhalten zu optimieren.
- Automatisierte Handlungsempfehlungen: Das System könnte aktiv Hinweise geben, wie der Eigenverbrauch noch weiter gesteigert oder Lastspitzen vermieden werden können.

So ambitioniert das klingt – es ist schon heute mit den richtigen Schnittstellen, Protokollen und einem gut gewählten Energiemanagementsystem umsetzbar.

Dabei zeigt sich: Die Energiewende findet nicht irgendwo da draußen statt. Sie beginnt bei uns zu Hause, bei jeder einzelnen Entscheidung, wie wir Energie erzeugen, speichern und nutzen.

Es braucht dafür weder Raketenwissenschaft noch perfekte Rahmenbedingungen. Was es braucht, ist Wissen, Vernetzung und den Mut, das System als Ganzes zu denken. Genau hier kommt der Gebäudesystemintegrator ins Spiel – als Bindeglied zwischen den Gewerken, als Übersetzer zwischen den Geräten und als Möglichmacher einer effizienten, nachhaltigen und benutzerfreundlichen Energiezukunft.

Denn am Ende zählt nicht, wie smart die Technik ist, sondern wie gut sie unser Leben unterstützt.

Mehr als nur Technik – es geht um intelligente Vernetzung und Verantwortung

Wenn wir über Energiemanagement sprechen, dann reden wir nicht nur über Wechselrichter, Wallboxen, Wärmepumpen oder Protokolle wie Modbus und

MQTT. Es geht auch nicht allein um Schnittstellen oder Abtastraten. Es geht um die Frage, wie wir es schaffen, die vorhandenen Ressourcen klug zu nutzen und dabei Technik verstehbar und beherrschbar zu machen.

Die Energiewende beginnt also vor allem mit der richtigen Vernetzung der Systeme und dem Wissen, wie diese miteinander kommunizieren können. Genau hier liegt die große Stärke des Gebäudesystemintegrators: Er sorgt nicht nur dafür, dass die Geräte miteinander reden, sondern auch, dass ihre Sprache verstanden wird und die Informationen an der richtigen Stelle ankommen.

Die Herausforderungen dabei sind vielfältig – und ehrlich gesagt auch nicht immer einfach zu lösen. Unterschiedliche Schnittstellen, Herstellerphilosophien und Protokolle fordern den Integrator immer wieder heraus, individuelle und flexible Lösungen zu finden. Doch gerade darin liegt auch die Chance: Jedes Projekt ist anders, jeder Kunde hat eigene Vorstellungen und Anforderungen. Und so wird aus einem Haus nicht einfach nur ein Smart Home – es wird ein intelligentes Gesamtsystem, das sowohl ökonomisch sinnvoll als auch ökologisch wertvoll ist.

Am Ende steht nicht die Technik im Mittelpunkt, sondern der Mensch. Die Familie, die sich über niedrige Stromrechnungen freut. Der Mieter, der selbst Teil der Energiewende sein möchte. Der Betrieb, der seine Prozesse nachhaltiger gestaltet. Technik ist dabei das Mittel zum Zweck – die Grundlage für eine bessere, vernetzte und bewusste Zukunft.

Und genau deshalb lohnt es sich, genauer hinzuschauen. Die Kommunikation der Geräte ist kein Selbstzweck. Sie ist der Schlüssel zur echten Effizienz und zur aktiven Gestaltung unserer Energiezukunft.

Und was bedeutet das nun konkret für Familie Schneider?

Nach der Inbetriebnahme des Energiemanagements spüren die Schneiders schon im ersten Jahr die Vorteile: Der Eigenverbrauchsanteil ihrer Photovoltaikanlage hat sich deutlich erhöht, Lastspitzen sind reduziert, der Netzbezug optimiert. Der Heizstab arbeitet genau dann, wenn überschüssige Solarenergie zur Verfügung steht, und das Elektroauto lädt bevorzugt in Zeiten niedriger Strompreise.

Aus dem ursprünglich starren System wurde ein Zuhause, das mitdenkt – und der Familie Schneider jeden Tag das gute Gefühl gibt, aktiv Teil der Energiewende zu sein.

Literaturverzeichnis

[1] EEBus – Dokumentation aus der Loxone Config 15 – Version 15.5.3.4 vom 03.04.2025

[2] Online-Dokumentation von Symcon – Einrichtung von MQTT-Server & Einrichtung von MQTT-Client vom 22.04.2025

[3] DIN VDE 0100-801 (VDE 0100-801): Anwendungsregeln für Energieeffizienz in elektrischen Anlagen – Orientierung zu Effizienzmaßnahmen im Gebäudebereich.

[4] VDE-AR-N 4105: Technische Anschlussregeln für Erzeugungsanlagen am Niederspannungsnetz.

Autor

Stefan Meinders (Industriemeister Elektrotechnik) ist ausgebildeter Elektroniker für Energie- und Gebäudetechnik. Er arbeitete in Unternehmen, die sich auf Gebäudeautomation und deren Schnittstellen fokussiert hatten und machte 2020 seinen Industriemeister Elektrotechnik an der IHK Oldenburg. Von Mai 2020 bis Dezember 2022 arbeitete er als Geschäftsführer eines Elektroinstallationsbetriebes mit dem Schwerpunkt Gebäudesystemintegration.

Seit 2023 ist *Stefan Meinders* hauptberuflicher Dozent am Bundestechnologiezentrum für Elektro- und Informationstechnik e.V. in Oldenburg und unterrichtet dort unter anderem die GSI-Themen in den höheren Berufsabschlüssen.

Neben seiner Tätigkeit engagiert er sich im Prüfungswesen der Meisterausbildung mit Schwerpunkt Gebäudesystemintegration.

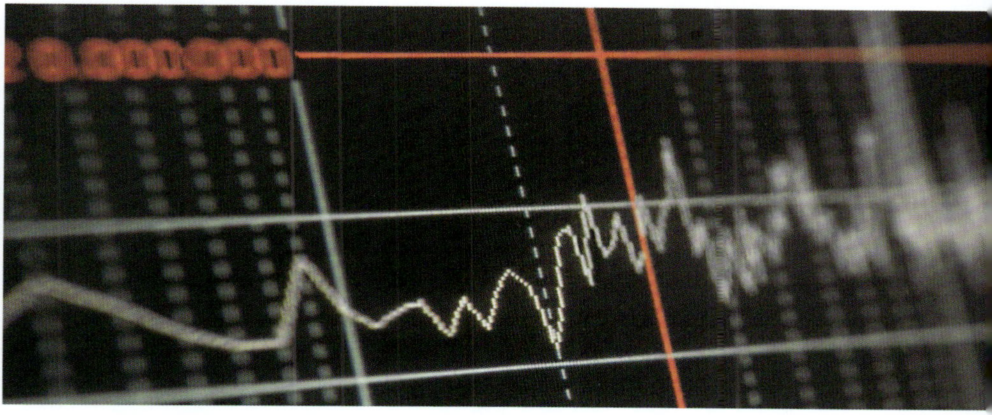

Audrius Merfeldas/shutterstock.com

Umgang mit komplexen Zahlen
– Interpretation und Darstellung 198

Umgang mit komplexen Zahlen – Interpretation und Darstellung

Holger Niedermaier

Der bekannte deutsche Mathematiker *Leopold Kronecker* sagte einmal: „Die natürlichen Zahlen hat der liebe Gott gemacht, alles andere ist Menschenwerk." Leider sind den natürlichen Zahlen Grenzen gesetzt und wir Elektrotechniker benötigen dringend eine Erweiterung.

Wenn wir uns im Folgenden mit der komplexen Wechselstromtechnik näher beschäftigen, könnte der Verdacht aufkommen, dass Herr *Kronecker* damit nicht so ganz falsch lag. Aber von vorne, worum geht es bei der Menge der komplexen Zahlen und warum sind diese für uns in der Wechselstromrechnung so hilfreich?

Die Krux mit der Quadratzahl

Lange bevor sich die Naturwissenschaften mit der Elektrizität beschäftigten und lange bevor der Begriff „Wechselstromtechnik" überhaupt im Wortschatz von Wissenschaft und Technik auftauchte, standen die Mathematiker vor einem großen Problem. Sie gingen davon aus, dass der Zahlenraum mit den reellen Zahlen $\mathbb{R}$ vollständig beschrieben wäre, konnten aber keine Lösung für die Gleichung $x^2 = -1$ angeben. Sie schlossen hieraus, dass es neben der Menge der reellen Zahlen noch eine weitere Zahlenmenge geben musste, in welcher die Lösung für x, also $x = \sqrt{-1}$ lag. Hierzu wurde die imaginäre Einheit i als eine Zahl eingeführt, deren Quadrat den Wert -1 ergibt.

Da „i" in der Elektrotechnik aber schon „reserviert" ist, werden wir für die imaginäre Einheit „j" verwenden. Sie nannten die so definierte Menge an Zahlen die komplexen Zahlen $\mathbb{C}$ und gaben ihr die im Folgenden beschriebenen Eigenschaften. Die Menge der komplexen Zahlen ergibt sich aus der Mengen der reellen Zahlen nach

$$\underline{z} = a + j \cdot b$$

wenn a und b alle möglichen Werte der reellen Zahlen durchlaufen. Demnach sind a und b keine komplexen, sondern reelle Zahlen:

$$a, b \in \mathbb{R} \quad \underline{z} \in \mathbb{C}$$

Der Unterstrich unter dem Variablennamen zeigt an, dass es sich um eine komplexe Zahl handelt. Sehen wir uns die komplexe Zahl $\underline{z}$ etwas genauer an, so stellen wir fest, dass diese aus zwei Teilen besteht. Der Buchstabe a wird als Realteil, b als Imaginärteil der komplexen Zahl $\underline{z}$ bezeichnet. Man schreibt:

$$a = \Re \underline{z}$$
$$b = \Im \underline{z}$$

Betrachten wir die Sonderfälle $b = 0$ und $a = 0$, so stellen wir fest:

– Für $b = 0$ wird $\underline{z}$ eine reelle Zahl, wir können schreiben

$$\underline{z} \in \mathbb{R} \ \mathit{für}\ b = 0, \forall a \in \mathbb{R}$$

Dies bedeutet, dass die reellen Zahlen ein Sonderfall der komplexen Zahlen sind.

– Für $a = 0$ wird $z = j \cdot b$ eine sogenannte „rein imaginäre Zahl“.

Interpretation der komplexen Zahlen

Gehen wir hierzu noch einmal zu den reellen Zahlen zurück. Eine jede reelle Zahl r kann interpretiert werden als ein Punkt R auf der Zahlengerade. Hierbei entspricht die Zahl r der Länge (man sagt dem Betrag) des Ursprungsvektors $\vec{r}$ welcher auf diesen Punkt R der Zahlengerade zeigt. Das **Bild 1** stellt diese Aussage noch einmal anschaulich dar.

$$\left|\vec{r}\right| = r$$

Jede reelle Zahl r liegt also auf der Zahlengerade, sie ist sozusagen eindimensional. Da die reellen Zahlen ein Sonderfall der komplexen Zahlen sind, liegen auch alle komplexen Zahlen mit der Eigenschaft $b = 0$ auf der Zahlengerade. Die Lage des Punktes Z welcher die komplexe Zahl $\underline{z}$ repräsentiert, wird im allgemeinen Fall $(a,\ b \neq 0)$ jedoch nicht nur, wie bei den reellen Zahlen, durch eine Koordinate, sondern durch zwei, nämlich a und b beschrieben.

Wir können $\underline{z}$ demnach als Punkt Z in einer Ebene, der sogenannten Gausschen Zahlenebene interpretieren, dessen Lage in dieser Ebene eindeutig durch den Realteil $a = \Re(z)$ und den Imaginärteil $b = \Im(z)$ beschrieben wird.

Analog zu den reellen Zahlen repräsentiert der Betrag des Ursprungsvektors oder auch Radiusvektors $\vec{z}$, welcher auf den Punkt Z zeigt, den „Wert“ der komplexen Zahl $\underline{z}$. Das **Bild 2** zeigt die Verhältnisse.

Der Betrag des Vektors entspricht, wie wir bereits bei den reellen Zahlen gesehen haben, der Vektorlänge. Da es sich um einen Ursprungsvektor oder Radiusvektor, also eine Sonderform eines Vektors handelt und dieser mit seiner

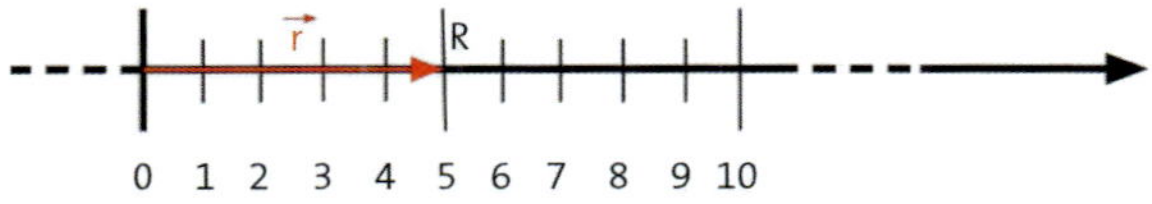

Bild 1: Grafische Darstellung einer reellen Zahl

Quelle: H. Niedermaier (alle Bilder)

Spitze auf den Punkt Z zeigt, führen wir weiterhin für solche Vektoren die Bezeichnung Zeiger ein.

Der „Wert“ der komplexen Zahl $\underline{z}$ ist demnach die Länge des Zeigers $\vec{z}$, welcher auf den Punkt Z zeigt. Diese könnten wir mit einem, auf den Maßstab von **Bild 2** angepassten, Lineal messen, was jedoch beim Arbeiten mit den komplexen Zahlen ziemlich aufwändig werden würde.

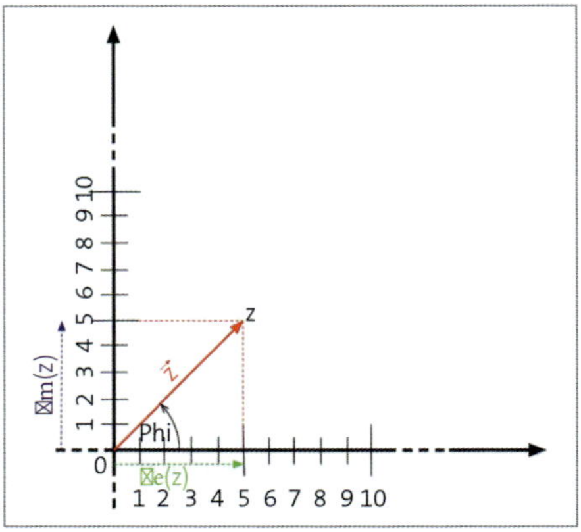

Bild 2: Grafische Darstellung einer komplexen Zahl

Daher wollen wir die Länge des Zeigers $|\underline{z}| = |\vec{z}| = z$ mit Hilfe des Satz des Pythagoras berechnen. Ich hoffe, Sie erinnern sich noch an Ihre Schulzeit, die Summe der Kathetenquadrate entspricht dem Quadrat der Hypotenuse... Wie in Bild 2 zu erkennen, bilden der Realteil $\Re(z)$ und der Imaginärteil $\Im(z)$ die Katheten und $\vec{z}$ die Hypotenuse eines rechtwinkeligen Dreiecks. Demnach ergibt sich für die Länge des Zeigers $\vec{z}$:

$$|\underline{z}| = |\vec{z}| = z = \sqrt{a^2 + b^2} \quad \text{mit} \quad a = \Re(\underline{z}) \quad \text{und} \quad b = \Im(\underline{z})$$

Wir sehen, der Betrag einer komplexen Zahl $|\underline{z}| = z$ ist wiederum eine reelle Zahl. Das haben wir erwartet, denn die Länge der Strecke $\overline{0Z}$ lässt sich ja wiederum auf dem Zahlenstrahl (Bild 1) darstellen, wenn wir die Stecke gedanklich auf diesen legen.

Darstellung komplexer Zahlen

Eine Darstellung, die sogenannte *Komponentendarstellung* oder *algebraische Darstellung* haben wir bereits schon kennengelernt. Sie stellt die komplexe Zahl $\underline{z}$ durch ihre Komponenten, den Realteil $\Re(z)$ und den Imaginärteil $\Im(z)$ dar. Betrachten wir Bild 2, so könnten wir uns aber auch vorstellen, die komplexe Zahl $\underline{z}$ durch die Länge des Zeigers z und den Winkel φ, welchen dieser Zeiger mit der reellen Achse einschließt, zu beschreiben, also

$$\underline{z} = [z, \varphi]$$

Realteil und Imaginärteil der komplexen Zahl $\underline{z}$ lassen sich über die Winkelfunktionen im rechtwinkeligen Dreieck darstellen, wenn der Winkel φ bekannt ist. Dies führt mit

$$a = \Re\underline{z} = z \cdot \cos(\varphi)$$
$$b = \Im\underline{z} = z \cdot \sin(\varphi)$$

zur sogenannten *Polarkoordinatendarstellung* bzw. *trigonometrische Form*:

$$\underline{z} = z \cdot [\cos(\varphi) + j \cdot \sin(\varphi)]$$

Der Mathematiker *Euler* konnte zeigen, dass sich der Ausdruck $[\cos(\varphi) + j \cdot \sin(\varphi)]$ aus der vorangegangenen Gleichung als komplexe Exponentialfunktion darstellen lässt: $[\cos(\varphi) + j \cdot \sin(\varphi)] = e^{j \cdot \varphi}$. Hieraus ergibt sich die sogenannte Exponentialform einer komplexen Zahl.

$$\underline{z} = z \cdot e^{j \cdot \varphi}$$

Konjugiert komplexe Zahl

Als konjugiert komplex wird eine Zahl $\underline{z}^*$ zur komplexen Zahl z bezeichnet, bei welcher der Realteil der konjugiert Komplexen Zahl $\Re\underline{z}^*$ gleich dem Realteil der komplexen Zahl $\Re\underline{z}$ ist, sich die Imaginärteile jedoch um das Vorzeichen unterscheiden, also

$$\Re\underline{z}^* = \Re\underline{z} \; und$$
$$\Im\underline{z} = -\Im\underline{z}^*$$

Für die bereits besprochenen Darstellungsformen ergibt sich demnach:

$$\underline{z} = a + b \cdot j = z \cdot [\cos(\varphi) + j \cdot \sin(\varphi)] = z \cdot e^{j \cdot \varphi}$$

$$\underline{z}^* = a - b \cdot j = z \cdot [\cos(\varphi) - j \cdot \sin(\varphi)] = z \cdot e^{-j \cdot \varphi}$$

$$mit\, a, b, z, \varphi \in \mathbb{R}$$

Geometrisch interpretiert bedeutet eine konjugiert komplexe Zahl die Spiegelung des Zeigers der komplexen Zahl an der reellen Achse (**Bild 3**).

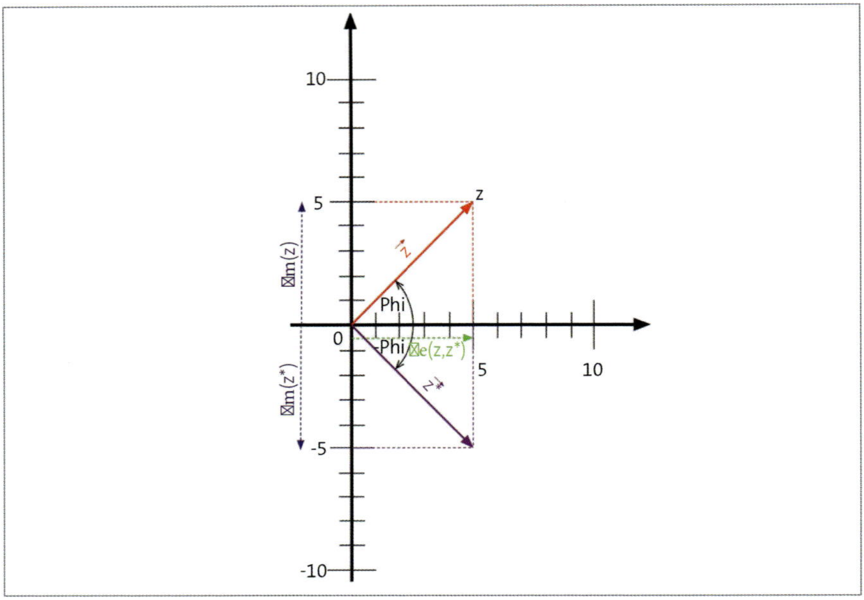

Bild 3: Grafische Darstellung einer komplexen Zahl und ihrer konjugiert komplexen Zahl

Rechnen mit komplexen Zahlen

Das Rechnen mit komplexen Zahlen wird wesentlich dadurch erleichtert, dass, je nach Rechenoperation, die geeignete Darstellungsform der komplexen Zahl verwendet wird, wie wir im Folgenden sehen werden.

Addition und Subtraktion komplexer Zahlen

Zur Addition und Subtraktion komplexer Zahlen verwendet man die algebraische Form. Der Realteil der Summe n komplexer Zahl entspricht der Summe der Realteile der n komplexen Zahlen, welche addiert werden. Der Imaginärteil der Summen komplexer Zahlen entspricht der Summe der Imaginärteile der n komplexen Zahlen, welche addiert werden.

In allgemeiner Schreibweise dargestellt bedeutet dies:

$$\underline{z} = \sum_{m=1}^{n} \underline{z_n} = \sum_{m=1}^{n} a_n + j \cdot \sum_{m=1}^{n} b_n \quad mit\ a,b,n \in \mathbb{R}$$

Diese Gleichung sieht natürlich schon beeindruckend aus, ist aber vielleicht nicht so „griffig“. Machen wir ein Beispiel zur *Addition*, um etwas Übung zu bekommen:

Gegeben seien die beiden komplexen Zahlen

$$\underline{z}_1 = a_1 + j \cdot b_1 = 3 + j \cdot 5 \text{ und } \underline{z}_2 = a_2 + j \cdot b_2 = 2 + j \cdot 8.$$

Die Summe dieser beiden Zahlen ist nach der obenstehenden Gleichung dann definiert zu

$$\underline{z} = \underline{z}_1 + \underline{z}_2$$
$$\underline{z} = (a_1 + a_2) + j \cdot (b_1 + b_2)$$
$$\underline{z} = (3 + 2) + j \cdot (5 + 8)$$
$$\underline{z} = 5 + j \cdot 13$$

Eine wichtige Erkenntnis hierbei ist, dass die Summe einer komplexen Zahl auch immer eine komplexe Zahl zum Ergebnis hat. Wie wir bereits gesehen haben, lässt sich jede komplexe Zahl durch einen Zeiger in der Gauss'schen Zahlenebene (welche ein kartesisches Koordinatensystem ergibt) darstellen. Demnach auch die Summe komplexer Zahlen, da diese ja wieder eine komplexe Zahl ergeben. Sehen wir uns das mal in der Gauss'schen Ebene an (**Bild 4**).

Wie wir in Bild 4 erkennen können, ergibt sich die Summe zweier komplexer Zahlen indem der Fußpunkt des Zeigers des zweiten Summanden an die Spitze des Zeigers des ersten Summanden gesetzt wird.

Die *Subtraktion* ergibt sich äquivalent, indem das Vorzeichen des zweiten Summanden umgekehrt wird.

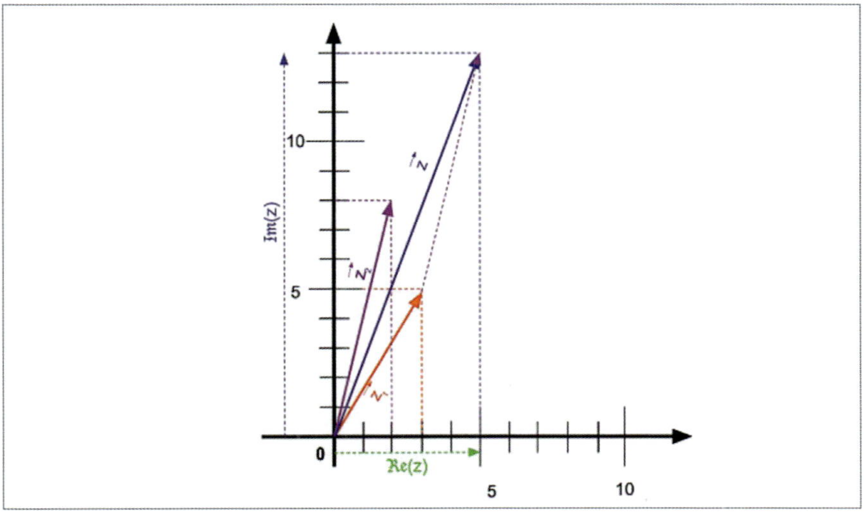

Bild 4: Grafische Darstellung der Summe zweier komplexer Zahlen

Gegeben seien wieder die beiden komplexen Zahlen
$\underline{z}_1 = a_1 + j \cdot b_1 = 3 + j \cdot 5$ und $\underline{z}_2 = a_2 + j \cdot b_2 = 2 + j \cdot 8$.

Die Subtraktion dieser beiden Zahlen ergibt sich demnach dann zu

$$\underline{z} = \underline{z}_1 + (-1) \cdot \underline{z}_2 = (a_1 - a_2) + j \cdot (b_1 - b_2) = (3 - 2) + j \cdot (5 - 8) = 1 - j \cdot 3.$$

Sehen wir uns das wieder in der Zahlenebene an (**Bild 5**).

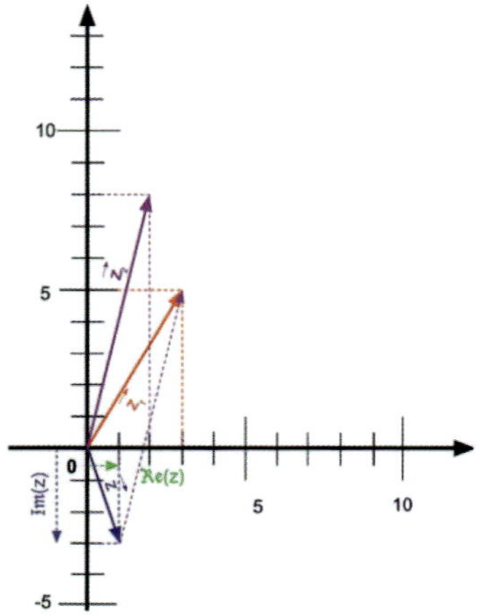

Bild 5: Grafische Darstellung der Subtraktion zweier komplexer Zahlen

Grafisch ergibt sich das Ergebnis der Subtraktion demnach, indem wir die Spitze des Zeigers $\vec{z}_2$ an die Spitze des Zeigers $\vec{z}_1$ setzen. Das Ergebnis ergibt sich dann als Zeiger vom Koordinatenursprung zum Fußpunkt des verschobenen Zeigers $\vec{z}_2$.

Machen wir die Probe, es muss gelten $\underline{z}_1 = \underline{z} + \underline{z}_2$. Versuchen Sie es in Bild 5 selbst, es stimmt. Die Zeigersumme liefert den Zeiger $\vec{z}_1$. Wie bei den natürlichen und reellen Zahlen ist auch die Subtraktion der komplexen Zahlen nicht kommutativ. Wir erinnern uns, die reellen Zahlen sind eine Sonderform der komplexen Zahlen und als solche müssen auch die Rechengesetze übereinstimmen.

Multiplikation komplexer Zahlen

Zur Multiplikation und Division komplexer Zahlen verwendet man am Einfachsten die Exponentialform der komplexen Zahlen. Das Produkt aus n komplexen Zahlen entsteht aus dem Produkt der Beträge der komplexen Zahlen und der Summe ihrer Winkel:

$$\underline{z} = \prod_{n=1}^{m} \underline{z_n} = \prod_{n=1}^{m} z_n \cdot e^{j \cdot \sum_{n=1}^{m} \varphi_n} \quad mit\ m, \underline{z_n}, \varphi_n \in \mathbb{R}$$

Das sieht natürlich wieder wahnsinnig kompliziert aus, weshalb wir uns wieder ein Beispiel ansehen, um das Ganze etwas griffiger zu machen.

Gegeben seien die beiden komplexen Zahlen

$\underline{z}_1 = a_1 + j \cdot b_1 = 3 + j \cdot 5$ und $\underline{z}_2 = a_2 + j \cdot b_2 = 2 + j \cdot 8$,

welche wir schon bei der Addition verwendet haben.

Gesucht ist das Produkt dieser beiden Zahlen, also

$\underline{z} = \underline{z}_1 \cdot \underline{z}_2$.

Zunächst einmal bringen wir die beiden Zahlen in die Exponentialform:

$$\underline{z_1} = \sqrt{a_1^2 + b_1^2} \cdot e^{j \cdot \arctan(\frac{b_1}{a_1})} = 5{,}83 \cdot e^{j \cdot 59°}$$

$$\underline{z_2} = \sqrt{a_2^2 + b_2^2} \cdot e^{j \cdot \arctan(\frac{b_2}{a_2})} = 8{,}25 \cdot e^{j \cdot 76°}$$

und berechnen das Ergebnis

$$\underline{z} = \underline{z_1} \cdot \underline{z_2}$$

$$\underline{z} = 5{,}83 \cdot 8{,}25 \cdot e^{j \cdot (59° + 76°)}$$

$$\underline{z} = 48{,}1 \cdot e^{j \cdot 135°}$$

$$\underline{z} = -34 + j \cdot 34$$

Wie habe ich die komplexe Zahl z nun wieder in die algebraische Form gebracht? Wir erinnern uns an das, was wir bereits über die Darstellung komplexer Zahlen besprochen haben. Dort hatten wir bereits den geometrischen Zusammenhang

$$a = \Re z = z \cdot \cos(\varphi)$$

$$b = \Im z = z \cdot \sin(\varphi)$$

erkannt. Genau diesen haben wir hier für die „Rückumwandlung“ genutzt, also

$48{,}1 \cdot \cos(135°) = -34$

$48{,}1 \cdot \sin(135°) = 34$

Ein Hinweis für alle, die das nachrechnen wollen: Sie müssen Ihren Taschenrechner auf Grad-Modus gestellt haben (meistens D = Degree).

Division von komplexen Zahlen

Was haben wir bei der **Multiplikation** gemacht? Im ersten Schritt haben wir den Zeiger der komplexen Zahl z_1 um den Betrag des Zeigers der komplexen Zahl z_2 gestreckt. Anschließend haben wir den Zeiger der komplexen Zahl z_1 um den Winkel der komplexen Zahl z_2 im mathematisch positiven Sinn gedreht. Der mathematisch positive Drehsinn ist gegen den Uhrzeigersinn, also nach links.

Die **Division** stellt, wie bei den reellen Zahlen auch, die Umkehrfunktion zur Multiplikation dar. Hieraus ergibt sich, dass sich die Division zweier komplexer Zahlen durch Multiplikation der ersten komplexen Zahl (Dividend) mit dem Kehrwert der zweiten komplexen Zahl (Divisor) ergibt:

$$\underline{z} = \frac{\underline{z}_1}{\underline{z}_2} = \underline{z}_1 \cdot \frac{1}{\underline{z}_2} = \underline{z}_1 \cdot \frac{1}{\underline{z}_2} \cdot e^{\varphi_1 - \varphi_2}$$

Interpretieren wir die oben stehende Gleichung geometrisch, wie wir das zuvor bei der Multiplikation gemacht haben, so bedeutet eine Division eine Stauchung des Zeigers des Dividenden um den Kehrwert des Betrags des Zeigers des Divisors und eine Drehung des gestauchten Zeigers im mathematisch negativen Sinn, also im Uhrzeigersinn, um den Winkel des Zeigers des Divisors. Für die beiden komplexen Zahlen aus den Beispielrechnungen von oben würde sich für die Division demnach ergeben:

$$\underline{z} = \frac{\underline{z}_1}{\underline{z}_2} = \frac{5{,}83 \cdot e^{j \cdot 59°}}{8{,}25 \cdot e^{j \cdot 76°}}$$

$$\underline{z} = 0{,}71 \cdot e^{j \cdot (-17)°}$$

$$\underline{z} = 0{,}71 \cdot e^{j \cdot 343°}$$

$$\underline{z} = 0{,}68 - j \cdot 0{,}21$$

Zusammenfassung

Hier noch einmal die Grundrechenarten für komplexe Zahlen zusammengefasst:

- **Addition:**

  $$\underline{z} = \underline{z}_1 + \underline{z}_2$$

  $$\underline{z} = a_1 + j \cdot b_1 + a_2 + j \cdot b_2$$

  $$\underline{z} = (a_1 + a_2) + j \cdot (b_1 + b_2)$$

  Die Summe komplexer Zahlen ergibt sich aus der Summe der Realteile und der Summe der Imaginärteile. Geometrisch ergibt sich die Summe komplexer Zahlen durch das Aneinandersetzen der Zeiger der Summanden (Fuß an Spitze).

– **Subtraktion:**

$$\underline{z} = \underline{z}_1 - \underline{z}_2$$
$$\underline{z} = a_1 + j \cdot b_1 - (a_2 + j \cdot b_2)$$
$$\underline{z} = (a_1 - a_2) + j \cdot (b_1 - b_2)$$

Die Differenz zweier komplexer Zahlen ergibt sich aus der Differenz des Realteiles des Minuenden und des Subtrahenden und der Differenz des Imaginärteils des Minuenden und des Subtrahenden. Geometrisch ergibt sich die Differenz zweier komplexer Zahlen durch gegenläufiges Aneinandersetzen (Spitze-Spitze) des Zeigers des Subtrahenden an den Zeiger des Minuenden.

– **Multiplikation:**

$$\underline{z} = \underline{z}_1 \cdot \underline{z}_2$$
$$\underline{z} = \underline{z}_1 \cdot \underline{z}_2 \cdot e^{j \cdot (\varphi_1 + \varphi_2)}$$

Das Produkt komplexer Zahlen ergibt sich aus dem Produkt ihrer Beträge und der Summe ihrer Winkel. Geometrisch ergibt sich das Produkt komplexer Zahlen durch das Strecken des Zeigers des ersten Faktors um das Produkt der Beträge der anderen Faktoren und das gleichzeitige Drehen des Zeigers des ersten Faktors um die Summe der Winkel der weiteren Faktoren im mathematisch positiven Sinn.

– **Division:**

Der Quotient zweier komplexer Zahlen ergibt sich als Quotient der Beträge der beiden komplexen Zahlen und der Differenz ihrer Winkel. Geometrisch ergibt sich der Quotient zweier komplexer Zahlen durch das Stauchen des Zeigers des Dividenden um den Betrag des Zeigers des Divisors und gleichzeitigem Drehen des Zeigers des Dividenden um den Winkel des Zeigers des Divisors in mathematisch negative Richtung.

Rotierende, komplexe Zeiger und Darstellung von Winkeln

Eine komplexe Zahl lässt sich in Polarkoordinaten durch Betrag und Winkel darstellen:

$$\underline{z} = z \cdot [\cos(\varphi) + j \cdot \sin(\varphi)] \qquad (1)$$

Die Zahl $\underline{z}$ wird hierbei durch einen feststehenden oder stationären Zeiger $\vec{z}$ repräsentiert. Verändern wir den Winkel φ so bewegt sich der Zeiger im Koordinatensystem ohne jedoch seine Länge zu verändern. Die Spitze des Zeigers beschreibt demnach eine Kreisbahn mit dem Zentrum im Koordinatenursprung. Vielleicht erinnern Sie sich noch, wir hatten den Vektor, welcher die komplexe Zahl $\underline{z}$ beschreibt, auch als Radiusvektor bezeichnet.

Der Zeiger $\vec{z}$ weist mit seiner Spitze auf den Punkt Z. Demnach ergeben sich alle Punkte Z mit der Eigenschaft $Z \in k$, wenn k die vom Radiuszeiger beschreibbare Kreisbahn ist zu:

$$Z(\varphi) = [z \cdot \cos(\varphi);\ z \cdot \sin(\varphi)] \qquad (2)$$

Darstellung von Winkeln

Im Folgenden wollen wir uns die für den einen oder anderen Leser vielleicht noch nicht so gängige Größe des Bogenmaßes und die damit verbundenen Größen wie Winkelgeschwindigkeit und Kreisfrequenz genauer betrachten. All jene, für die eine Wiederholung zu gähnender Langeweile führt, möchte ich bitten gnädig darüber hinweg zu sehen und im weiteren Verlauf wieder einzusteigen.

Winkel lassen sich, wie bekannt und hier auch häufig verwendet, in Grad ausdrücken, also z. B. 20°. Gleichwertig und in manchen Fällen besser zu handhaben, ist jedoch auch die Möglichkeit, Winkel im sogenannten Bogenmaß darzustellen. Diese Darstellung leitet sich aus der auf einer Kreisbahn zurückgelegten Strecke ab, abhängig davon, um welchen Sektorwinkel man sich auf dieser bewegt hat.

Nehmen wir an, wir bewegen uns auf einem geschlossenen Kreis k mit dem Radius r einmal komplett herum. Dann haben wir einen Sektorwinkel von $\varphi = 360°$ überstrichen und dabei den Weg $d = 2 \cdot \pi \cdot r$ zurückgelegt. Die Länge der, durch unsere Bewegung beschriebenen Kreisbahn $|k\ (360°)|$, entspricht für diesen Fall genau dem Kreisumfang.

Im nächsten Fall wollen wir uns nur noch um den Sektorwinkel $\varphi = 180°$ bewegen. Die auf der Kreisbahn k zurückgelegte Wegstrecke $|k\ (180°)|$ ist nun nur noch die Hälfte des Gesamtumfangs des Kreises

$$\left| k\ (180°) \right| = \frac{180°}{360°} \cdot 2 \cdot \pi \cdot r = \pi \cdot r \qquad (3)$$

Bewegen wir uns nur 90°, so würde sich für die Strecke

$$\left| k\ (90°) \right| = \frac{90°}{360°} \cdot 2 \cdot \pi \cdot r = \frac{\pi}{2} \cdot r \qquad (4)$$

ergeben.

Wie wir erkennen können, bietet es sich an, den Sektorwinkel φ nicht in 0° bis 360°, sondern in Teilen von $2 \cdot \pi$ anzugeben. Um die Länge der auf der Kreisbahn zurückgelegten Strecke zu berechnen, muss dieser dann nur noch mit dem Radius des Kreises multipliziert werden. Für einen Sektor des Einheitskreises, also eines Kreises mit dem Radius 1, entspricht dieser Quotient genau der Länge der Sektorkreisbahn. Diesen Teil von $2 \cdot \pi$ bezeichnet man als Bogenmaß, wobei gilt:

$$1° = \frac{2 \cdot \pi}{360°} \qquad (5)$$

Aber Achtung, wenn Sie mit Bogenmaß rechnen wollen, was wir im weiteren Verlauf vermehrt tun, dann müssen Sie das Ihrem Taschenrechner sagen, indem Sie ihn auf Radiant (Rad) umstellen.

Winkelgeschwindigkeit und Kreisfrequenz

Wir haben gesehen, dass, wenn wir uns einmal auf dem Einheitskreis komplette herumbewegt haben, wir die Strecke $2 \cdot \pi$ zurückgelegt haben. Würden wir nun nicht nach einer Runde stehen bleiben, sondern n Runden laufen, so hätten wir insgesamt n mal den Umfang des Einheitskreises zurückgelegt, $n \in \mathbb{R}$. Stoppen wir dabei die Zeit t, welche wir für die n Umläufe benötigen, so können wir, eine gleichförmige Bewegung vorausgesetzt, die Bewegungsgeschwindigkeit auf der Kreisbahn des Einheitskreises aus dem Quotienten aus zurückgelegtem Weg und dafür benötigter Zeit angeben zu:

$$v_e = \frac{2 \cdot \pi \cdot n}{t} \qquad (6)$$

Der Ausdruck $2 \cdot \pi \cdot n$ beschreibt ja, wie wir bereits im oberen Teil erörtert hatten, einen Sektorwinkel des Radiuszeigers. Somit können wir v_e auch als den gesamten Winkel $\varphi(t)$ (Winkel im Bogenmaß) interpretieren, welcher vom Radiuszeiger $\vec{r}_e$ in der Zeitspanne t überstrichen wird und definieren die Größe der Winkelgeschwindigkeit ω zu

$$\omega = 2 \cdot \pi \cdot \frac{n}{t} \qquad (7)$$

Mit $\varphi(t) = 2 \cdot \pi \cdot n$ können wir Gleichung (7) auch in allgemeiner Form (als Betragsgleichung) aufstellen:

$$\omega(t) = \frac{d\varphi}{dt} \qquad (8)$$

Interessant in Gleichung (7) ist der Ausdruck n/t. Er bringt ja zum Ausdruck, wie oft in einer gewissen Zeit sich etwas, im hier betrachteten Fall der Durchlauf des Radiuszeigers, während einer gewissen Zeitspanne wiederholt, also eine Art Wiederholrate.

Das kommt dem Elektrotechniker natürlich gleich bekannt vor, wobei wir in der Technik in der Regel nicht von einer Wiederholrate, sondern von einer Frequenz f sprechen. Daher können wir Gleichung (7) auch als $\omega = 2 \cdot \pi \cdot f$ darstellen und bezeichnen ω als die Kreisfrequenz mit der Einheit 1/s.

Lassen Sie mich an dieser Stelle noch eine kleine Abgrenzung zur physikalischen Bewegungslehre anbringen, denn zurecht könnte hier der Einwurf kom men, dass Winkelgeschwindigkeit und Kreisfrequenz in der Physik zwei unterschiedliche Größen darstellen, welche in der Regel nicht in Beziehung zueinander gesetzt werden.

Auch wenn die Einheit von Winkelgeschwindigkeit und Kreisfrequenz identisch ist und ihre mathematische Herleitung ebenfalls übereinstimmt, ist dieser Einwand insofern richtig, als dass

- die Winkelgeschwindigkeit eine vektorielle Größe darstellt und die Kreisbewegung des Schwerpunktes eines Körpers im Raum beschreibt.
- die Kreisfrequenz keine vektorielle Größe ist und das Fortschreiten der Phase einer Schwingung mit der Zeit beschreibt.

Aus diesem Grund werden wir im weiteren Verlauf nur noch mit dem Begriff Kreisfrequenz arbeiten.

Fassen wir hierzu noch einmal zusammen: Die Kreisfrequenz beschreibt die Änderung des Sektorwinkels eines Zeigers $\vec{z}$ während der Zeitspanne $\Delta t = (t_1 - t_0)$, wenn t_0 die Startzeit und t_1 die Endzeit der Betrachtung der Zeigerdrehung sind.

Rotierende Zeiger und zeitlicher Verlauf von Größen

Wir haben ja bereits festgestellt, dass wir komplexe Zahlen als Zeiger in der komplexen Ebene interpretieren können. Wir hatten dies am Beispiel der komplexen Zahl $\underline{z}$ mit $\underline{z} = z \cdot (\cos(\varphi) + j \cdot \sin(\varphi))$ betrachtet.

Ersetzen wir nun den festen Winkel φ in der Darstellung der komplexen Zahl $\underline{z}$ durch den dynamischen Ausdruck $\varphi(t) = \omega \cdot t$ so wird die komplexe Zahl $\underline{z}$ eine von der Zeit t abhängige Größe $\underline{z}(\underline{t})$, wobei sich, und das ist das Spannende an dieser Betrachtung, der Betrag der komplexen Zahl $|z|$ nicht verändert, $|z| \neq f(t)$. Klar, denn die Spitze des Zeigers $\vec{z}$ beschreibt ja eine Kreisbahn k.

Was nützt uns das jetzt? Ganz einfach. Für uns Techniker bedeutete dies, dass wir periodisch zeitlich sich verändernde Größen, z.B. die Netzspannung, als rotierende, komplexe Zeiger interpretieren können, welche den Rechengesetzen der komplexen Zahlen unterliegen.

Sehen wir uns das einmal etwas bildlicher an, indem wir die beiden Wechselgrößen

- die Spannung U, u mit einer Amplitude von 10 V und einer Frequenz von 1 Hz
- der Strom I, i mit einer Amplitude von 1 A und einer Frequenz von 1 Hz

in der komplexen Ebene als rotierende Zeiger genauer untersuchen. Weiterhin soll der Strom der Spannung um den Winkel

$$\varphi_{u,i} = \frac{\pi}{4} \qquad (9)$$

nacheilen, was einem Winkel von 45° entspricht. Elektrotechnisch interpretiert haben wir es hier mit einer ohmisch-induktiven Last zu tun. Sehen wir uns zunächst den Zeitverlauf von Strom und Spannung in **Bild 6** an.

Wie wir wissen, können wir diese periodische Schwingung aus Bild 6 auch als rotierende Zeiger in der komplexen Ebene darstellen. Nun ist es mir leider nicht möglich, eine reale Bewegung in einer gedruckten Form darzustellen. Ich hoffe, Sie können sich den blauen und den roten Zeiger in **Bild 7** in ihrer Bewegung

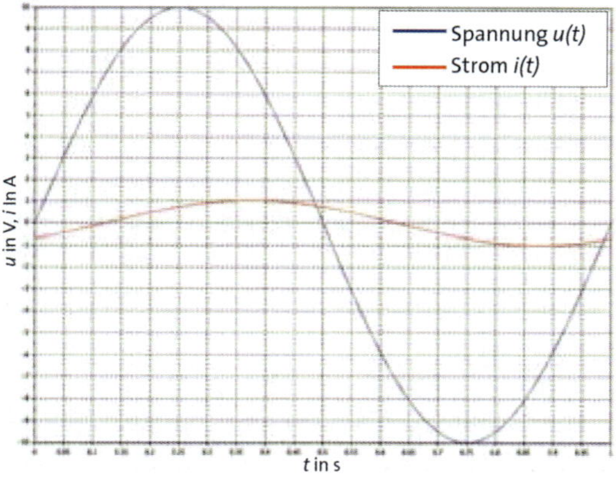

Bild 6: Periodischer, zeitlicher Verlauf von Strom und Spannung

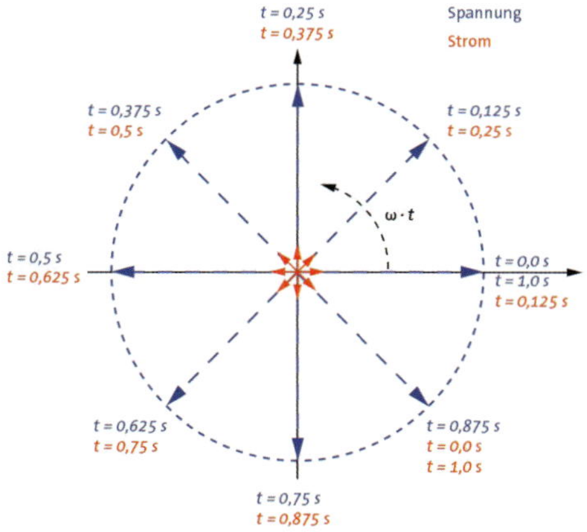

Bild 7: Rotierende, komplexe Zeiger von Strom und Spannung

vorstellen. Ich habe versucht diese mit Pfeil und der Angabe von Zeiten zu simulieren. So weit, so gut, doch wie hängt nun die Darstellung aus Bild 6 mit der Darstellung der Zeiger aus Bild 7 zusammen?

Stellen Sie sich hierzu vor, Sie würden mit einer sehr starken Lampe die Zeiger auf eine von der imaginären Achse (Y-Achse) und einer zur reellen und imaginären Achse senkrecht stehenden Achse (Z-Achse) aufgespannten Ebene projizieren, wobei Sie Ihre Projektionsfläche mit festgelegter Geschwindigkeit in Richtung dieser Z-Achse bewegen würden. Welches Abbild würden Sie erhalten?

Sehen wir uns die Antwort in **Bild 8** an. Betrachten wir uns die Position des Spannungszeigers und des Stromzeigers zu beliebigen Zeitpunkten zueinander, so fällt auf, dass die relative Lage der Zeiger zueinander sich im Gegensatz zur absoluten Lage der Zeiger nicht verändert. Die Beziehung der beiden zueinander bleibt sozusagen unverändert. Das haben wir auch erwartet, denn die Phasenlage der beiden Größen $\varphi_{u,\,i}$ zueinander verändert sich bei Größen gleicher Frequenz nicht über die Zeit. Halten wir noch einmal fest: Eine periodisch in ihrem zeitlichen Verlauf einer Sinusfunktion (Cosinusfunktion) entsprechende Größe kann entweder als

- Verlauf über die Zeit
- Verlauf über den Winkel
- rotierender Zeiger in der komplexen Ebene

interpretiert und dargestellt werden. Jede Betrachtung ist hierbei gleichwertig und bietet gewisse Vor-und Nachteile bei der weiteren theoretischen Behandlung der Größe.

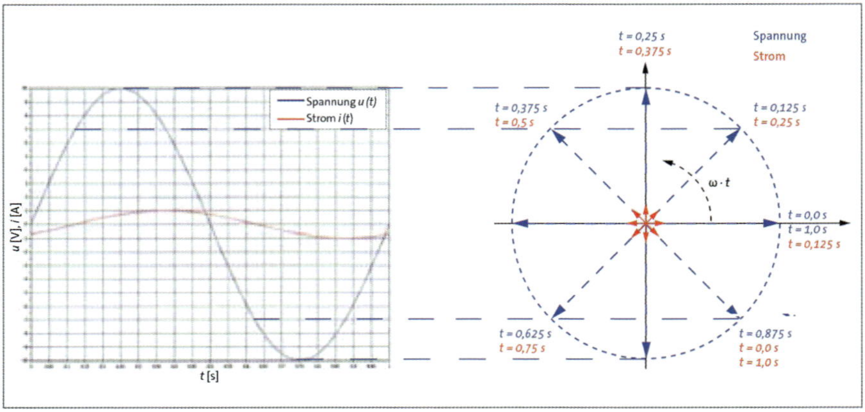

Bild 8: Rotierende, komplexe Zeiger sowie zeitlicher Verlauf der Größen Strom und Spannung

Mathematische Darstellungsform rotierender Zeiger

Wie wir gesehen haben, verbirgt sich hinter rotierenden, komplexen Zeigern die grafische Darstellung einer komplexen Zahl in der kartesischen, komplexen Ebene, bei welcher sich Realteil und Imaginärteil periodisch ändern.

Dabei gilt:

$$\sqrt{\Re^2 + \Im^2} = \text{konstant} \qquad (10)$$

Wir erinnern uns: $\Re$ repräsentiert den Realteil der komplexen Zahl, $\Im$ den Imaginärteil und obiger Ausdruck hat als Ergebnis die Länge des, die komplexe Zahl $\underline{z}$ repräsentierenden, Zeiger $\vec{z}$, also deren Betrag $|\underline{z}| = z$.

Demnach können wir den komplexen, rotierenden Zeiger als Funktion der Zeit in den drei uns bekannten Darstellungsformen mathematisch beschreiben:

- die algebraische Darstellungsform

$$\underline{z}(t) = \mathrm{a}(t) + \mathrm{j} \cdot \mathrm{b}(t) \text{ mit } \mathrm{a}, \mathrm{b}, t \in \mathbb{R} \qquad (11)$$

- die Darstellung in Polarkoordinaten

$$\underline{z}(t) = z \cdot (\cos(\omega \cdot t) + \mathrm{j} \cdot \sin(\omega \cdot t)); \text{ mit } \omega, t, z \in \mathbb{R} \qquad (12)$$

$$\text{und } \omega = 2 \cdot \pi \cdot f$$

- in Exponentialform

$$\underline{z}(t) = z \cdot \mathrm{e}^{\mathrm{j} \cdot (\omega \cdot t)}; \text{ mit } \omega, t, z \in \mathbb{R} \qquad (13)$$

$$\text{und } \omega = 2 \cdot \pi \cdot f$$

Effektivwert periodischer Größen

Kaum haben sich die Zeiger zu drehen begonnen, wollen wir sie auch schon wieder zum Stillstand bewegen und den Begriff des komplexen Effektivwertes und der komplexen Effektivwertzeiger einführen. Was verbirgt sich hinter dem Begriff „Effektivwert"?

Wie das Wort schon vermuten lässt, handelt es sich um die Angabe einer Größe, welche effektiv das Gleiche tut wie die tatsächliche Größe. In der Wechselstromtechnik haben wir es mit zeitlich sich periodisch veränderten Größen zu tun. Dies hat für uns einen gewaltigen Nachteil, denn wir können alle Größen ja entweder nur als zeitlichen Verlauf oder als Augenblickswert angeben. Für Berechnungen ist dies jedoch nicht immer hilfreich. Nehmen wir an, wir wollen z. B. den Strom durch die Impedanz Z_{Last} angeben. Dieser Strom kommt zum Fließen, wenn wir die Impedanz an eine Spannungsquelle mit der periodisch, sinusförmigen Spannung

$$u(t) = \hat{u} \cdot \sin(\omega \cdot t + \varphi) \tag{14}$$

legen. Wir erhalten dann einen periodischen, zeitlichen Verlauf des Stromes zu

$$\begin{aligned} i(t) &= \frac{u(t)}{Z} \\ i(t) &= \frac{\hat{u}}{Z} \cdot \sin(\omega \cdot t + \varphi) \\ i(t) &= \hat{i} \cdot \sin(\omega \cdot t + \varphi) \end{aligned} \tag{15}$$

wobei alle Variablen rationale Zahlen repräsentieren. Wir können als Ergebnis demnach nur einen Wert zu einem gegebenen Zeitpunkt angeben, also z. B. $i(10\text{ ms}) = 0\text{ A}$ oder eben den periodischen, zeitlichen Verlauf. Auch die elektrische Leistung, welche in der Impedanz Z umgesetzt wird, also das Produkt aus Strom und Spannung, ist wiederum eine zeitlich veränderliche, periodische Größe.

Für die elektrische Leistung können wir einen Wert, den sogenannten **arithmetischen Mittelwert,** angeben. Dieser beschreibt die physikalische Wirkung der elektrischen Leistung über die Zeitdauer einer Periode, also die verrichtete elektrische Arbeit während dieser Zeitspanne, bezogen auf die Zeitspanne. Wir erhalten so eine zeitlich unveränderliche Größe, nämlich die Größe der mittleren, elektrischen Leistung. Diesen Mittelwert beschreiben wir wie folgt:

$$P = \frac{2}{T} \int_0^{\frac{T}{2}} p(t) \cdot dt \tag{16}$$

Aus diesen Überlegungen können wir die Frage ableiten, die uns den Begriff des Effektivwertes noch einmal verdeutlicht: Welche zeitlich unveränderlichen, elektrischen Größen Strom und Spannung liefern als Produkt die gleiche, mittlere, elektrische Leistung, wie wir sie in einer realen Anordnung mit den zeitlich veränderlichen Größen rechnerisch als Mittelwert über eine Leistungsperiode erhalten?

Der Einfachheit halben betrachten wir erst einmal phasengleiche Spannungen und Ströme. Wenn wir diese Einschränkung machen, können wir unserer Frage mathematisch wie in nachfolgender Gleichung (Gl. 17) dargestellt zum Ausdruck bringen:

$$P = \frac{2}{T} \int_0^{\frac{T}{2}} \left\{ \hat{i} \cdot \sin(\omega \cdot t + \varphi) \cdot \hat{u} \cdot \sin(\omega \cdot t + \varphi) \right\} \cdot dt \qquad (17)$$

$$P = U \cdot I$$

Weiterhin wissen wir, dass die Umwandlung von elektrischer in eine andere Energieform, z. B. Wärme, durch den ohmschen Widerstandsanteil der Wechselstromimpedanz repräsentiert wird. Wir halten fest: *„Eine Wirkleistung P wird nur an einem Wirkwiderstand R umgesetzt“*.

Aus der Gleichstromtechnik kennen wir den quadratischen Zusammenhang zwischen der elektrischen Leistung *P* und den Größen Spannung *U* bzw. Strom *I*:

$$P = I^2 \cdot R = \frac{U^2}{R} \qquad (18)$$

Für die weitere Betrachtung vereinfachen wir Gl. 17 dahingehend, dass wir die Phasenlage von Strom und Spannung auf den Wert $\varphi = 0°$ setzen. Analog zu Gleichung 18 formulieren wir diesen Zusammenhang auch für die periodischen, zeitlich veränderlichen Größen $i(t)$, $u(t)$:

$$P = R \cdot \frac{2}{T} \int_0^{\frac{T}{2}} \hat{i}^2 \cdot \sin^2(\omega \cdot t + \varphi) \cdot dt \qquad (19)$$

$$P = \frac{1}{R} \cdot \frac{2}{T} \int_0^{\frac{T}{2}} \hat{u}^2 \cdot \sin^2(\omega \cdot t + \varphi) \cdot dt \qquad (20)$$

Mit Hilfe der Zusammenhänge aus Gl. 18, 19 und 20 wollen wir versuchen, die in Gl. 17 formulierte Fragestellung zu lösen, indem wir versuchen, allgemein gültige Zusammenhänge für die gedachten Größen *I* und *U* zu finden. Hierzu setzen wir den ersten Term aus Gl. 18 mit der rechten Seite aus Gl. 19 gleich ($\varphi = 0$) und dividieren auf beiden Seiten durch *R*. Dann erhalten wir als Ansatz:

$$I^2 = \frac{2}{T} \int_0^{\frac{T}{2}} \hat{i}^2 \cdot \sin^2(\omega \cdot t) \cdot dt \qquad (21)$$

Zunächst stellen wir $\hat{\imath}^2$ vor das Integralzeichen. Das dürfen wir tun, da $\hat{\imath}$ keine Variable der Zeit, sondern eine Konstante ist. Gl. 21 stellt sich dann wie folgt dar:

$$I^2 = \frac{2}{T} \cdot \hat{i}^2 \int_0^{\frac{T}{2}} \cdot \sin^2(\omega \cdot t) \cdot dt \qquad (22)$$

Nun lösen wir das Integral. Hierzu verwendet man die passende Lösung für das unbestimmte Integral der quadratischen Winkelfunktion:

$$I^2 = \frac{2}{T} \cdot \hat{i}^2 \left[{}_0^{\frac{T}{2}} \left\{ \frac{1}{2} \cdot \omega \cdot t - \frac{1}{4 \cdot \omega} \cdot \sin(2 \cdot \omega \cdot t) \right\} \right] \qquad (23)$$

Das sieht nicht ganz einfach aus, das Ergebnis wird Sie am Ende aber überraschen. In einem nächsten Schritt berechnen wir den Ausdruck in den eckigen Klammern, den sog. Integrationsgrenzen des bestimmten Integrals, welches wir im Übergang von Gl. 22 zu Gl. 23 gelöst haben. Hierzu setzen wir für die Variable $\omega \cdot t$ einmal den Wert $T/2 = \pi$ und einmal den Wert 0 ein:

$$\begin{aligned} &\textit{für}\ \ \omega \cdot t = \pi \\ &\frac{1}{2} \cdot \omega \cdot t = \frac{1}{2} \cdot \pi \\ &-\frac{1}{4 \cdot \omega} \cdot \sin(2 \cdot \omega \cdot t) = 0 \end{aligned} \qquad (24)$$

da die Sinusfunktion für den Wert $2 \cdot \pi$ den Wert 0 annimmt.

$$\begin{aligned} &\textit{für}\ \ \omega \cdot t = 0 \\ &\frac{1}{2} \cdot \omega \cdot t = 0 \\ &-\frac{1}{4 \cdot \omega} \cdot \sin(2 \cdot \omega \cdot t) = 0 \end{aligned} \qquad (25)$$

da die Sinusfunktion für den Wert 0 den Wert 0 annimmt.

Somit liefert uns Gl. 23 mit $T = 2 \cdot \pi$ (Kreisfrequenz):

$$I^2 = \frac{2}{2 \cdot \pi} \cdot \hat{i}^2 \cdot \frac{1}{2} \pi \qquad (26)$$

Wir fassen Gl. 26 weiter zusammen und lösen nach I auf unter Anwendung dieses Zusammenhangs:

$$|x| = \sqrt{x^2}\,;\ x \in \mathbb{R} \qquad (27)$$

Die Betragsstriche bei „x“ sind notwendig, da sowohl $-x \cdot -x = x^2$ als auch $x \cdot x = x^2$ gilt. Diese Tatsache ist sehr interessant und daher werde ich im Weiteren noch einmal kurz auf diesen Punkt zu sprechen kommen. Nun aber zurück zur finalen Lösung von Gl. 26. Aus

$$\sqrt{I^2} = \sqrt{\frac{\hat{i}^2}{2}} \qquad (28)$$

wird schließlich

$$\pm I = \frac{\hat{i}}{\sqrt{2}} \qquad (29)$$

Sie meinen: „Na, das weiß doch jeder Elektriker?" Ich stimme Ihnen zu, da der Zusammenhang wahrscheinlich jeder/jedem spätestens ab dem 2. Lehrjahr bekannt und bis zur Abschlussprüfung hoffentlich in Fleisch und Blut übergegangen ist. Dennoch finde ich eine solche Auflösung extrem hilfreich, was Sie – spätestens am Ende dieses Beitrags – auch denken.

Eine identische Ableitung können wir auch für den Zusammenhang zwischen U und $\hat{u}$ finden. Auch hier sehen wir:

$$\pm U = \frac{\hat{u}}{\sqrt{2}} \qquad (30)$$

Welche Schlüsse können wir nun aus diesen Überlegungen ziehen? Betrachten wir hierzu noch einmal die Ausgangsgleichung Gl. 17. Wir können die zu Anfangs gestellte Frage nach den Ersatzgrößen für die periodisch, zeitlich veränderlichen (sinusförmigen) Größen zur Berechnung der elektrischen Leistung bzw. der in einem Zeitraum t umgesetzten elektrischen Arbeit beantworten. Ja, solche Ersatzgrößen existieren. Wir bezeichnen sie als Effektivwerte. Für die Berechnung der Effektivwerte einer periodischen Funktion haben wir den mathematischen Zusammenhang

$$\pm A = \sqrt{\frac{1}{T}\int_0^T a^2(t)\,dt} \qquad (31)$$

wobei $a(t)$ eine beliebige, zeitlich periodische Funktion repräsentiert, während A ihren Effektivwert darstellt. Oft bezeichnet man den Effektivwert aufgrund dieses mathematischen Zusammenhangs auch als **quadratischen Mittelwert** oder aus dem Englischen als RMS-Wert, wobei RMS für „Root Mean Square" steht.

Der Effektivwert entspricht demnach einem vergleichbaren Gleichwert, welcher an einem elektrischen Widerstand die äquivalente mittlere Wärmeleistung zu erzeugen vermag.

Mit dieser Definition wollen wir uns noch einmal der Kuriosität mit den Betragsstrichen und dem Wechselvorzeichen ± zuwenden. Ich denke es dürfte einleuchtend sein, dass wir das Vorzeichen des Effektivwertes einheitlich aber beliebig wählen dürfen. Für die Wärmeleistung eines elektrischen Gleichstromwiderstandes ist es völlig unerheblich in welcher Richtung der Stromfluss stattfindet bzw. die Spannung anliegt. Spannung und Strom sind demnach eben keine gerichteten Größen, genauer sie sind keine Vektoren, sondern Skalare. Aus der freien Wahl des Vorzeichens wird in der Technik die Festlegung des sogenannten Zählpfeilsystems getroffen.

Für rein sinusförmige (und natürlich auch dem zeitlichen Verlauf einer Cosinusfunktion folgende) zeitliche Verläufe der Größen (und nur für diese) gilt der Zusammenhang zwischen Scheitelwert und Effektivwert $1/\sqrt{2} \approx 0{,}707$, was also ca. 70 % des Spitzenwertes entspricht.

Die komplexe elektrische Wechselstromleistung

Im Folgenden wollen wir versuchen, ob es nicht gelingt, den Begriff des Effektivwertes auch in der komplexen Wechselstromrechnung und Darstellung einzuführen. Der Vorteil eines solchen Vorhabens liegt, sofern es gelingt, auf der Hand. Für uns als Nutzer würde sich eine leicht anzuwendende Rechenmethodik aus der Darstellung in der komplexen Zahlenebene, bei der gleichzeitigen Verwendung statischer statt zeitlich dynamischer Größen ergeben. Der Versuch lohnt also.

Gehen wir von unseren Überlegungen noch einmal vom elektrischen Leistungsbegriff aus. Wir setzen als bekannt voraus, dass sich, je nach zeitlicher Lage der Amplituden von Spannung und Strom zueinander, elektrische Leistungsanteile ergeben, welche

- von einer Quelle zu einer Senke gerichtet sind – diese bezeichnen wir als Wirkleistung und die
- zwischen Quelle und Senke hin und her pendeln – diese bezeichnen wir als Blindleistung.

Durch Multiplikation der zeitlichen, periodisch sinusförmigen Größen $u(t)$ und $i(t)$ können wir weiterhin zeigen, dass die Wirkleistung $p\ (t)$ eine ebenfalls sinusförmige Schwingung doppelter Frequenz um den arithmetischen Mittelwert der Faktoren ergibt. Diesen Mittelwert bezeichnen wir als die zeitlich unabhängige elektrische Leitung P und definieren den mathematischen Zusammenhang

$$P = U \cdot I \cdot \cos\varphi$$

hiefür.

Für die elektrische Blindleistung, eine sinusförmige Schwingung doppelter Frequenz um den Wert 0, deren arithmetischer Mittelwert 0 ist, können wir weiterhin in gleicher Weise den Zusammenhang

$$Q = U \cdot I \cdot \sin\varphi$$

ableiten. Der Winkel φ repräsentierte hierbei die Winkeldifferenz zwischen den, mit gleicher Winkelgeschwindigkeit rotierenden, komplexen Zeigern für Strom und Spannung.

Weiterhin führten wir den Begriff der elektrischen Scheinleistung als Produkt des Stromes und der Spannung ein:

$$S = U \cdot I.$$

Aus diesen Überlegungen können wir schlussfolgern, dass eine Einführung der Effektivwerte in der mathematischen Betrachtung der Wechselstromtechnik nur dann sinnvoll erscheint, wenn neben der Angabe der Größe des jeweiligen Effektivwertes, also Strom und Spannung, auch die Information der Phasenlage des zeitlichen Verlaufes des Stromes und des zeitlichen Verlaufes der Spannung zueinander vorhanden ist. In einem solchen Fall könnten wir die Komponenten der elektrischen Leistung aus den Effektivwerten errechnen.

Aha, sagen Sie beim Lesen jetzt hoffentlich alle, die Kombination aus einer Größe und einer Lage bzw. Richtung bezogen auf einen Ursprungspunkt, das klingt doch verdächtig nach einem Zeiger im kartesischen Koordinatensystem bzw. im Polarkoordinatensystem. Das schreit doch förmlich nach dem Einsatz der komplexen Zahlen.

Sehr richtig, kann ich da nur entgegnen. Denken wir uns die Effektivwerte von Strom und Spannung periodischer, sinusförmiger Größen als komplexe Zeiger, so enthalten diese alle relevanten Informationen.

Wir führen also ein:

$$\underline{U} = U \cdot e^{j \cdot \varphi_u} \qquad (32)$$

$$\underline{I} = I \cdot e^{j \cdot \varphi_i} \qquad (33)$$

und bezeichnen $\underline{U}$ und $\underline{I}$ als **komplexe Effektivwerte bzw. komplexe Effektivwertzeiger** von Strom und Spannung. Der Unterschied zu den bereits betrachteten, komplexen Zeigern der Amplituden dieser Größen sticht Ihnen hoffentlich sofort ins Auge. Genau richtig, in der Beschreibung dieser Zeiger sind keine Abhängigkeiten von der Zeit *t* enthalten. Dies haben wir auch erwartet, denn das war ja unser Ziel bei der Einführung der Effektivwerte.

Für die komplexen Zeiger der Effektivwerte bedeutet dies, dass diese statisch sind, ihre Lage in der komplexen Ebene also nicht verändern. Diese Tatsache ist Gold wert, denn hierdurch gelingt es, die Verhältnisse für beliebige Zeitpunkte *t*, sozusagen allgemeingültig, darzustellen.

Nun wollen wir untersuchen, ob unser Vorhaben auch gelingt, wir die komplexen Effektivwertzeiger also als Ersatzgrößen für die zeitlich veränderlichen, periodischen Größen verwenden können.

Die komplexe, elektrische Wechselstromleistung

Gehen wir hierzu zunächst von der elektrischen Leistung aus und definieren die komplexe Scheinleistung $\underline{S}$ als Produkt der komplexen Effektivwerte Strom und Spannung:

$$\underline{S} = \underline{U} \cdot \underline{I}$$
$$\underline{S} = U \cdot I \cdot e^{j \cdot (\varphi_u + \varphi_i)} \qquad (34)$$
$$\underline{S} = S \cdot e^{j \cdot (\varphi_u + \varphi_i)}$$

Das sieht doch schon einmal gut aus. Die Multiplikation der komplexen Effektivwerte liefert uns ebenfalls einen komplexen Wert zurück. Wir wollen den Zusammenhang in Gleichung 34 etwas genauer untersuchen und stellen uns hierzu die folgenden Verhältnisse einmal in der komplexen Zahlenebene dar:

- $\varphi_u = \varphi_i$ also Verhältnisse wie an einem ohmschen Widerstand und
- $\varphi_i = \varphi_u - \pi/2$ also ein um 90° nacheilender Strom einer reinen Induktivität.

Die **Bilder 9** und **10** zeigen die Ergebnisse der Berechnung als Zeiger in der komplexen Ebene. Auf den ersten Blick betrachtet sind wir zufrieden, durch Verwendung der komplexen Effektivwerte von Spannung und Strom sind wir in der Lage, die Ersatzgröße der elektrischen Scheinleistung ebenfalls als komplexe Größe zu ermitteln. Das bedeutet, wir konnten nicht nur die absoluten Größen Strom und Spannung, sondern auch deren geometrische Informationen verarbeiten und diese Information steckt nun in der berechneten, neuen Größe.

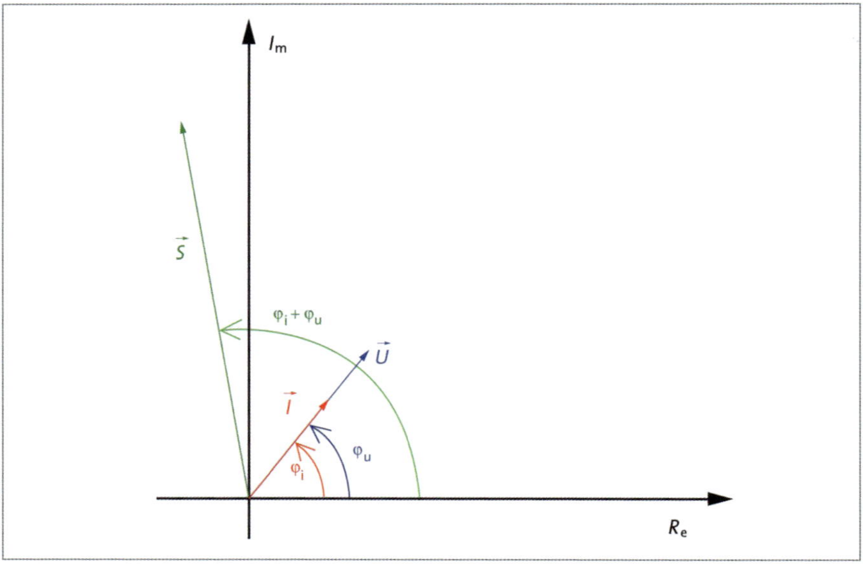

Bild 9: Die komplexen Zeiger Spannung und Strom und ihr Produkt, Spannung und Strom in Phase

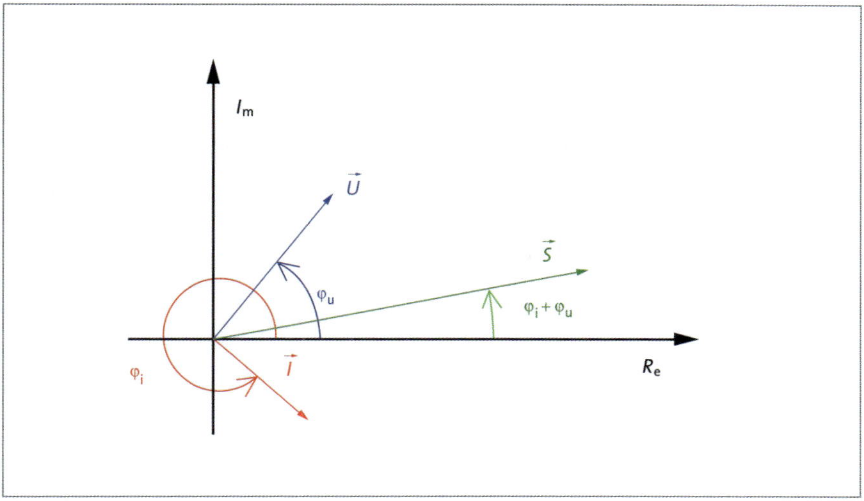

Bild 10: Die komplexen Zeiger Spannung und Strom und ihr Produkt, der Strom eilt der Spannung um 90° nach.

Vielleicht geht es Ihnen ja auch so, dass Sie beim Betrachten der Bilder 9 und 10 jedoch irgendwie das Gefühl nicht loswerden, dass etwas nicht so ganz stimmt.

Konjugiert komplexer Effektivwert

Nehmen wir zunächst Bild 9 unter die Lupe. Bei der analytischen Betrachtung der elektrischen Leistung hatten wir festgestellt, dass sofern Spannung und Strom in Phase zueinander sind, die resultierende Leistungsschwingung keine negativen Anteile besitzt, sie demnach eine reine Wirkleistung repräsentiert. Die Wirkleistung konnten wir über den abgeleiteten Zusammenhang $P = S \cdot \cos(\varphi_u - \varphi_i)$ beschreiben. Wenden wir diesen auf das erste Beispiel, dargestellt in Bild 9 an, so folgt aus der Tatsache, dass die Phasenwinkel von Spannung und Strom ja gleich groß, Spannung und Strom demnach in Phase sind $P = S$.

Dann gab es den Zusammenhang $Q = S \cdot \sin(\varphi_u - \varphi_i)$, (elektrische Blindleistung Q). Wenden wir diesen Zusammenhang auf Bild 9 an, so müsste sich für die Blindleistung $Q = 0$ ergeben, da $\sin(0) = 0$. Diese Überlegung stimmt mit unserer vorherigen Aussage überein. Wenn Spannung und Strom in Phase zueinander sind, liegt eine reine Wirkleistung vor. Betrachten wir weiterhin die Verhältnisse in Bild 10 unter Zuhilfenahme der identischen Zusammenhänge, so finden wir bei einer Phasenlage eines um 90° nacheilenden Stroms:

$$P = S \cdot \cos(\varphi_u - \varphi_i) = S \cdot \cos(\frac{\pi}{2}) = 0 \forall S \quad (35)$$

$$Q = S \cdot \sin(\varphi_u - \varphi_i) = S \cdot \sin(\frac{\pi}{2}) = S \quad (36)$$

Um dem Ganzen etwas näher auf die Pelle zu rücken, versuchen wir eine geometrische Interpretation der Zusammenhänge von *S*, *Q* und *P*. Es gilt:

$$\frac{P}{S} = \cos(\varphi_S) \quad (37)$$

$$\frac{Q}{S} = \sin(\varphi_S) \quad (38)$$

$$\frac{Q}{P} = \tan(\varphi_S) \quad (39)$$

Wobei φ_S der Winkel ist, welchen, geometrisch betrachtet, *P* und *S* einschließen. Hier fühlen wir uns an unsere Schulzeiten erinnert, haben wir doch soeben die Winkelsätze in einem rechtwinkeligen Dreieck aufgestellt. Was bedeutet das nun? Es bedeutet, dass die drei komplexen, elektrischen Größen *S*, *Q* und *P* in der komplexen Ebene ein rechtwinkeliges Dreieck bilden, wobei gilt:

- Die Ankathete entspricht der komplexen Wirkleistung *P*.
- Die Gegenkathete entspricht der komplexen Blindleistung *Q*.
- Die Hypotenuse entspricht der komplexen Scheinleistung *S*.

Wie wir bereits gelernt haben, können wir die komplexe Scheinleistung auch durch ihre Polarkoordinaten darstellen:

$$\underline{S} = S \cdot [\cos(\varphi_S) + j \cdot \sin(\varphi_S)] \quad (40)$$

und somit

$$\Re S = P \quad (41)$$

$$\Im S = Q \quad (42)$$

Fassen wir diese letzten, wichtigen Erkenntnisse noch einmal zusammen:

- Die Zeiger der komplexen Scheinleistung, Wirkleistung und Blindleistung bilden gemeinsam ein rechtwinkeliges Dreieck
- die Ankathete entspricht der komplexen Wirkleistung
- die Gegenkathete entspricht der komplexen Blindleistung
- die Hypotenuse entspricht der komplexen Scheinleistung
- die Wirkleistung entspricht dem Realteil der komplexen Scheinleistung. Sie ist demnach immer eine reelle Zahl und ihr Zeiger liegt auf der reellen Achse der komplexen Zahlenebene

– die Blindleistung entspricht dem Imaginärteil der komplexen Scheinleistung. Sie ist demnach immer eine rein imaginäre Zahl und ihr Zeiger liegt auf der imaginären Achse der komplexen Zahlenebene.

Natürlich ist die Blindleistung im Sinne des Betrages des Blindleistungszeigers immer reell, in der komplexen Darstellung bildet sie aber mit der imaginären Einheit immer einen rein imaginären Wert. Das **Bild 11** stellt die Verhältnisse dar. Nun wollen wir das Ergebnis des Versuchs der Anwendung der komplexen Effektivwerte zur Berechnung der Leistungen im Wechselstromkreis nach

$$\underline{S} = \underline{U} \cdot \underline{I}$$
$$\underline{S} = U \cdot I \cdot e^{j \cdot (\varphi_u + \varphi_i)} \qquad (43)$$
$$S = S \cdot e^{j \cdot (\varphi_u + \varphi_i)}$$

mit den zugehörigen Ergebnissen (Bilder 9 und 10) an den gesammelten Erkenntnissen prüfen um festzustellen, ob das aufgestellte Rechenverfahren auch trägt.

Wenden wir uns hierzu wieder erst einmal dem Fall mit Strom und Spannung in Phase zu. Wie wir bereits festgestellt hatten, ist in diesem Fall die elektrische Leistung eine reine Wirkleistung. Es gilt $\underline{S} = \underline{P} = P = S$. Wir würden demnach erwarten, dass der Zeiger der Scheinleistung $\vec{s}$ in Bild 9 auf der reellen Achse liegt. Ein kurzer Blick auf Bild 9 offenbart uns schon die Misere. Die Lage des Zeigers der komplexen Scheinleistung stimmt mit unserer Vorhersage nicht überein.

Auch Bild 10 hält dem Vergleich mit den abgeleiteten Erwartungswerten nicht stand. Im Falle eines Phasenwinkels von $\varphi = 90°$ zwischen Strom und Spannung müsste $\underline{S} = \underline{Q} = j \cdot S$ gelten, der Zeiger der komplexen Scheinleistung $\vec{s}$ demnach auf der imaginären Achse liegen.

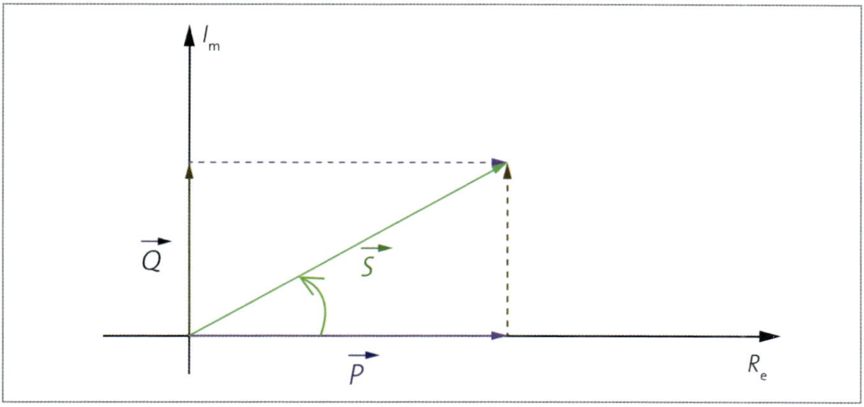

Bild 11: Leistungsdreieck in der komplexen Zahlenebene

Noch zwei weitere Tatsachen fallen bei genauerem Hinsehen auf. Greifen wir hierzu noch einmal die Diskussion bzgl. der Zählpfeile und der Vorzeichen auf. Bei der Ableitung des elektrischen Leistungsbegriffes hatten wir festgelegt, dass wir das sogenannte Verbraucherpfeilsystem anwenden möchten. Dieses hatten wir, ohne uns näher mir den Pfeilsystemen zu beschäftigen so definiert, dass eine Leistung immer positiv ist, wenn sie aus einer Quelle in Richtung einer Senke betrachtete wird oder griffiger formuliert, wenn sie in einem Verbraucher umgesetzt wird. Betrachten wir hierzu noch einmal Bild 9 so stellen wir fest, dass sowohl Spannung und Strom ausschließlich positive Komponenten besitzen, die Scheinleistung jedoch eine negative Wirkleistungskomponente besitzt. Dies würde bedeuten, der Verbraucher würde sich in unserem Fall wie eine Quelle verhalten.

Wir stellen also, nach all der schweren, mathematischen Arbeit fest, es funktioniert scheinbar nicht, wir erhalten unter Anwendung komplexer Effektivwerte nicht die realen Verhältnisse der Leistungen im Wechselstromkreis. Das verwundert uns doch sehr stark, alle relevanten Informationen über Größen und Phasenlagen sind in den komplexen Effektivwerten doch gegeben. Was machen wir also falsch?

Während der Untersuchung der Richtigkeit der Berechnungen nach der Gl. 43 konnten wir bereits zeigen, dass der Phasenwinkel φ dem Winkel entspricht, welcher der komplexe Zeiger der Scheinleistung mit der reellen Achse (und damit der Wirkleistung) einschließt. Dies jedoch steht im Widerspruch zum Berechnungsansatz in Gl. 43, in dem sich der Winkel φ nicht als Differenz, sondern als Summe der Phasenwinkel von Spannung und Strom ergibt. Es gilt:

$$\varphi_u + \varphi_i \neq \varphi_u - \varphi_i \qquad (44)$$

Hier liegt demnach das Problem in der von uns angewendeten Rechenmethode.

Aufgeben möchte ich die Idee des Rechnens mit komplexen Effektivwertzeigern aber auch noch nicht, dafür scheint sie mir zu praktisch zu sein. Es stellt sich uns daher die Frage, gibt es eine allgemein gültige Möglichkeit die Berechnungsmethode der elektrischen Leistung so zu modifizieren, dass die Ergebnisse einer Prüfung an den realen Verhältnissen standhalten?

Es müsste uns irgendwie gelingen, das Vorzeichen des Phasenwinkels des Stromes so zu verändern, dass die Festlegung für die Berechnung des Phasenwinkels φ erfüllt sind. Dies wäre dann gegeben, wenn wir nicht mit dem komplexen Strom, sondern mit dem, an der reellen Achse gespiegelten Stromzeiger rechnen würden. Der Betrag des Stromes würde sich durch diese Operation nicht verändern, wohl aber der Phasenwinkel.

Bei der Behandlung der komplexen Zahlen hatten wir uns über eine solche Abbildung, der Spiegelung einer komplexen Zahl an der reellen Achse, bereits Gedanken gemacht. Die komplexe Zahl $\underline{z}^*$, welche entsteht, wenn wir die komplexe Zahl $\underline{z}$ an der reellen Achse spiegeln, wird als *konjugiert komplexe Zahl* zu $\underline{z}$ bezeichnet.

Hieraus folgern wir, dass wir Gl. 43 wie folgt modifizieren müssen, um auch geometrisch richtige Aussagen über die elektrische Leistung zu erhalten:

$$\underline{S} = \underline{U} \cdot \underline{I}^*$$
$$\underline{S} = U \cdot e^{j \cdot \varphi_u} \cdot I \cdot e^{-j \cdot \varphi_i} \qquad (45)$$
$$\underline{S} = U \cdot I \cdot e^{j \cdot (\varphi_u - \varphi_i)} = U \cdot I \cdot e^{j \cdot \varphi}$$

Sehen wir uns die Ergebnisse an, welche Gleichung 45 liefert, wenn wir sie mit den oben bereits angewendeten Beispielen füttern. Die **Bilder 12** und **13** stellen die Berechnung und das Ergebnis graphisch dar. Ich würde sagen, das sieht doch sehr gut aus. Bild 12 und Bild 13 bestätigen die allgemein durchgeführten Berechnungen.

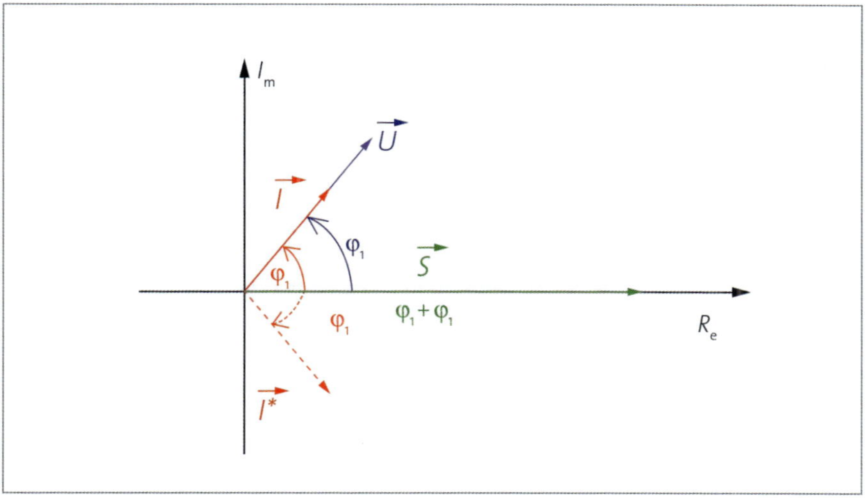

Bild 12: Komplexe Zeiger Spannung und konjugiert komplexer Strom und ihr Produkt Spannung und Strom in Phase

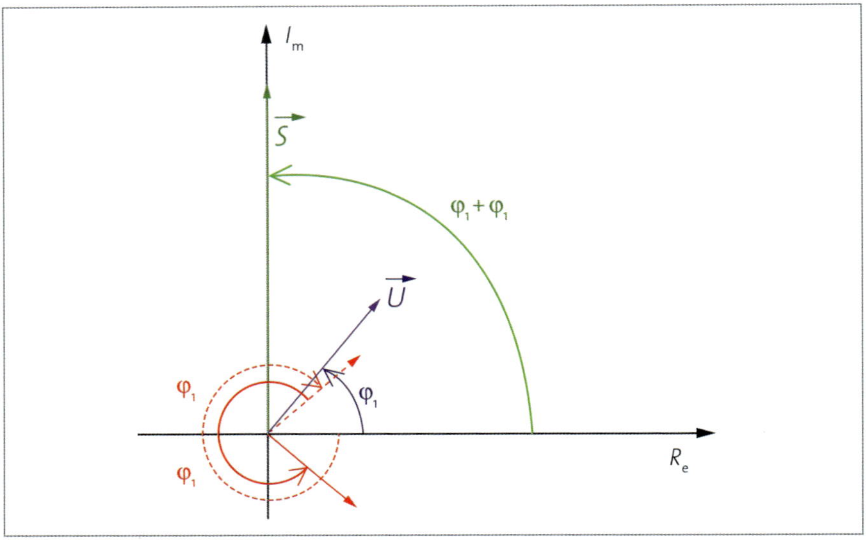

Bild 13: Komplexe Zeiger Spannung und konjugiert komplexer Strom und ihr Produkt, Strom eilt der Spannung um 90° nach

Zusammenfassung

Durch diesen und die vorherigen Abschitte ist es uns gelungen, periodisch sich zeitlich verändernde (hier sinusförmige) elektrische Größen durch stehende, nicht periodisch zeitlich veränderliche jedoch aussageäquivalente Größen, den Effektivwerten zu ersetzen. In einem nächsten Schritt überführten wir diese Größen in die komplexe Ebene, was uns die Möglichkeit gab, nicht nur die Information der Größe (des Betrages) der Effektivwerte selbst, sondern auch die Information der geometrischen Verhältnisse der rotierenden Zeiger der periodisch, zeitlich veränderlichen Größen, den zeitlich unveränderlichen Größen mitzugeben. Hieraus erhielten wir die komplexen Effektivwerte.

Durch das Entwickeln einer geeigneten Methode zur Berechnung der Leistungen auf Basis der komplexen Effektivwerte erhielten wir final Aussagen über die komplexe elektrische Leistung. Ausgehend von den geometrischen Verhältnissen der rotierenden Zeiger der periodisch sich zeitlich ändernden Leistungsgrößen, leiteten wir die komplexe (Schein)Leistung sowie die komplexe Wirk- und Blindleistung ab.

Um ein geometrisch, nicht nur arithmetisch richtiges Ergebnis bei der Berechnung der komplexen Leistung aus den komplexen Effektivwerten Spannung und Strom zu erhalten, erkannten wir die Notwendigkeit der Durchführung der Berechnung mit dem konjugiert komplexen Stromeffektivwert.

Autor

Dipl.-Ing. (FH) *Holger Niedermaier* (zertifizierte Blitzschutzfachkraft und VdS-Sachverständiger zum Prüfen elektrischer Anlagen) ist Dozent für allgemeine Elektrotechnik, elektrische Maschinen und Antriebe sowie Mechatronische Systeme an der staatlichen Technikerschule für Mechatroniktechnik in Herzogenaurach. Mittlerweile ist er mit eigenem Sachverständigen- und Ingenieurbüro in der Metropolregion Nürnberg-Erlangen selbständig.

Formeln und Einheiten in der Antriebstechnik 230

SI-Basiseinheiten 230

Dezimale Vielfache und Teile von Einheiten 231

Winkelfunktionen 231

Formelzeichen und SI-Einheiten 232

Weitere Formelzeichen für elektrische Maschinen 233

Hinweis:
Um noch mehr Platz für aktuelle Fachbeiträge zu schaffen, haben wir alle weiteren Formeln und Gleichungen für Sie kostenlos zum Download bereitgestellt. Der Zugang erfolgt über

www.elektro.net/downloads-jahrbuecher-2026

Passwort: Jbem2026

Formeln und Einheiten in der Antriebstechnik

Auf Beschluss der „Generalkonferenz für Maß und Gewicht“ wurde in der ISO-Empfehlung R 1000 vom Februar 1969 ein international gültiges Einheitensystem SI (Systeme international d'Unités) eingeführt. DIN 1301 vom November 1971 ist auf dieser Basis überarbeitet, und das am 5. Juli 1970 in Kraft getretene „Gesetz über Einheiten im Messwesen“ (kurz „Einheitengesetz“) und seine Ausführungsverordnungen regeln die Einführung der neuen Einheiten im geschäftlichen und amtlichen Verkehr.

Das SI ist kohärent, das heißt, alle seine Einheiten sind durch Gleichungen verknüpft, in denen kein von 1 abweichender Zahlenfaktor vorkommt. Es ist außerdem absolut, das heißt unabhängig von den Verhältnissen auf unserer Erde (zum Beispiel der Fallbeschleunigung), und unterscheidet streng zwischen Stoffmengen (Gewichten) im Sinne von Massen mit der Einheit kg, die zum Beispiel durch vergleichende Wägung ermittelt werden, sowie den von diesen Gewichten zum Beispiel infolge der Fallbeschleunigung ausgehenden Kräften (Gewichtskraft} mit der Einheit N (Newton).

1 N ist die Kraft, die einem Gewicht (Masse) von 1 kg die Beschleunigung von 1 m/s^2 erteilt.

Alle Länder, die vom Zollsystem zum metrischen System umgestellt haben, benutzen das SI als Grundlage ihrer nationalen Norm.

SI-Basiseinheiten

Größe	Einheit, Zeichen	Name
Länge	m	Meter
Masse	kg	Kilogramm
Zeit	s	Stunde
elektrische Stromstärke	A	Ampere
thermodynamische Temperatur	K	Kelvin
Lichtstärke	cd	Candela

Dezimale Vielfache und Teile von Einheiten

Zehnerpotenz	Vorsatz	Vorsatzzeichen
10^{12}	Tera	T
10^{9}	Giga	G
10^{6}	Mega	M
10^{3}	Kilo	k
10^{2}	Hekto	h
10	Deka	da
10^{-1}	Dezi	d
10^{-2}	Zenti	c
10^{-3}	Milli	m
10^{-6}	Mikro	μ
10^{-9}	Nano	n
10^{-12}	Piko	p
10^{-15}	Femto	f
10^{-18}	Atto	a

Das Vorsatzzeichen steht ohne Zwischenraum vor dem Einheitszeichen.

Es ist unzulässig, das Vorsatzzeichen allein für sehr kleine Einheiten zu benutzen, also
10^{-6} m = 1 μm = 1 Mikrometer
und nicht
1 μ = 1 Mikron.

Winkelfunktionen

Die Trigonometrie (griech. Dreiecksmessung) ist ein Teil der Mathematik, der sich mit der Berechnung ebener Dreiecke unter Zuhilfenahme der Winkelfunktionen befasst. Die Basis hierfür ist das rechtwinklige Dreieck. Jede andere Dreiecksform lässt sich durch Fällen einer Höhe in zwei rechtwinklige Dreiecke zerlegen.

In einem rechtwinkligen Dreieck ABC heißt die längste Seite Hypotenuse. Die dem Winkel α gegenüberliegende Seite wird als Gegenkathete (Seite a) des Winkels α bezeichnet, die am Winkel anliegende Seite als Ankathete bestimmt.

Die unterschiedlichen Seitenverhältnisse werden durch spezielle Namen gekennzeichnet:

$$\sin\alpha = \frac{\text{Gegenkathede}}{\text{Hypotenuse}}$$

$$\cos\alpha = \frac{\text{Ankathede}}{\text{Hypotenuse}}$$

$$\tan\alpha = \frac{\text{Gegenkathede}}{\text{Ankathede}}$$

$$\cot\alpha = \frac{\text{Ankathede}}{\text{Gegenkathede}} = \frac{\sin\alpha}{\cos\alpha}$$

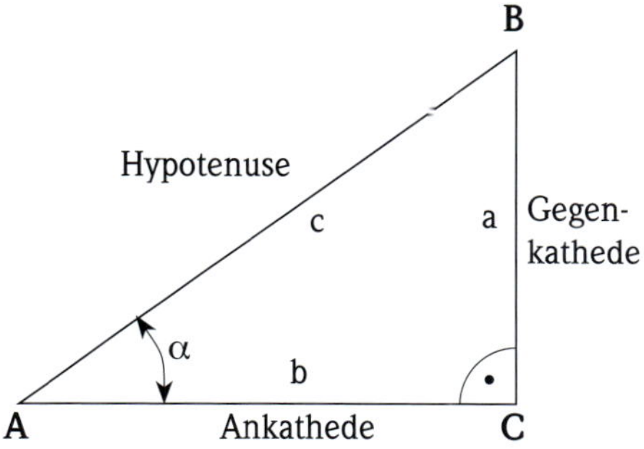

Formelzeichen und SI-Einheiten

Sachgebiet	Zeichen	Bedeutung	SI-Einheit	
			Zeichen	Name
Geometrie	A	Fläche	m^2	Quadratmeter
	a	Abstand	m	Meter
	α, β, γ	Winkel	rad	Radiant
			°	Grad
	b	Breite	m	Meter
	d, δ	Dicke	m	Meter
	d	Durchmesser	m	Meter
	h	Höhe	m	Meter
	l	Länge	m	Meter
	r	Radius	m	Meter
	s	Weg	m	Meter
	V	Volumen	m^3	Kubikmeter
Zeit	a	Beschleunigung	m/s^2	–
	α	Winkelbeschleunigung	rad/s^2	–
	f	Frequenz	Hz	Hertz
	g	Fallbeschleunigung	m/s^2	–
	n	Drehzahl	1/s	reziproke Sekunde
	ω	Winkelgeschwindigkeit	rad/s	–
	T	Zeitkonstante	s	Sekunde
	t	Zeit, Zeitspanne, Dauer	s	Sekunde
	v	Geschwindigkeit	m/s	–
Mechanik	E	Elastizitätsmodul	Pa	Pascal
	F	Kraft	N	Newton
	G	Gewichtskraft	N	Newton
	J	Massenträgheitsmoment	kgm^2	–
	M	Drehmoment	Nm	Newtonmeter
	m	Masse	kg	Kilogramm
	P	Leistung	W	Watt
	p	Druck	Pa	Pascal
	ρ	Dichte	kg/m^2	–
	σ	Zug-, Druck-, Biegespannung	Pa	Pascal
	W	Arbeit, Energie	J	Joule
	η	Wirkungsgrad	–	–
	μ	Reibungszahl	–	–

Teil 1/2

Sachgebiet	Zeichen	Bedeutung	SI-Einheit	
			Zeichen	Name
Wärme	a	Widerstandszunahmekoeffizient	1/K	reziprokes Kelvin
	T	thermodynamische (Kelvin) Temperatur	K	Kelvin
	t, ϑ	Celsius-Temperatur	°C	Grad Celsius
	ΔT, $\Delta\vartheta$	Temperaturdifferenz, Übertemperatur	K	Kelvin
Elektrizität	C	elektrische Kapazität	F	Farad
	G	elektrischer Leitwert	S	Siemens
	I	elektrische Stromstärke	A	Ampere
	J, S, G	elektrische Stromdichte	A/m^2	–
	P	Wirkleistung	W	Watt
	Q, P_q	Blindleistung	W, var	Voltampere reaktiv
	R	Wirkwiderstand	Ω	Ohm
	S, P_S	Scheinleistung	W, VA	Voltampere
	U	elektrische Spannung	V	Volt
	X	Blindwiderstand	Ω	Ohm
	Z	Scheinwiderstand	Ω	Ohm

Teil 2/2

Weitere Formelzeichen für elektrische Maschinen

Auszug nach DIN 1304 Teil 1 und 7 sowie DIN 1324 Teil 1

Formelzeichen	Bedeutung
Φ	magnetischer Fluss
B	magnetische Flussdichte (Induktion)
μ	Permeabilität
H	magnetische Feldstärke
Θ	magnetische Durchflutung
p	Polpaarzahl
m	Phasenzahl
s	Schlupf
α	Polbedeckung
l_{Fe}	Eisenlänge
h_{Ys}	Statorjochhöhe
h_{Yr}	Rotorjochhöhe
h_s	Statornuttiefe

Formelzeichen	Bedeutung
b_s	Statornutbreite
b_r	Rotornutbreite
b_{ds}	Statorzahnbreite
b_{dr}	Rotorzahnbreite
τ_s	Statornutteilung
τ_r	Rotornutteilung
τ_p	Polteilung
B_δ	Luftspaltinduktion
P_δ	Luftspaltleistung
B_{ds}	Zahninduktion
B_{Ys}	Jochinduktion
w	Windungszahl in Reihe
w_C	Windungszahl je Spule

Teil 1/2

Formelzeichen	Bedeutung
K	Anzahl der Kommutatorsegmente
q	Anzahl der Nuten je Pol und Strang
z	Gesamtzahl der Leiter
z_0	Leiterzahl je Nut
k_W	Wicklungsfaktor
k_d	Zonenfaktor
k_p	Sehnungsfaktor
k_Q	Nutfüllfaktor

Formelzeichen	Bedeutung
k_{Fe}	Eisenfüllfaktor (Stapelfaktor)
ε	Sehnungsgrad
Y_C	Kommutatorschritt
Y_Q	Wicklungsschritt (Spulenweite in Nutschritten)
I_K	Kurzschlussstromstärke
U_K	Kurzschlussspannung
ϑ_s	Umgebungstemperatur
ϑ_C	Kühlmitteltemperatur

Teil 2/2

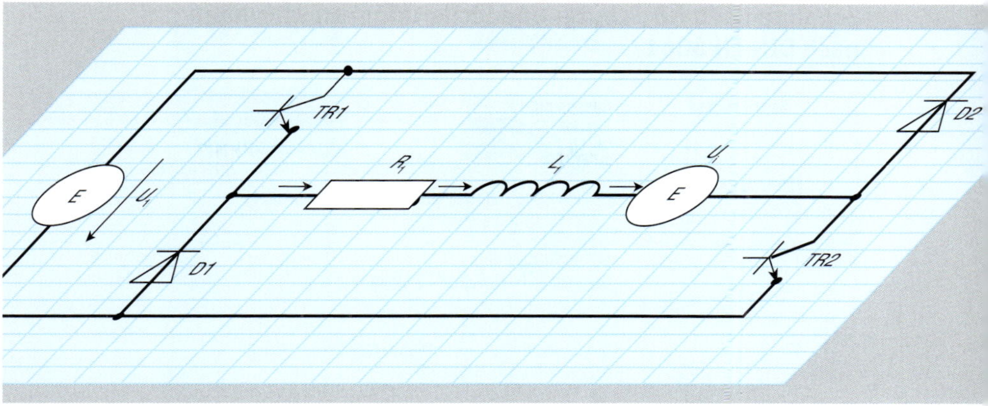

Schaltzeichen für Schutz- und Sicherungseinrichtungen nach DIN EN 60617 **236**

Schaltzeichen für elektrische Maschinen und Anlasser nach DIN EN 60617 **237**

Betriebsmittelkennzeichen **240**

Schaltzeichen für Schutz- und Sicherungseinrichtungen nach DIN EN 60617

Schaltzeichen	Benennung
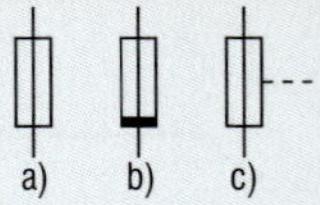	a) Sicherung, allgemein b) Sicherung mit Kennzeichnung des netzseitigen Anschlusses c) Sicherung mit mechanischer Auslösemeldung (Schlagbolzensicherung)
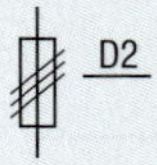	Schraubsicherung; dargestellt 10 A, Typ DII, 3-polig
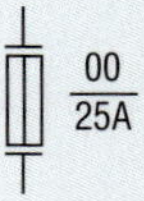	Niederspannungs-Hochleistungssicherung (NH); dargestellt 25 A, Größe 00
	Sicherung mit getrenntem Meldekontakt
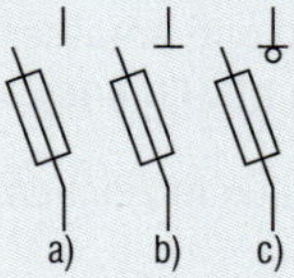	a) Sicherungsschalter b) Sicherungstrennschalter c) Sicherungs-Lasttrennschalter
	Schaltschloss mit mechanischer Freigabe
	Motorschutzschalter, 3-polig mit thermischer und magnetischer Auslösung; dargestellt 1-polig
	Fehlerstromschutzschalter 4-polig
	Leitungsschutzschalter
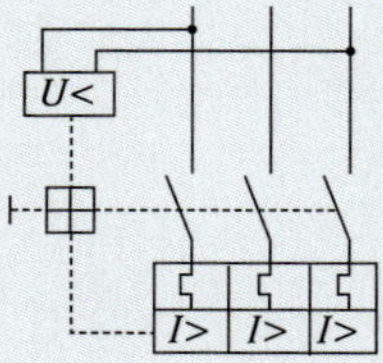	Schalter mit Schaltschloss, Motorschutzschalter, 3-polig; dargestellt mit – drei elektrothermischen Überstromauslösern – drei elektromagnetischen Überstromauslösern – Unterspannungsauslöser

Teil 1/2

Schaltzeichen	Benennung
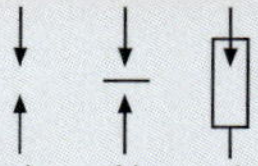 a) b) c)	a) Funkenstrecke b) Doppel-Funkenstrecke c) Überspannungsableiter
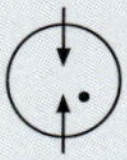	Überspannungsableiter in einer Gasentladungsröhre
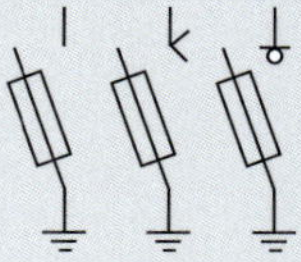 a) b) c)	a) Erdungsschalter, allgemein b) Erdungsschalter, einschaltfest c) Erdungslastschalter

Teil 2/2

Schaltzeichen für elektrische Maschinen und Anlasser nach DIN EN 60617

Schaltzeichen	Benennung
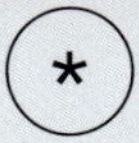	Maschine, allgemein An die Stelle des Sterns (⋆) muss eines der folgenden Kennzeichen eingetragen werden: C Umformer G Generator GS Synchrongenerator M Motor MS Synchronmotor MG als Motor oder Generator nutzbare Maschine
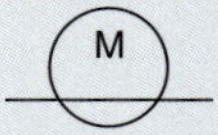	Linearmotor, allgemein
	Schrittmotor, allgemein
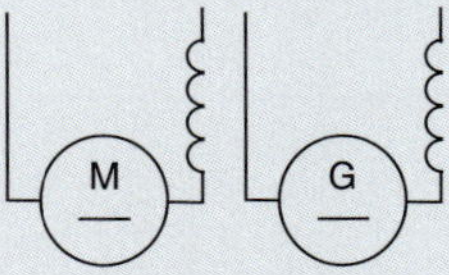 a) b)	a) Gleichstrom-Reihenschlussmotor b) Gleichstrom-Reihenschlussgenerator

Teil 1/3

Schaltzeichen	Benennung
 a) b)	a) Gleichstrom-Nebenschlussmotor b) Gleichstrom-Nebenschlussgenerator
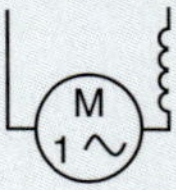	Wechselstrom-Reihenschlussmotor, einphasig
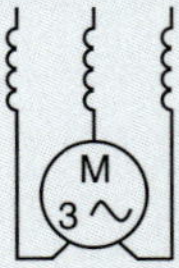	Drehstrom-Reihenschlussmotor
	Drehstrom-Asynchronmotor mit Käfigläufer
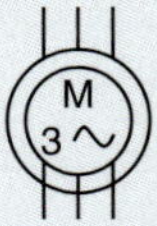	Drehstrom-Asynchronmotor mit Schleifringläufer
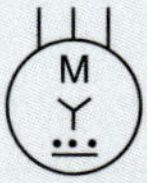	Drehstrom-Asynchronmotor in Sternschaltung mit Anlaufwicklung im Läufer
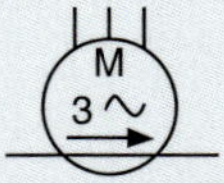	Drehstrom-Linearmotor, Bewegung in nur eine Richtung
	Drehstrom-Synchrongenerator mit Dauermagneterregung
	Drehstrom-Umformer mit Nebenschlusserregung
 a) b)	a) Anlasser, allgemein b) Anlasser, Betätigung stufenweise (Die Anzahl der Stufen darf angegeben werden.)
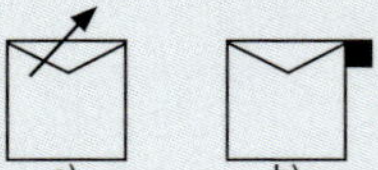 a) b)	a) Anlasser, stetig veränderbar b) Anlasser mit selbsttätiger Auslösung

Teil 2/3

Schaltzeichen	Benennung
 a)  b)	a) Anlasser für Stern-Dreieck-Schaltung b) Anlasser für Motoren mit zwei Drehrichtungen
 a)  b)	a) Anlasser, automatisch b) Anlasser mit thermischen und magnetischen Auslösern
 a)  b)	a) Anlasser für Reihen- oder Parallel-Schaltung b) Anlasser für polumschaltbaren Motor
	Anlasser für Einphasenmotor mit kapazitiver Hilfsphase

Teil 3/3

Betriebsmittelkennzeichen

Jörg-Rainer Wurdak

Zur Klassifizierung und Kennzeichnung elektrischer Betriebsmittel mit Buchstaben in Plänen oder Listen gilt die europäische Norm DIN EN 61346-2. Sie enthält ein Klassifizierungsschema, welches für alle technischen Fachbereiche gilt, zum Beispiel für Mechanik-, Fluid- oder elektrische Objekte. Sie betrifft industrielle Systeme, Anlagen und Ausrüstungen sowie Industrieprodukte.

Anwendungshinweise

Typische elektrische Produkte mit zugeordneten Kennbuchstaben sind in **Tabelle 1** zusammengestellt. Die Kennbuchstaben beziehen sich auf den Hauptzweck oder die Hauptaufgabe eines Objektes. Beispielsweise ist einem Elektrowärmegerät mit Widerstandsheizung der Kennbuchstabe „E“ zuzuweisen, da vorrangig der Zweck „heizen“ vorliegt. Der Kennbuchstabe „R“ sollte nicht zur Anwendung kommen, weil das „Begrenzen des Stromflusses“ über den elektrischen Widerstand nicht den Hauptzweck darstellt. Bei Objekten mit Mehrfachfunktionen bestimmt die typische Hauptaufgabe vor Ort den Kennbuchstaben. So kann ein Netzspannungsschreiber den Kennbuchstaben „C“ (Speichern von Informationen) oder „P“ (Darstellen von Informationen) bekommen. Wenn bei Mehrfachfunktionen keine eindeutige Hauptaufgabe besteht, ist der Kennbuchstabe „A“ (zwei oder mehrere Zwecke/Aufgaben) einzusetzen. Das wäre bei einem Sensorbildschirm erforderlich, welcher der Eingabe und der Anzeige von Informationen dient.

Aufgrund der direkten Zuordnung der Kennbuchstaben zum Zweck des Objektes gemäß DIN EN 61346-2 können Unklarheiten im Vergleich zu den alten Festlegungen nach DIN 40719-2 auftreten. Zum Beispiel gilt der Kennbuchstabe „R“ (Begrenzen des Energie- oder Informationsflusses) jetzt gleichermaßen für die Bauelemente ohmscher Widerstand (früher R) und Drosselspule (früher L).

Viele technische Unterlagen beinhalten noch die älteren Kennzeichnungen, welche bis 12/2000 gültig waren. Tabelle 1 gibt deshalb vergleichsweise in der ersten Spalte diese alten Kennzeichen an.

Kenn-buch-stabe alt	Kenn-buch-stabe	Zwecke und Aufgabe	Begriffe zur Beschreibung des Zweckes oder der Aufgabe	typische elektrische Produkte
A	**A**	zwei oder mehrere Zwecke oder Aufgaben		Sensorbildschirm
B (C)	**B**	Umwandlung einer physikalischen Eigenschaft in ein zur Weiterverarbeitung bestimmtes Signal	Ermitteln und Messen von Werten, Überwachen, Erfassen, Wiegen	Fühler, Sensor, Wächter, Messwandler, Bewegungsmelder, Näherungsschalter, Positionsschalter, Mikrofon, Videokamera
C (D)	**C**	Speichern von Energie oder Information	Aufzeichnen, Registrieren, Speichern	Kondensator, Pufferbatterie, Festplatte, Speicher, Schreiber
	D	reserviert für spätere Normung		
E	**E**	Bereitstellen von Strahlung und Energie	Kühlen, Heizen, Beleuchten, Strahlen	Peltierelement, Heizung, Boiler, Lampe, Leuchte, Laser
F	**F**	direkter Schutz eines Energie- oder Signalflusses, Schutz von Personal oder Einrichtungen	Absorbieren, Überwachen, Verhindern, Schützen, Sichern	Schutzanode, Sicherung, Leitungsschutzschalter, RCD, Motorschutzschalter, Überspannungsableiter
G	**G**	Initiieren eines Energie- oder Materialflusses, Erzeugen von Informationssignalen	Erzeugen, Herstellen	galvanisches Element, Batterie, Generator, Solarzelle, Oszillator, Signalgenerator
	H	reserviert für spätere Normung		
	I	nicht verwendbar		
	J	reserviert für spätere Normung		
K (V)	**K**	Verarbeitung, Bereitstellung von Signalen, Informationen	Schließen, Öffnen, Schalten von Steuer- und Regelkreisen, Regeln, Verzögern, Synchronisieren	Schaltrelais, Zeitrelais, Hilfsschütz, Analogbaustein, Binärbaustein, elektronisches Ventil, Regler, Filter, Transis-tor, Mikroprozessor
	L	reserviert für spätere Normung		
M (Y)	**M**	Bereitstellen von mechanischer Energie	Betätigen, Antreiben	Elektromotor, Linearmotor, Stellantrieb, Betätigungsspule, elektromagnetisches Ventil, Kupplung, Bremse
	N	reserviert für spätere Normung		
	O	nicht anwendbar		
P (H) (V)	**P**	Darstellung von Informationen	Anzeigen, Melden, Warnen, Alarmieren, Darstellen gemessener Größen, Drucken	Meldeleuchte, LED, Anzeigeeinheit, Uhr, Hupe, Klingel, Lautsprecher, Amperemeter, Voltmeter, Wattmeter, Drucker
Q (K) (V)	**Q**	kontrolliertes Schalten, Variieren eines Energie-/Materialflusses	Schließen, Öffnen, Schalten, Kuppeln eines Energieflusses	Leistungsschalter, Installationsschalter, Lastschütz, Trenner, Motoranlasser, Leistungstransistor, Thyristor, Triac, bei Hauptzweck Schutz **F** verwenden

Tabelle 1: Betriebsmittelkennzeichen (DIN EN 61346-2) (Teil 1/2)

Kennbuchstabe alt	Kennbuchstabe	Zwecke und Aufgabe	Begriffe zur Beschreibung des Zweckes oder der Aufgabe	typische elektrische Produkte
R (L) (V) (Z)	**R**	Begrenzen, Stabilisieren von Energie-/Informationsfluss	Blockieren, Dämpfen, Begrenzen, Stabilisieren	Widerstand, Drosselspule, Diode, Z-Diode
S	**S**	Umwandlung manuelle Tätigkeit in Signal	manuelles Steuern, Wählen	Steuer und Quittierschalter, Taster, Tastatur, Maus, Wahlschalter, Sollwerteinsteller
T (U) (A)	**T**	Umwandlung von Energie unter Beibehaltung der Energieart, Signalumwandlung unter Beibehaltung des Informationsgehaltes	Transformieren, Verstärken, Modulieren	Leistungstransformator, Gleichrichter, DC/DC-Wandler, Frequenzumrichter, Frequenzwandler, Verstärker, Antenne, Messumformer, Signalwandler, Modulator
	U	Halten von Objekten in definierter Lage	Tragen, Halten, Stützen	Isolator, Stützer
Z	**V**	Bearbeitung von Materialien	Filtern, Wärmebehandlung	Filter
W	**W**	Leiten, Führen von Energie oder Signalen	Leiten, Verteilen, Führen	Leitung, Kabel, Stromschiene, Sammelschiene, Informationsbus, Lichtwellenleiter
X	**X**	Verbinden von Objekten	Verbinden, Koppeln	Steckverbinder, Klemme, Klemmenleiste, Steckdose
	Y	reserviert für spätere Normung		
	Z	reserviert für spätere Normung		

Tabelle 1: Betriebsmittelkennzeichen (DIN EN 61346-2) (Teil 2/2)

Geschäftsstellen des Zentralverbandes der Deutschen Elektro- und Informationstechnischen Handwerke (ZVEH) und der Landesfach- und Innungsverbände der elektro- und informationstechnischen Handwerke **244**

Schulungsstätten des ZVEH und der Landesverbände **248**

Geschäftsstellen des Zentralverbandes der Deutschen Elektro- und Informationstechnischen Handwerke (ZVEH) und der Landesfach- und Innungsverbände der elektro- und informationstechnischen Handwerke

ZVEH
Lilienthalallee 4
60487 Frankfurt am Main
Telefon: 069/247 747-0
Fax: 069/247 747-19
E-Mail: zveh@zveh.de
www.zveh.de

Fachverband Elektro- und Informationstechnik Baden-Württemberg
Voltastraße 12
70376 Stuttgart
Telefon: 07 11/955 906 66
Fax: 07 11/551 875
E-Mail: info@fv-eit-bw.de
www.fv-eit-bw.de

Landesinnungsverband für das Bayerische Elektrohandwerk
Infanteriestraße 8
80797 München
Telefon: 089/125 552-0
Fax: 089/125 552-50
E-Mail: info@elektroverband-bayern.de
www.elektroverband-bayern.de

Landesinnungsverband der Elektrotechnischen Handwerke Berlin/Brandenburg (LIV)
Villa Rathenau
Wilhelminenhofstraße 75
12459 Berlin
Telefon: 030/859 558-0
Fax: 030/859 558-55
E-Mail: mail@eh-bb.de
www.eh-bb.de

Fachverband Elektro- und Informationstechnik Hessen/Rheinland-Pfalz (FEHR)
Berta-Cramer-Ring 32
65205 Wiesbaden-Delkenheim
Telefon: 061 22/534 76-0
Fax: 061 22/534 76-10
E-Mail: info@liv-fehr.de
www.liv-fehr.de

Landesinnungsverband der Elektro- und Informationstechnischen Handwerke Mecklenburg-Vorpommern (LIV MV)
Ellerried 1
19061 Schwerin
Telefon: 03 85/636 47-21
Fax: 03 85/636 47-29
E-Mail: liv@eh-mv.de
www.eh-mv.de

Landesinnungsverband für Elektro- und Informationstechnik Niedersachsen/Bremen
Baumschulenallee 12
30625 Hannover
Telefon: 05 11/957 57 44
Fax: 05 11/957 57 99
E-Mail: liv@eh-nb.de
www.eh-nb.de

NFE Norddeutscher Fachverband Elektro- und Informationstechnik e. V./Landesinnung der Elektrohandwerke Hamburg
Eiffestraße 450
20537 Hamburg
Telefon: 040/254 020-0
Fax: 040/254 020-15
E-Mail: nfe@nfe24.de
www.nfe.de

Fachverband Elektro- und Informationstechnische Handwerke Nordrhein-Westfalen (FEH NRW)
Hannöversche Straße 22
44143 Dortmund
Telefon: 02 31/519 85-0
Fax: 02 31/519 85-44
E-Mail: info@feh.nrw
www.feh.nrw

Landesinnungsverband Informationstechniker Handwerk Nordrhein-Westfalen
Klosterstraße 73–75
40211 Düsseldorf
Telefon 0221/99 20 946
Fax: 0221/99 20 947
E-Mail: info@liv-informationstechnik.de
www.liv-informationstechnik.de

Informationstechniker-Innung Potsdam
Hegelallee 15
14467 Potsdam
Telefon 0331/292415
E-Mail: info@potsdamerhandwerk.de
www.potsdamerhandwerk.de

Landesinnung Saarland der Elektro- und Informationstechnischen Handwerke
Grülingsstraße 115
66113 Saarbrücken
Telefon: 0681/94861-22
Fax: 0681/94861-99
E-Mail: info@elektrohandwerk-saar.de
www.elektrohandwerk-saar.de

Fachverband für Elektro- und Informationstechnik Sachsen/Thüringen
Scharfenberger Straße 66
01139 Dresden
Telefon: 0351/8506-400

und

Am Reitplatz 17
99097 Erfurt-Waltersleben
Telefon: 0361/600-300
E-Mail: info@elektro-sachsen-thueringen.de
www.elektro-sachsen-thueringen.de

Landesinnungsverband Sachsen-Anhalt der Elektrohandwerke
Gustav-Ricker-Straße 62
39120 Magdeburg
Telefon: 0391/810470-1
Fax: 0391/810470-9
E-Mail: liv@elektrohandwerk-sachsen-anhalt.de
www.elektrohandwerk-sachsen-anhalt.de

Landesinnungsverband der Elektro- und Informationstechnik Schleswig-Holstein
Kieler Straße 35a
24768 Rendsburg
Telefon: 04331/56 66-0
Fax: 04331/56 76-0
E-Mail: liv@elektrohandwerke-sh.de
www.elektrohandwerke-sh.de

Fachverband Fernmeldebau e.V.
Secundastaße 11a
53332 Bornheim
Telefon: 02222/6489-865
Fax: 02222/6489-864
E-Mail: ffb@fachverband-fernmeldebau.de
www.fachverband-fernmeldebau.de

VAF Bundesverband Telekommunikation e.V.
Schulstraße 2
40721 Hilden
Telefon: 02103/7898-650
E-Mail: info@vaf.de
www.vaf.de

Schulungsstätten des ZVEH und der Landesverbände

Bundestechnologiezentrum für Elektro- und Informationstechnik e. V.
bfe Oldenburg
Donnerschweer Straße 184
26123 Oldenburg
Telefon: 04 41/340 92-0
E-Mail: info@bfe.de
www.bfe.de

Bildungs- und Technologiezentrum für Elektro- und Informationstechnik e. V.
Vogelsbergstraße 25
36341 Lauterbach
Telefon: 066 41/91 17-0
Fax: 066 41/91 17-27
E-Mail: info@bzl-lauterbach.de
www.bzl-lauterbach.de

Heinrich-Hertz-Schule/Elektronik und Informationstechnik
Südendstraße 51
76135 Karlsruhe
Telefon: 07 21/133 48-48
Fax: 07 21/133 48-29
E-Mail: sekretariat@hhs.karlsruhe.de
www.hhs.karlsruhe.de

Elektrobildungs- und Technologiezentrum e. V.
Scharfenberger Straße 66
01139 Dresden
Telefon: 03 51/85 06-300
Fax: 03 51/85 06-355
E-Mail: info@ebz.de
www.ebz.de

BZE Bildungszentrum Elektrotechnik Hamburg
Eiffestraße 450
20537 Hamburg
Telefon: 040/254 020-0
Fax: 040/254 020-15
E-Mail: nfe@nfe24.de
www.bze-hamburg.de

Elektro Technologie Zentrum (etz)
Krefelder Straße 12
70376 Stuttgart
Telefon: 0711/955916-0
Fax: 0711/955916-55
E-Mail: info@etz-stuttgart.de
www.etz-stuttgart.de

Verbandsnahe Schulungsstätten des Landesinnungsverbandes des Bayerischen Elektrohandwerks
Infanteriestraße 8
80797 München
Telefon: 089/125552-0
Fax: 089/125552-50
E-Mail: info@elektroverband-bayern.de
www.elektroverband-bayern.de

E-Akademie.NRW – Berufsbildungsstätte des Fachverbandes Elektro- und Informationstechnische Handwerke Nordrhein-Westfalen
Hannöversche Straße 22
44143 Dortmund
Telefon: 0231/51985-0
Fax: 0231/51985-44
E-Mail: info@feh.nrw
www.feh.nrw

Z.E.I.T. – Zentrum für Elektro- und Informationstechnik Nürnberg
Georg-Hager-Straße 6
90439 Nürnberg
Telefon: 0911/274788-0
Fax: 0911/274788-29
E-Mail: info@zeit-fortbildung.de
www.zeit-fortbildung.de

Stichwortverzeichnis

0–10-V-Schnittstelle 190
5. Oberschwingung 63
7. Oberschwingung 63

A

Addition 202, 206
akkreditiert-kalibrierter Spannungsteiler 154
algebraische Darstellung 200
ANFANG – ANFANG 64
Ankathete 222
Ankoppel-Vierpol 147
Arbeitsstätten 14
arithmetischer Mittelwert 214
AS-i 91
AS-I 90
AS-Interface 91
AS-Interface (AS-I) Bus 89
AS-Interfacebus 88
Automatikbetrieb 96, 98
Automatisierungstechnik 88, 182

B

Balkonkraftwerke 178
Bandbreite 150
Batteriespeicher 178
Baumstrukturen 91
Bemessungsleistung für Dauerbetrieb 16
Bemessungsleistung 16
Bemessungsspannung 16
Bemessungswirkungsgrad 17
Betriebsmittelkennzeichen 240
Betriebssicherheits-verordnung 14
Betriebsstunden 189
Blindleistung 223
Bogenmaß 208
Börsenpreise 184
Bremsmotoren 17
Brennerstart 189
Brokers 191
Bruchlochwicklung 51, 55, 65, 70
Buchholz-Relais 145

C

Cosinusfunktion 212, 218

D

Dahlander 79
Dahlanderwicklung 66, 68
Datennetzwerk -Infrastruktur 179
Datenpakete 185
Datenrate 182
Dauerstrombelastbarkeiten 183
Degradation 147
diagnostische Zwecke 156
Differenz 207
Dividend 206
Division 206, 207
Divisor 206
Drehfeld 34
Drehfeldmaschinen 33
Drehmoment 31, 32
Drehstrommaschinen 50
Drehstromwicklung 34
Dreiphasendrehstrom-transformator 170
Durchmesserwicklung 58
Durchschlagfeldstärke 146
dynamischer Ladeverlauf 184
dynamisches Last-management 184
dynamische Strompreise 193

E

Echtzeitfähigkeit 89
EEBus 186
Effektivwert 213, 217, 218, 219
Effizienz 193
Eigenverbrauchsanteil 194
Einbruch 160
eingebettete Magnete 41, 46
Einschichtwicklung 52, 58
elektrische Blindleistung 218
elektrische Scheinleistung 218, 220
elektrischer Winkel 51
Elektroauto 181
elektromechanische Bremsen 18
Emissionen 189
eMMC-Speicher 184
EN 60034-30 15
ENDE – ANFANG 55, 68
ENDE – ENDE 64
Energieeffizienz 165
Energielösung 192
Energiemanagement 178
Energieoptimierung 181
Energiewende 178, 192
EPACT 21
Ersatzschaltbild 42

F

Fehleranalyse 150
Feldbustechnologien 88

feldorientierte Regelung 33, 48
feldorientierte Regelverfahren 48
fremderregte Synchronmaschine 28, 36, 38, 43, 47
fremderregte Synchron-Schenkelpolmaschine 40
fremderregte Synchron-Vollpolmaschine 39
Fremdlüfter 18
Frequenzabhängigkeit 173
Frequenzspektrum 149
Frequenzumrichter 79

G

Ganzlochwicklung 51, 70
Gasbrennwerttherme 189
Gating 152
Gauss'sche Zahlenebene 203
Gebäudeautomation 179
Gebäudeintegration 193
Gebäudesystemintegrator 179
Gefahrenmeldeanlage 179
Gegenkathete 222
Gesamtsystem 20
gesehnte Wicklungen 58
Gleichstrommaschine 33
Gleichstromtechnik 215
Gleichstromwiderstand 217
Grundrauschen 149
Grundwelle 60

H

Handbetrieb 97
Handlungsempfehlungen 192
Heizstab 190
Hilfseinrichtungen 18
Hintergrundstörpegel 149
Hoch 19
Hochfrequenzsensoren 151
Hochspannungsdurchführungen 151
Hochspannungstransformatoren 144
Hohlraum 147
HomeAssistant 181
Hypotenuse 200, 222

I

IE1 19
IE2 19
IE3 19
IE4 19
IE5 20
IE-Klassifizierung 19
Imaginärteil 213
induktives Verhalten 174
Induktivität 43
induzierte Spannungsprüfung 157
induzierte Spannung 33
induzierte Wechselspannungsprüfung 168
ineffizient 189
Installation 155
Integral 215
Integralzeichen 215
intelligente Vernetzung 193
Internet of Things 191
Interpolation 20
I/O 181
I/O-Link 88, 89, 90, 91, 92
IoT 191
Isolation 144
Isolationswiderstände 145

K

Kalibrierung 148
Kanal 159
kapazitives Verhalten 174
Kathete 200
Kennbuchstaben 240
Kennzeichnung 240
Klassifizierung 240
KNX 181
Kommunikationsprobleme 182
Kommunikationsprotokoll 88, 182
Kompensation 174
komplexe Blindleistung 222
komplexe Scheinleistung 222
komplexe Wirkleistung 222
komplexe Zahlen 198, 199, 200 204
komplexer Effektivwertzeiger 219
Komponenten 193
Komponentendarstellung 200
Kondensationswirkung 189
konjugiert komplexer Effektivwert 221
konjugiert komplexe Zahl 201, 225
Kontaktrauschen 161
Koppelkapazität 147
Koronaentladungen 152
Körperschallsensoren 162
Korrosion 155
Kreisfrequenz 208, 209, 210
Kreuzkoppelmatrix 151

L

Lastverschiebung 193
leistungsabhängige Stufen 20
Leistungsreduzierung 189
Lesezyklen 184
Linearitätsabgleich 149
Lorentzkraft 30
Loxone 181
Loxone Config 187
Loxone Tree 185

M
M2M 191
Machine-to-Machine, 191
magnetischer Fluss 31
Magnetisierungskennlinie 170
Magnetwerkstofftechnik 29
Mindestwirkungsgrade MEPS 19
Mittenfrequenz 150
mobiles Wechselspannungsprüfsystem 153
Modbus 181
Modbus RTU 181
Modbus TCP 181
Monitoring-Systeme 144
Motoren mit integrierten Frequenzumrichtern 17
MPP-Tracker, 183
MQTT 190
multiMATIC App 187
Multiplikation 204, 207

N
Nennfrequenz 158
Nenngrenzwerte 20, 22
Nennspannung 159
Netzbetreiber 152
Netzbezug 194
Netzwerkbasierte Speicherlösungen (NAS) 184
Nutformen 36

O
Oberflächenentladungen 161
Oberflächenmagnet 41
Oberlage 58
Oberwellen 60
OCPP 185
Offline-Messung 153
ökologisch 190
ökonomisch 190
Ölstrecke 162
Ordnungszahl 62
Ortung von Teilentladungen 160

P
PAM-Wicklungen 79
Parallel-Dreieck-Schaltungen 71
Parallel-Stern-Schaltungen 71
permanente Online-Messung 152
permanentmagneterregte Synchronmaschinen 28, 29, 41, 46, 47
phasenaufgelöstes Teilentladungsmuster 147
Phasenlage 219
Phasenwinkel 224
Photovoltaik-Anlage 181
Polarkoordinaten 207
Polarkoordinatendarstellung 201
Polradspannung 43
Polradstellung 44
Polteilung 50, 52, 60
Premium 19
Produkt 205, 207
Profinet 89, 90, 91
Protokolle 194
Prüfdauerpegel 159
Prüffrequenz 158
Prüfsequenz 157
Prüfspannung 156
Publisher 191
Pufferspeicher 189
PWM-Steuerung (Pulsweitenmodulation) 190

Q
quadratischer Mittelwert 217
Quadratzahl 198
Quotient 207

R
Radius 208
Radiusvektor 199
Radiuszeiger 209
räumlich mechanische Winkel 51
Rawcliffe 79
Reaktanz 44
Realteil 202, 213
reelle Zahlen 198, 199
Register 182
Reihen-Dreieck-Schaltungen 71
Reihen-Stern-Schaltungen 71
Reluktanzmoment 45, 47
Ressourcen schonen 192
REST API 185
RING-Puffer oder FIFO-Speichertechniken 184
Ringstrukturen 91
RMS-Wert 217
rotierende Gleichrichter 38
rotierende, komplexe Zeiger 207
rotierende Zeiger 210, 211
Rotor 36
Rotorpermanentmagnete 29
RS485-Basis 181
Rücklauftemperaturen 189
Rückumwandlung 205

S
Schallgeschwindigkeit 162
scheinbare Ladung 148
Scheinleistung 223
Scheitelwert 218
Schenkelpolläufer 39
Schenkelpolmaschine 45
Schenkelpol-Synchronmaschinen 43
Schleifringe 38
Schnittstellen 179
Schreibzyklen 184
Schrittverkürzung 58
SD-Karten 184

Sehnenfaktor 62
Sehnenspule 50
Sehnung 58, 60
Sehnungsfaktor 61
Sektorkopplung 193
Sektorwinkel 208
sensorlose Regelung 48
Shelly 181, 190
Signal-Rausch-Abstand 149
Sinusfunktion 212, 216
Soll-Temperaturen 189
Spannung 151
Spannungsprüfung 172
Spitze auf Erdpotential 161
SPS 94
Spulengruppen 60
Spulenweite 50
Standard 19
Sternpunkt 150
Stern-Topologie 91
Steuerung der Verbrauchseinrichtungen nach § 14a EnWG 181
Steuerung und Regelung von Synchronmaschinen 47
strombörsenbasierte Preisinformationen 190
Stufenwerte 21
Subscriber 191
Subtraktion 202, 203, 204, 207
Summe 206
Super Premium 19
Symcon 181
synchrone Drehzahl 37
Synchronmaschinen 28, 34
Synchronmaschinenrotor 37

T

Tank 162
Tasmota 190
TEAO-Motoren 17
Teilentladungen 144
Teilentladungsmessung 172
Teilentladungsprüfung 148
TE-Messung 146
Topics 191
Topologie 89, 90
Touch-Controlpanel 95
Transportschäden 155
Träufelwicklung 36
Trend 160
trigonometrische Form 201

U

UDP 185
Umkehrfunktion 206
ungleiche Weite 52
Unterlage 58
unterspannungsseitig 157
Ursprungsvektor 199

V

Verbindungstypen 88
Verbrauchsverhalten 193
Vereinbarungen 158
Vergleichsdiagramm 21
Verlustfaktor 145
verteilte Wicklungen 50
Vollpolläufer 39
Vollpol-Synchronmaschinen 42
Vor-Ort-Prüfung 153
Vorverstärker 154

W

wahre Ladung 148
Wallbox 179
Wanderwelleneffekte 155
Wärmebedarf 190
Wärmepumpe 179, 186
Wärmetauscher 189
Wechselrichter 181
Wechselspannungsprüfungen 165
Wechselstromleistung 218
Wechselstromrechnung 198
Wechselstromtechnik 198, 219
Wetter-Forecast 190
Wickelfaktor 62
Wicklung 155
Wicklungsarten 36
Wicklungsfaktoren 50, 59, 60
Wicklungswiderstand 145
Wicklungszone 50, 58
Wiederverfügbarkeit 151
Winkelfunktionen 200
Winkelgeschwindigkeit 208, 209, 210
Wirkleistung 215, 218, 221, 223
Wirkungsgrad 165, 166
Wirkungsgradklasse IE4 15
Wirkungsgradklassen 15, 17
Wirkwiderstand 215

Z

Zeigerdiagramm 42, 174
Zonenänderung 58, 60
Zonenfaktor 61, 62
Zustandsdiagnose 168
Zweischichtwicklung 58
zyklisches Senden 185